职业教育电子商务专业系列教材

ZHIYE JIAOYU DIANZI SHANGWU ZHUANYE XILIE JIAOCAI

市场营销基础

主 编／陈 玲

副主编／曾少珊 曾 越 张洪荣 郭志龙

参 编／（排名不分先后）

陈磊磊 周盼盼 张炜文 陈琼捷

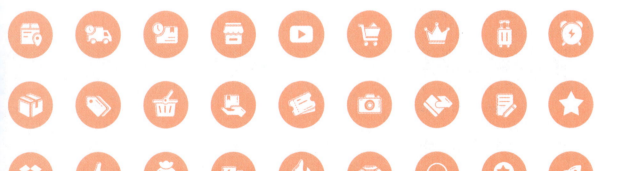

重庆大学出版社

内容提要

本书主要内容包括市场营销的基本概念及营销观念的发展，市场营销环境分析，消费者市场和竞争者市场分析，市场营销调查与预测，目标市场营销战略，产品策略，定价策略，分销渠道策略，促销策略，市场营销的计划与控制。旨在培养学生综合运用市场营销知识解决企业经营问题的能力，领悟国内品牌企业文化内涵，提升营销思维与职业能力素养。本书可作为职业院校电子商务、市场营销、连锁经营管理等相关专业的教材，也可作为广大营销人员的培训教材。

图书在版编目（CIP）数据

市场营销基础 / 陈玲主编. --重庆：重庆大学出版社, 2021.11（2022.7重印）

职业教育电子商务专业系列教材

ISBN 978-7-5689-3072-7

Ⅰ.①市… Ⅱ.①陈… Ⅲ.①市场营销学—职业教育—教材 Ⅳ.①F713.50

中国版本图书馆CIP数据核字（2021）第245339号

职业教育电子商务专业系列教材

市场营销基础
SHICHANG YINGXIAO JICHU

主　编　陈　玲

副主编　曾少珊　曾　越　张洪荣　郭志龙

策划编辑：王海琼

责任编辑：文　鹏　　版式设计：王海琼

责任校对：邹　忌　　责任印制：赵　晟

*

重庆大学出版社出版发行

出版人：饶帮华

社址：重庆市沙坪坝区大学城西路21号

邮编：401331

电话：（023）88617190　88617185（中小学）

传真：（023）88617186　88617166

网址：http：//www.cqup.com.cn

邮箱：fxk@cqup.com.cn（营销中心）

全国新华书店经销

印刷：重庆市国丰印务有限责任公司

*

开本：787mm×1092mm　1/16　印张：14　字数：342千

2022年1月第1版　　2022年7月第2次印刷

印刷：2 001——5 000

ISBN 978-7-5689-3072-7　定价：39.00元

编写人员名单

主　编　陈　玲　广东机电职业技术学院

副主编　曾少珊　广州市花都区理工职业技术学校

　　　　曾　越　东莞市商业学校

　　　　张洪荣　肇庆市工业贸易学校

　　　　郭志龙　广东华文航空艺术职业学校

参　编　（排名不分先后）

　　　　陈磊磊　广东省对外贸易职业技术学校

　　　　周盼盼　东莞市商业学校

　　　　张炜文　广东机电职业技术学院

　　　　陈琼捷　汕头市东保销售服务有限公司

前言 /Preface

　　随着全球化的推进，为了在激烈的市场竞争中获得更好的生存和发展机会，企业日益重视市场营销工作，对营销人才的需求也日趋强烈。提高财经商贸类专业学生的营销意识和营销能力，培养社会发展需求的营销人才，已成为职业院校人才培养工作的重要任务。

　　本书立足于市场营销基础理论，邀请企业共同参与企业营销人才需求的调研，基于中职学生认知水平和学习特点，结合营销人才工作实际，融合企业新的营销方式和策略，采用"项目"→"任务"→"活动"的构建方式编写，具体包括6个项目，分别是：揭开市场营销神秘面纱，洞悉营销环境，发现营销商机，明确目标市场营销战略，制定营销组合策略，让营销梦想照进现实。

　　本书主编及编写团队有着多年的市场营销教学经验，且在财经商贸类专业的建设中，积累了丰富的教学和实践经验，对跨学科间相关内容进行了有机结合。本书有以下特点：

　　（1）坚持"以核心素养为本位"的育人理念，"以学生为中心"突出教、学、做合一的职业教育特色，全书以情境为背景贯穿于每个项目中，使本书更加符合营销活动的实际工作。

　　（2）素材选择紧跟营销动态，把握最新的营销理念和营销方式，融入丰富的案例，图文并茂，部分案例和知识拓展的内容以二维码形式呈现，有利于培养学生的自学能力和阅读兴趣；实训项目设置科学合理，有利于提升学生的综合职业能力。

　　（3）校企合作。本书邀请汕头市东保销售服务有限公司的网络运营经理陈琼捷小姐参与全书案例素材的修订和实训项目设计，保证教学过程与企业工作过程精准对接，实现校企双元育人理念，帮助学生提升职业素养。

　　（4）教学内容融入丰富的思政元素，把诚信经营、公平竞争、服务意识、社会责任等理念与专业课程有机结合，有利于提升学生综合素养。

　　本书项目由若干任务组成，每个任务分解成若干活动。项目的基本结构如下：

　　【项目综述】简述本项目的背景、学习目标和要完成的具体任务。

　　【项目目标】明确本项目应达到的目标。

　　【项目任务】说明本项目分解成的任务。

　　【思维导图】梳理并直观展示本项目知识点。

　　【情境设计】依据真实的学习需要设定情境。

【知识窗】完成本任务所需要掌握的理论知识。

【活动实施】实践理论知识,将其转化成需要掌握的技能。

【合作实训】通过实践提高营销技能,培养综合素质。

【项目总结】回顾本项目所涉及的知识和应掌握的技能。

【项目检测】帮助理解、巩固和强化本项目的知识。

为方便教师教学和学生学习使用,本书配有电子教案,教学课件和习题答案内容翔实,突出教材的适用性,如有需要,可登录重庆大学出版社的资源网站(www.cqup.com.cn)下载。

本书由陈玲担任主编并负责统稿,曾少珊、曾越、张洪荣、郭志龙担任副主编并协助统稿。其中陈玲编写了项目1任务1与项目6;曾越编写了项目1任务2与项目3;张洪荣编写项目2任务1与任务2;张炜文编写了项目2任务3;郭志龙编写了项目4;周盼盼编写了项目5任务1;陈磊磊编写了项目5任务2;曾少珊编写了项目5任务3与任务4。汕头市东保销售服务有限公司网络营销经理陈琼捷参与网络营销岗位的人才需求调研,编写教材实训项目,对教材的案例进行了修订和完善。

由于编写人员的阅历、水平所限,书中的疏漏与不当之处在所难免,敬请有关专家和读者批评指正。

编　者

2021 年 10 月

项目1　揭开市场营销的神秘面纱

任务1　走进市场营销的多彩世界 ………………………………… 002

活动1　认识市场营销及相关概念 ……………………… 003

活动2　理解市场营销管理的本质 ……………………… 008

活动3　了解营销岗位与职业发展 ……………………… 011

任务2　感知市场营销的前世今生 ………………………………… 017

活动1　比较市场营销观念 …………………………… 018

活动2　纵观市场营销组合发展趋势 …………………… 022

活动3　市场营销观念的创新 ………………………… 026

项目2　洞悉营销环境

任务1　分析营销环境 ………………………………………… 037

活动1　分析宏观营销环境 …………………………… 037

活动2　分析微观营销环境 …………………………… 041

活动3　运用SWOT法分析营销环境 ………………… 043

任务2　洞察消费者市场 ……………………………………… 048

活动1　认识消费者市场 ……………………………… 049

活动2　影响消费者心理和购买行为的因素 …………… 053

活动3　消费者购买决策过程 ………………………… 056

任务3　鉴别竞争者市场 ……………………………………… 061

活动1　识别竞争者的类型 …………………………… 061

活动2 制定市场营销竞争战略 ·············· 064

项目3 发现营销商机

任务1 重视市场调查 ·················· 076

活动1 认识市场调查 ·················· 076

活动2 掌握市场调查的方法及程序 ·············· 080

任务2 市场营销预测 ·················· 086

活动1 认识市场预测 ·················· 086

活动2 了解市场预测的方法及过程 ·············· 090

项目4 明确目标市场营销战略

任务1 市场细分 ·················· 098

活动1 熟悉市场细分标准 ·················· 099

活动2 描述市场细分的程序 ·················· 103

任务2 选择目标市场 ·················· 108

活动1 比较目标市场的模式 ·················· 108

活动2 选择目标市场策略 ·················· 111

任务3 确定市场定位 ·················· 115

活动1 阐述市场定位的内涵 ·················· 116

活动2 熟悉市场定位方法 ·················· 118

活动3 制定市场定位战略 ·················· 121

项目5 制定营销组合策略

任务1 制定产品策略——满足需求 ·············· 129

活动1 理解产品的整体概念和产品组合 ·············· 130

活动2 确定产品生命周期营销策略 ·············· 136

活动3 认识产品品牌 ·················· 141

任务2　制定价格策略——定价盈利 …………………… 146

　　活动1　理解产品定价 …………………………… 147

　　活动2　选择合适的定价方法 …………………… 150

　　活动3　制定具体价格策略 ……………………… 153

任务3　制定分销渠道策略——构建通路 …………… 158

　　活动1　识别营销渠道和分销渠道 ……………… 159

　　活动2　建立分销渠道 …………………………… 163

　　活动3　管理分销渠道 …………………………… 167

任务4　制定促销策略——整合沟通 ………………… 172

　　活动1　理解促销和促销组合 …………………… 173

　　活动2　人员推销 ………………………………… 177

　　活动3　开展营业推广 …………………………… 180

　　活动4　开展公共关系 …………………………… 183

　　活动5　开展广告宣传 …………………………… 188

项目6　让营销梦想照进现实

任务　市场营销计划与控制 …………………………… 198

　　活动1　认识市场营销计划 ……………………… 199

　　活动2　编制市场营销计划 ……………………… 202

　　活动3　市场营销控制 …………………………… 207

项目 1
揭开市场营销的神秘面纱

【项目综述】

当今时代，是营销的时代。你不是营销的主体就是营销的对象，无论是生活还是工作，市场营销都无时无刻地直接或间接地影响着你。市场营销对每个组织的成功都是至关重要的，对于企业来说，市场营销更是企业经营管理和决策的重要手段。在世界五百强的大公司中，三分之二的 CEO 是由营销经理晋升的；非营利性组织、国家、政府同样需要市场营销。因此，无论你以后身处什么行业，从事什么职业，都需要学习市场营销。只有这样才能在生活和工作中掌握更大的主动权。

广东如意食品有限公司（简称"如意公司"）成立于 2000 年，总部位于广州市，是一家集科研、生产、经营于一体的综合性食品企业。2010 年至今一直是阳光职业技术学校校企合作单位，随着"一带一路"倡议的提出，粤港澳大湾区全新起航，该公司紧紧抓住历史机遇开拓新市场，挖掘新产品，提升知名度。为此，公司准备在学校招聘会上招募一支营销团队，刘欣、杨锐、王涛和李梅 4 位同学是学校三年级的学生，来自不同专业的他们都对营销工作充满浓厚兴趣。在学校陈老师的指导下，通过自身努力，成功进入企业，希望通过实践理解营销相关概念，认识市场营销发展，熟悉市场营销组合，接触互联网思维营销创新理念，同时也培养良好的营销道德品质，为实现自己的营销梦想而努力奋斗。

【项目目标】

通过本项目的学习，应达到的具体目标如下：

知识目标

◇理解市场营销相关概念

◇认识营销管理的本质

◇区别不同的市场营销观念

◇认识市场营销组合及其发展

能力目标

◇梳理营销岗位及职业发展路径

◇掌握顾客让渡价值理论
◇运用互联网思维分析营销创新

素养目标

◇激发学生学习热情和兴趣
◇培养团队协作和营销意识
◇提升信息搜索和整理能力
◇树立诚信、法治的营销道德

【项目知识点导图】

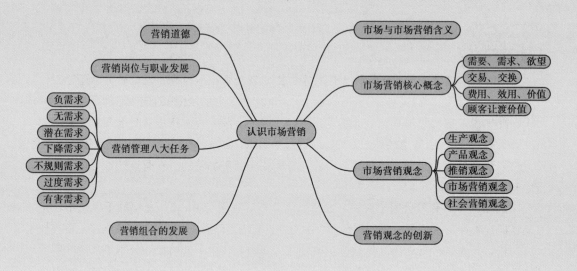

任务1 》》》》》》》
走进市场营销的多彩世界

情境设计

在学校的招聘会上，如意公司负责业务开拓的吴经理，是学校往届师兄。如今，他通过自身努力，已成为该公司项目组的营销经理。有了师兄作为榜样，刘欣、杨锐、王涛和李梅4位同学对该公司更加感兴趣。为了顺利在招聘的面试中脱颖而出，学校市场营销专业的陈老师耐心指导这几位同学借助网络资源开展信息搜集和整理。最后，他们能否顺利通过如意公司的面试，实现自己的营销梦呢？

任务分解

刘欣、杨锐、王涛和李梅 4 位同学组成学习团队。在学校陈老师的指引下，他们认识市场和市场营销，理解市场营销相关核心概念，对营销管理的本质有了深刻的理解，结合如意公司的业务介绍和招聘需求，对营销职业发展有了新的认识。

活动 1　认识市场营销及相关概念

活动背景

> 为了走进市场营销，学校陈老师带领刘欣、杨锐、王涛和李梅 4 位同学一起认识市场的构成要素和类型；理解市场营销的定义和相关核心概念，包括什么是需要、需求和欲望，什么是交易和交换，什么是费用、效用和价值，什么是顾客满意和顾客让渡价值等，这将对他们以后步入职场、开展营销活动奠定坚实的基础。

活动实施

★议一议★　通过以下案例，思考什么是市场？什么是市场营销？

有一家鞋业公司，为了扩大市场范围，先后派了三名业务员到非洲了解市场。

第一位业务员回来后说："那里的人都不穿鞋，根本就没有市场。"

第二位业务员回来，非常激动地说："那里的居民都没穿鞋，市场前景非常好。"

第三位业务员回来，汇报说："那里的居民都不穿鞋，有市场潜力，但要开拓该市场，需要做到以下几点。①由于他们长期不穿鞋，脚跟我们长期穿鞋的脚有所不同，需要根据他们脚的特点重新设计适合他们穿的鞋；②我们需要采取有效措施，让当地居民意识到长期不穿鞋会导致脚患有不同程度的疾病，这样他们才会产生购买鞋的欲望；③我们可以通过赠送一些鞋给酋长和他的夫人，得到部落首领的合作与认可；④这里的人没有什么钱，但是他们当地有我们未曾尝过的菠萝。我们可以用鞋交换菠萝，推销给国内的超市，卖给想吃菠萝的人。"

步骤 1：通过以上案例，思考第一位业务员和第二位业务员判断非洲有没有市场的依据是什么。

步骤 2：小组成员积极讨论并找出第三位业务员的汇报中体现出哪些市场营销的相关概念。

步骤 3：结合案例材料，总结归纳构成市场应具备哪些要素。

做一做

通过网络工具，搜索并归纳以下 4 组概念并举例说明，完成表 1.1.1。

表 1.1.1

概念	含义	举例说明
第一组概念		
需要		

续表

概念	含义	举例说明
欲望		
需求		
第二组概念		
交换		
交易		
第三组概念		
效用		
费用		
价值		
第四组概念		
顾客让渡价值		
顾客满意		

步骤 1：4 位同学为一组，合理分工，借助各大搜索引擎对以上 4 组概念进行归纳整理。

步骤 2：团队积极讨论，结合生活中的例子举例说明并加以区分。

步骤 3：讨论结束后，团队派一名代表展示小组成果。

☐ 知识窗

1. 市场的概念

市场营销学是一门研究组织（企业）如何更好地满足顾客需求、有效引导消费的学问。
该学科认为市场具有以下含义：市场是商品交换的场所；是某一产品现实顾客与潜在顾客的

集合；是泛指某一产品卖方和买方的集合。

"现代营销学之父"菲利普·科特勒认为"市场是由那些具有特定需要或欲望而愿意并能够通过交换来满足这种需要或欲望的潜在顾客所构成的"。通俗来讲，市场就是消费者对于某种产品（或服务）的需求的总和。过去传统的市场是指场所，突出地点；现代的市场是指顾客，突出人；当今网络营销中的市场是指空间，例如网络购物。

2. 市场的构成要素

市场是由各种基本要素组成的有机整体，这些要素相互联系和作用，并推动市场的发展变化。构成市场的要素可以从宏观和微观两个角度考察。

从宏观角度看，市场＝商品＋供给＋需求，如图 1.1.1 所示。

①可供交换的商品。这里的商品既包括有形商品，又包括无形的服务，还包括商品化的资源要素，例如资金、技术、信息、劳动力、思想、创意等。没有可供交换的商品，市场也就不存在。

②向市场提供商品的卖方，即供给方。商品必须通过它的所有者（卖方）带到市场去进行交换，卖方或者商品的所有者作为市场供求中的供应方，不可或缺。

③有货币支付能力的需求方，即买方。卖方向市场提供商品后，必须找到需要并且有支付能力的购买者才能完成交易，否则市场亦无法存在。

从微观角度看，市场＝人口＋购买力＋购买欲望，如图 1.1.2 所示。

图 1.1.1

图 1.1.2

①人口。需求是人的本能，哪里有人，哪里就有需求，这是形成市场的先决条件。同时，人口的多少决定着市场需求量的大小，影响着市场需求的内容和结构。

②购买力。也就是人们支付货币购买商品或劳务的实际能力。它受到人们收入水平和消费结构等因素的影响，市场的大小会受到购买力高低的影响。

③购买欲望。也就是消费者购买商品的愿望、需求和动机。它是将消费者的潜在购买力变为现实购买力的重要条件。人口再多，购买力再高，如果缺乏对某种商品的购买欲望，商品买卖也不能发生，市场也就不能现实地存在。

3. 市场营销的含义

关于市场营销的定义，中外很多研究者给出了不同的解释。例如美国市场营销学者菲利普·科特勒提出："市场营销是个人或组织通过创造并同他人或组织交换产品和价值以获得其所需所欲之物的一种社会活动过程。"这个解释得到了众多专家的认同。通过梳理国内外各个学者的观点，我们给市场营销的定义是：各类组织（特别是企业）在洞悉顾客需要的基础上，通过创造价值、传递价值、交换价值等一系列活动满足顾客需要进而实现组织盈利或其他目的的一系列营销活动过程，如图 1.1.3 所示。

图 1.1.3

4.市场营销核心概念

（1）需要、欲望、需求

● 需要：需要是一种人生理、心理本身所具有的、未得到满足的感受状态。需要不是营销人员创造的，而是人类与生俱来的基本要求。如人们需要食品、空气、衣服等基本生存条件，也需要旅游、教育和文化等丰富的精神生活。

人本主义心理学家马斯洛先生曾在1943年的著作《人类激励理论》中提出"人类需要五层次理论"，从低级向高级，分别是生理需要、安全需要、感情和归属需要、尊重需要和自我实现需要。

▶ 生理需要，包括水、食物、睡眠、生理平衡、分泌等。

▶ 安全需要，包括人身安全、健康保障、财产所有权、道德保障、工作职位保障等。

▶ 社会需要，即感情和归属需要，包括爱情、友情等。

▶ 尊重需要，包括自我尊重、信心、成就、对他人尊重和被他人尊重等。

▶ 自我实现需要，包括道德、价值观、创造力、自觉性和接受现实的能力等。

只有当下一层需要被满足后，上一层的需要才会成为主导需要。同时这些需要自下而上变得越来越高级，并且更难被满足，如图1.1.4所示，这就要求营销人员要针对不同层次的需要开展相应的营销活动。

图 1.1.4

● 欲望：是由人所在的社会决定的，受社会文化和人们个性的限制，营销者可以影响并满足消费者的欲望。例如一个饥饿的美国人可能想要一个汉堡、一袋炸薯条和一杯碳酸饮料，而一个饥饿的毛里求斯人可能想要芒果、米饭和豆子。

● 需求：是人们有能力购买并且愿意购买某种具体产品的欲望，当考虑到支付能力的时候，欲望就转换为需求。例如：我要冰箱储存食物防止变坏，这就是需要；我想要买某品牌冰箱，这就是欲望；我准备了3 000元要买某品牌冰箱，这就是需求。

（2）交易与交换

交换就是从他人处取得所需物，而以自己某种东西为回报的行为。交换之物可以是物品或服务。交易就是买卖双方以都同意的条件协议交换两个有价值物品的行为。

（3）费用、效用、价值

●费用：顾客用于购买商品和使用该商品的支出，即顾客为获得某种效用而必须支付的购买价格和使用成本。

●效用：产品满足人们欲望的能力，即产品满足消费者需求的程度。消费者通过支付"费用"，得到"效用"，需求就被"满足"。

●价值：顾客对产品满足各种需要的能力的评估，效用的多少决定了价值的大小，属于主观感受。例如某品牌冰箱除了满足人们基本的生活需求外，还有绿色环保和节能省电的功能。在数字经济时代，借助于大数据、云计算、物联网、人工智能等现代科技的营销创新活动打破了传统的物理时空限制，更能够随时随地地满足消费者个性化的需要，进一步提高了消费的时空效用与占有效用。

（4）顾客让渡价值与顾客满意

顾客让渡价值又称顾客价值，是指顾客总价值与顾客总成本的差额，如图1.1.5所示，即：

顾客让渡价值 = 顾客总价值 − 顾客总成本

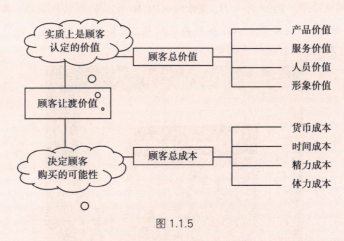

图 1.1.5

顾客满意取决于顾客所理解的产品或服务的利益与其期望值的比较。当可感知的效果＜期望值时，顾客不满意；当可感知的效果≥期望值时，顾客满意。企业让渡给顾客的价值越多，顾客满意度就越高，顾客的忠诚度也就随之提高。因此，营销人员的任务是发现、创造、交付顾客价值。

※ 活动小结 ※

学习市场营销相关的概念，从专业的角度去认识市场和市场营销，为后面学习相关的知识打好基础。了解市场营销活动，不仅对国民经济健康发展有帮助，还有助于提高我们个人的生活质量。

活动2　理解市场营销管理的本质

活动背景

> 如意公司作为一家食品公司，其顾客的需求应该是千差万别的。因此，为了有效地满足市场需求，赢得竞争优势，企业需要高度重视市场营销管理。陈老师以中国著名品牌"海尔"为例，让同学们理解市场营销管理的本质是什么，应该采取哪些营销对策。

活动实施

★议一议★　通过以下案例，感受中国品牌海尔在满足用户需求方面的不断创新表现。

创立于1984年的海尔集团，至今已有30多年的历史，海尔以优异的质量和服务经营品牌，成为中国家电知名品牌。1996年，海尔营销人员调查四川农民使用洗衣机的状况时发现，每当红薯大丰收的时节，许多农民除了卖掉一部分新鲜红薯，还要将大量的红薯洗净后加工成薯条。但红薯上沾带的泥土洗起来费时费力，于是农民就动用了洗衣机。这令张瑞敏萌生一个大胆的想法：发明一种洗红薯的洗衣机。1998年4月，型号为XPB40-DS的洗衣机诞生，其不仅具有一般双桶洗衣机的全部功能，还可以洗地瓜、水果甚至蛤蜊，价格仅为848元，如图1.1.6所示。首次生产了1万台投放农村，立刻被一抢而空。

图1.1.6

一般来讲，每年的6月至8月是洗衣机销售的淡季。张瑞敏纳闷：难道天气越热，出汗越多，老百姓越不洗衣裳？调查发现，不是老百姓不洗衣裳，而是夏天里5 kg的洗衣机不实用，既浪费水又浪费电。于是，海尔的科研人员很快设计出一款洗衣量只有1.5 kg的洗衣机——小小神童。该产品在上海热销之后，很快又风靡全国。张瑞敏告诫员工说："只有淡季的思想，没有淡季的市场。"

2003年，海尔创新地推出了一款可洗荞麦皮枕头的"爽神童"洗衣机，受到用户的极力称赞，这又满足了市场的个性化需求。除了洗涤、脱水等基本功能外，还独有高效的PTC转动烘干、自然风晾干两种干燥技术，同时专门设计了荞麦皮包装洗涤袋，加上海尔独有的"抗菌"技术，非常圆满地解决了荞麦皮枕头的清洗、干燥难题。

2010 年，世界第四种洗衣机——海尔"双动力"是海尔根据用户需求，为解决用户对波轮式、滚筒式、搅拌式洗衣机的抱怨而创新推出的一款全新的洗衣机。由于集合了洗得净、磨损低、不缠绕、15 分钟洗好大件衣物、"省水省时各一半"等优点于一身，迎合了人们新的洗衣需求，在第 95 届法国列宾国际发明展览会上一举夺得了世界家电行业唯一发明金奖。

2019 年，海尔家电集团副总裁、海尔洗衣机总经理提出，海尔要成为一个全球性品牌，成为一个百年企业，就必须坚持以用户为中心，抓住物联网时代的脉搏，例如用户关注健康，我们的免清洗技术就不断迭代；用户关注高端衣物如何清洗，我们就采用空气洗技术；用户关注洗衣机的静音效果，我们就采用直驱技术不断迭代。同时，海尔洗衣机从传统洗涤领域拓展到衣联网整个生态平台，例如除了洗衣机，还有衣物护理机、熨烫机、叠衣机等，打造"海尔生态圈"，为全球用户定制个性化的智慧生活。

步骤 1：张瑞敏说"只有淡季的思想，没有淡季的市场"。请你谈谈对这句话的理解。

步骤 2：小组合作研讨，分析海尔洗衣机是如何应对消费者不同需求的。

步骤 3：归纳海尔家电产品获得市场认可的原因，小组派一名代表上台汇报讨论成果。

知识窗

1. 市场营销管理的本质

营销管理是指企业为实现经营目标，对建立、发展、完善与目标顾客的交换关系的营销方案进行的分析、设计、实施与控制。其任务就是为了促进企业目标的实现而调整需求、水平、时机和性质。市场营销管理的实质是需求管理。

2. 市场营销管理的八大任务

任何市场均可能存在不同的需求状况，根据需求水平、时间和性质的不同，可归纳出 8 种不同的需求状况。在不同的需求状况下，市场营销管理的任务有所不同，要求通过不同的市场营销策略来解决，见表 1.1.2。

表 1.1.2

需求状况	市场特征	市场营销管理任务
负需求	不喜欢或想躲避	改变市场营销：扭转需求
无需求	顾客不感兴趣	刺激市场营销：引导需求
潜在需求	现有产品不能满足消费者的强烈需求	开发市场营销：满足需求
下降需求	顾客的需求下降	重振市场营销：恢复需求
不规则需求	需求波动，时超时负	平衡市场营销：协调需求
充分需求	顾客满意，供求平衡	维护市场营销：维持需求
过度需求	供不应求	限制市场营销：减少需求
有害需求	社会组织反对其消费	反市场营销：抵制需求

（1）负需求

负需求是指市场上众多顾客不喜欢某种产品或服务，即指绝大多数人对某个产品感到厌恶，甚至愿意出钱回避它的一种需求状况。如近年来许多老年人为预防各种老年疾病不敢吃甜点心和肥肉，又如有些顾客害怕危险而不敢乘飞机，或害怕化纤纺织品有毒物质损害身体而不敢购买化纤服装。市场营销管理的任务是把负需求变为正需求，称为"改变市场营销"。即分析人们为什么不喜欢这些产品，针对目标顾客的需求重新设计产品、定价，作更积极的促销，或改变顾客对某些产品或服务的信念。例如宣传老年人适当吃甜食可促进血液循环，乘坐飞机出事的概率极小，强调购买保险是建立一种保障，转变顾客观念，做到防患于未然。

（2）无需求

无需求是指目标市场顾客对某种产品从来不感兴趣或漠不关心的一种需求状况。具体包括人们认为无价值的废旧物资，例如垃圾、胶卷；或者是市场上出现的不熟悉的新物品，例如大部分老年人对新颖智能家电产品无动于衷。在无需求情况下，市场营销管理的任务是"刺激市场营销"，即通过大力促销及其他市场营销措施，努力将产品所能提供的利益与人的自然需求和兴趣联系起来，把无需求变为有需求。例如目前人们对于减肥产品的需求大多是在刺激营销下产生的。

（3）潜在需求

潜在需求指消费者在现实市场上还不存在的某种产品或服务的强烈需求。例如，老年人需要高植物蛋白、低胆固醇的保健食品；美观大方的服饰；安全、舒适、服务周到的交通工具等，但许多企业尚未重视老年市场的需求。在潜伏需求情况下，市场营销管理的任务是"开发市场营销"，准确地衡量潜在市场需求，开发有效的产品和服务，即开发市场营销，将潜伏需求变为现实需求。例如开发无害香烟、节能省油的汽车、无糖饼干等，又如针对顾客遨游太空的梦想，有些企业正积极地开发太空旅行方案。

（4）下降需求

下降需求指目标市场顾客对某些产品或服务的需求出现了下降趋势的一种需求状况，如近年来城市居民对电风扇的需求已饱和，需求相对减少。又如餐饮行业，菜式和服务一直不变，客户厌倦，就导致了对原来餐馆的下降需求。在下降需求的情况下，市场营销者要了解顾客需求下降的原因，或通过改变产品的特色，采用更有效的沟通方法再刺激需求，即创造性地再营销，或通过寻求新的目标市场，以扭转需求下降的格局，称为"重振市场营销"。例如电视机不断采用新的技术，更新换代，不断满足消费者新的需求。

（5）不规则需求

许多企业常面临顾客因季节、月份、周、日、时对产品或服务需求的变化，而造成生产能力和商品的闲置或过度使用。例如在旅游旺季时旅馆紧张和短缺，在旅游淡季时旅馆空闲。又如节假日商场拥挤平时商场顾客稀少在不规则需求的情况下市场营销的任务是通过灵活定价、促销及其他激励因素来改变需求时间模式，使物品或服务的市场供给与需求在时间上协调一致，称为"平衡营销"。例如在春运期间，由于人员流动数量大，铁路、公路和航空等运输部门纷纷提价，以调节运力紧张的问题。

（6）充分需求

充分需求指某种产品或服务目前的需求水平和时间与期望的需求水平基本一致，这是企业最理想的一种需求状况。因此，在充分需求的情况下，企业营销的任务是改进产品质量及不断估计消费者的满足程度，通过降低成本来保持合理价格，并激励推销人员和经销商大力推销，千方百计维持目前需求水平，这称为"维持营销"。但在实际生活中，这种情况一般不太可能出现。

（7）过度需求

过度需求是指需求量超过了卖方所能供给或所愿供给的水平。比如，由于人口过多或物资短缺，引起交通、能源及住房等产品供不应求。在过量需求的情况下，企业营销管理的任务是"限制营销"，可以通过提高价格、减少促销和服务等方式暂时或永久地降低市场需求水平，或者设法降低盈利较少或服务需要不大的市场的需求水平。企业最好选择利润较少、要求提供服务不多的目标顾客作为减缓营销的对象。减缓营销的目的不是破坏需求，而是降低需求水平。

（8）有害需求

有害需求是指市场对某些有害物品或服务的需求，例如烟、毒品、黄色书刊等。对于有害需求，市场营销管理的任务是"反市场营销"，即劝说喜欢有害产品或服务的消费者放弃这种爱好和需求，大力宣传有害产品或服务的严重危害性，大幅度提高价格，以及停止生产供应等。例如在烟盒上标明"吸烟有害健康"；又如世界各国采用法律制裁生产、销售和购买毒品的行为。降低市场营销与反市场营销的区别在于：前者是采取措施减少需求，后者是采取措施消灭需求。

知识拓展

想了解世界市场营销与中国市场营销的发展历程吗？
一起扫码学习吧！

※ 活动小结 ※

理解市场营销管理的本质是需求管理，掌握企业在不同需求情况下不同的营销管理任务，有助于树立营销意识，为日后学习营销策略提供思路和方向。

活动 3　了解营销岗位与职业发展

活动背景

刘欣、杨锐、王涛和李梅 4 位同学在陈老师的帮助和指导下，凭借自身努力，最终顺利通过了广东省如意食品有限公司的面试，成功进入营销部门，该部门经理是吴经理。为了让刚进入公司的他们了解营销部门的各个岗位，为未来的职业生涯规划打好基础，吴经理耐心地为他们介绍不同岗位的工作内容，以及营销职业的发展路径。同时，陈老师也提醒他们在营销的职业道路需要诚信经营，遵守职业道德。

活动实施

🔍 **找一找** 了解市场营销不同的岗位及需求。

步骤1：打开百度搜索引擎，输入"前程无忧""智联招聘""中华英才网"等招聘网站。

步骤2：查找"营销岗位"或"销售岗位"，了解各个行业营销岗位的具体职位和技能要求。

步骤3：通过归纳和整理浏览的信息，完成表1.1.3。

表 1.1.3

岗位名称	岗位任务	职位要求

✏️ **做一做** 判断以下营销活动属于哪类营销道德问题，请连线。

营销调研中的道德问题		有些企业利用消费者对价格信息的缺乏而不披露真实价格，或如服装、药品和保健品、化妆品等常常是销售价格高于生产成本好几倍。
产品策略中的道德问题		在进行问卷调查时，随意公布受访者提供的资料。
价格策略中的道德问题		制作过度夸大产品功能效用的广告或隐瞒产品缺陷广告；在文字广告宣传中使用含糊其词、模棱两可的词句，引发消费者对广告真实含义的误解。
分销策略中的道德问题		企业采用劣质材料或配件冒充优质材料或配件，或企业改用廉价代用品而未告知消费者产品质量的变化。
促销策略中的道德问题		有的企业以合作、洽谈、考察为幌子，乘机获取对手的商业秘密；有的利用高新技术窃取对手商业秘密等，开展恶性竞争；有的是开展价格大战或有奖销售战。
人员推销的不道德行为		某些零售商从非法渠道进货，或生产者凭借其自身的产品优势或经营性垄断地位，采用减少或停止供货的手段来迫使中间商听从自己的指挥。
市场竞争中的道德问题		销售人员通过操纵或强迫手段向顾客推销伪劣产品或积压滞销产品；或通过向对方送礼，甚至行贿的手段来获取销售订单。

□ 知识窗

1. 市场营销职业发展路径

职业生涯路线是指一个人在选定职业后，是通过专业技术方向发展，还是通过行政管理方向发展的途径来实现自己的职业目标。因此，在职业确定之后，必须对职业生涯路线进行选择，以使今后的学习和工作沿着职业生涯路线和预定的方向发展。

（1）销售类岗位

销售可以说是最广泛、最具有挑战性的职业。在市场高度开放的时代，几乎所有的企业都需要销售人员，即便是一些刚起步的小企业。销售岗位门槛较低，只要身体健康，年龄适当，都可以从事销售岗位工作。但销售人员有非常明显的特点，就是工作稳定性差、工作压力大，出差应酬成为生活的常态。总体来看，销售人员有以下 4 种职业出路。

◇成为高级销售经理

销售人员如果定位于一直从事销售工作，其目标便是成为高级销售人才。实现这一目标的方向有两个：第一个方向是从"术"的角度出发，不断改进和提升工作的方法和能力，从非专业化的销售人员变成职业选手；第二个方向就是从"术"提升到"道"，要学会系统分析、全面思考，从企业战略高度做销售，多挖掘一线的信息，进行智慧加工，最终起到在高层决策中扮演战略顾问角色的作用。

◇转向管理岗位

如果对销售业务或相关的工作感兴趣，不愿意完全离开市场营销工作，公司的人力资源安排也允许，可以选择横向的相关岗位。例如：市场分析、公关推广、品牌建设与管理、渠道管理、供应商管理等。

如果有管理专业背景或者对管理感兴趣，可以发展的方向包括：市场信息或情报管理、行业研究、战略规划、人力资源管理、项目管理等。

如果在销售工作中在产品或行业的生产制造、运营、研究开发、设计等技术方面积累了优势，则可以往技术含量较高的岗位流动。例如：运作管理、售前技术支持、产品测试、售后技术服务等。

◇个人创业

许多成功人士都是从销售人员开始做起，在积累一定的资金、经验和资源后进行独立创业而获得成功的。销售人员进行创业最大的优势是经验和资源优势。一个有着丰富销售经验的人士比起其他创业者，在行业的理解、企业的运作、市场变化的感知上都会有很大的优势。同时，他们很可能积累了资金和良好的产业链上下游的人际资源，了解行业的运作模式和成功关键，甚至合理合法地把握了稳定的客户关系资源。

◇转做管理咨询和培训

许多管理咨询公司的咨询顾问、培训师都是从营销实践中转过来的，有些过去还是营销总监、大区经理等，因为他们有丰富的销售经验和行业背景，更理解企业实践的营销环境，在做相关行业的营销管理咨询、战略咨询和专业培训时，尤其显得有优势。

（2）市场类岗位

◇营销策划职业发展路径：

营销经理→营销项目经理→区域营销经理

◇市场研究职业发展路径：

市场分析师→市场研究经理→市场研究副总监→市场总监

◇营销咨询职业发展路径：

客户经理→高级客户经理→市场研究助理→咨询顾问→高级咨询顾问→咨询总监

◇品牌管理职业发展路径：

营销主管→助理品牌经理→品牌经理→高级品牌经理

关于市场营销岗位级别及就业方向，见表1.1.4。

表 1.1.4

岗位级别	市场方向	客服方向	销售方向
第一级	市场营销总监	客服总监	销售总监
第二级	市场营销经理、产品经理、品牌经理、市场企划经理、渠道经理、促销经理	客服经理、客户关系经理、呼叫中心经理	销售经理、业务拓展经理、分销经理、客户经理、区域销售经理、商务经理
第三级	市场营销主管、产品主管、品牌主管、市场企划主管、渠道主管、促销主管	客服主管、客户关系主管、呼叫中心主管	销售主管、业务拓展主管、分销主管、客户主管、商务主管
第四级	市场营销专员、产品专员、渠道专员、促销督导	客服专员、投诉专员、呼叫中心专员	销售代表、业务拓展专员、渠道专员、客户代表、商务专员
第五级	市场营销助理、产品助理、渠道助理、企划助理	客服助理	销售助理、商务助理、促销员、导购

2. 树立营销职业道德

当今世界，营销无处不在，营销从业人员越来越多，营销手段五花八门，令人目不暇接的营销活动对公众和社会的影响日益加深，越来越多的营销活动也受到了非议。特别是每年的"3·15"晚会，揭露了许多企业在营销活动中的不道德行为，造成了全社会的信任危机。因此，现代营销必须讲求道德，实施诚信营销，使企业在消费者心目中树立起良好的形象，实现企业的可持续发展。

营销道德是调整企业与所有利益相关者之间关系的行为规范的总和，是客观经济规律及法律以外制约企业行为的另一要素。营销道德是用来判定市场营销活动正确与否的道德标准，即判断企业营销活动是否符合消费者及社会的利益，能否给广大消费者及社会带来最大幸福。

古人云，人无信不立。守信用、讲信誉、重信义是中华民族的传统美德，也是商业道德的主要准则。中国传统名牌名店同仁堂，处于日新月异的变化之中，唯一不变的是始终恪守"炮制虽繁必不敢省人工，品味虽贵必不敢减物力"的古训和弘扬"同修仁德，济世养生"的企业文化。1954 年，同仁堂积极响应国家号召，申请公私合营，迎来了发展高潮。同仁堂扩大厂房，增添设备，开始了对中药制造工艺的革新，在世界上率先开展人工牛黄药品的研制并取得成功，使原本藏于深宫中的名药走进了寻常百姓家。在数十年的发展过程中，北京同仁堂始终重视科技进步，全力推进中药产业的现代化。同仁堂集团先后投入数亿元用于设备改造，使延续了几个世纪的手搓、锅煮等生产方式成为历史，药品检测由以往的眼看、鼻闻、口尝让位于现代物理、化学的细胞、分子水平的显微和理化鉴别。同时，同仁堂不断加大新产品开发力度，药品品种已涵盖临床治疗、疾控预防、养生保健等各个领域。其中，中成药系列 858 种、健康保健系列 82 种、参茸饮片系列 700 余种、化妆品系列 78 种。中药是一种具有浓厚中国特色的商品，同仁堂始终努力地将其推向国际市场。这不仅体现诚信营销，也突出了中华民族的文化自信。

3.中国传统文化中的营销道德思想

中国文化源远流长，深入了解我们的传统文化，结合儒家伦理的"仁义礼智信"核心理念，如图 1.1.7 所示，从现代市场营销的角度去诠释营销之道，指导营销人员践行职业道德，为企业树立良好的形象，赢得竞争优势。

图 1.1.7

（1）"仁"与市场营销理念

"仁"体现了人与人之间的关系，具体到营销活动中，使顾客满意就是最大的"仁"，关心消费者需求及其满足情况和满意程度，就是"仁"的体现。

（2）"义"与市场营销规则

"义"要求人要自觉地做合理之事。现代营销活动要求追求正常的利润，有时也不排除对超额利润的追求，但必须要有以"义"为基础的行为规范，坚决反对不仁不义、重利轻义、见利忘义，甚至唯利是图的行为。主张在"义利合一"的关系基础上，既重经济效益，又重社会效益。

（3）"礼"与市场营销手段

对待顾客及其他合作伙伴彬彬有礼。营销手段的使用应遵守法律规范和人们普遍信仰的道德规范，而不应为一时的利益而不择手段。

（4）"智"与市场营销策略

"智"是指人的聪明才智和专业技能。在营销活动中，企业家不仅要爱才、惜才、识才，广揽人才,而且要信才、容才、用才,做到以人为本,人尽其才。

(5)"信"与市场营销效果

在管理关系中,信是指被管理者对组织、对管理者的信任,以及由此产生的信心。在营销活动中,必须守"信","用户至上,信誉第一"的口号要求企业向顾客提供全面满意的服务,以赢得顾客的信任,树立企业形象和提高企业信誉。

※ 活动小结 ※

随着新零售、物联网和数字营销的快速推进,新的商业时代来临,企业营销转型需求迫切,理解市场营销岗位的需求和类型,有助于指导学生的营销职业发展;同时,了解营销道德和中国传统文化中的营销道德思想,培养学生的法治意识和公平竞争意识。

合作实训

实训任务: 运用线下走访调查,线上网络搜索,结合所学知识,分析不同行业商品需求状况。

实训目的: 培养营销需求意识,拓展并提升专业技能,培养知识迁移能力。

实训步骤:

1. 团队合作,合理分工。

2. 选择某一具体行业,运用马斯洛需求层次理论,分析该行业不同层次的需求并举例说明,填入表 1.1.5。

表 1.1.5

需求层次	需求内容	举例说明

3. 通过互联网搜索相关信息,结合以上所选行业中的商品类别,分析其需求状况并提出相关营销任务,填入表 1.1.6。

表 1.1.6

商品类别	需求状况	营销任务

实训评价: 请结合学习情况,根据评价指标,在表 1.1.7 中打分。(5 表示很好;4 表示好;3 表示普通;2 表示还可以;1 表示待改进)

表 1.1.7

评价指标	自我评价（打√）					组员评价（打√）					教师评价记录	教师打分	总分
	5	4	3	2	1	5	4	3	2	1			
团队合作行为													
纪律态度表现													
完成任务情况													
技能运用能力													

任务2 》》》》》》》》》
感知市场营销的前世今生

情境设计

刘欣、杨锐、王涛和李梅 4 位同学顺利办理了入职手续,在实习阶段,他们首先需要对市场营销的"前世今生"进行系统地了解。在公司的入职培训中,企业吴经理通过对真实案例进行讲解,帮助实习生了解市场营销观念、市场营销组合和新时代下互联网营销创新,为今后开展工作奠定坚实的基础。

任务分解

刘欣、杨锐、王涛和李梅 4 位同学组成学习团队,一起在学校陈老师的指引下,通过查阅书籍、互联网搜索等形式,了解市场营销观念的演变,认识市场营销组合的发展趋势,了解互联网环境下营销思维的创新。通过这些知识点的学习,他们对营销产生了浓厚的兴趣。

活动1 比较市场营销观念

活动背景

为了让刘欣、杨锐、王涛和李梅4位同学更好地理解市场营销观念的演变，陈老师设计了几种不同的情境，让同学们搜索相关资料，帮助他们分析和掌握不同营销观念的概念、特点及差异。

活动实施

✎ 做一做　比较市场营销观念。

步骤1：查阅资料或借助互联网工具，查找"市场营销观念"相关知识。

步骤2：通过小组合作，对搜集的信息进行整理归纳并完成表1.2.1。

表 1.2.1

市场营销观念的演变	产生时间	主要观念	企业目标
生产观念			
产品观念			
推销观念			
市场营销观念			
社会市场营销观念			

★议一议★　通过以下情境设计，思考不同营销观念的特点。

情境设计一：

销售员小王：吴经理，这个季度我们销售什么产品？

吴经理：公司生产了一批鲜花饼，本季度我们就销售该产品。

情境设计二：

销售员小王：吴经理，我们生产的鲜花饼在选材、制作工艺、口味等方面比其他企业产品优秀太多，根本不需要宣传，顾客们抢着购买。

吴经理：的确是，我们的鲜花饼质量绝对是最好的，这就是所谓的"酒香不怕巷子深"。

情境设计三：

销售员小王：吴经理，近期市场上鲜花饼的竞争非常激烈，我们的产品出现滞销情况。

吴经理：我们需要制定降价促销方案，加大广告宣传，以此吸引更多的顾客。

情境设计四：

销售员小王：吴经理，我们通过近期的需求调查发现，顾客对鲜花饼的评价较高，尤其是玫瑰味和茉莉味。而且顾客希望在口味上能有更多的选择。

吴经理：小王，你的调查很好，也发现了新的客户需求。接下来，我们将研制更多口味的鲜花饼，并通过广告等向顾客传递新产品推出的信息，吸引他们购买。

情境设计五：

销售员小王：吴经理，鲜花饼能够很好地满足顾客的需求，也实现了企业目标。

吴经理：这当然是非常好的，但同时我们也必须关注社会发展，要使企业目标、顾客需求和社会发展协调一致，才能够实现企业的长期发展。

步骤1：请小组同学试分析以上几种情境设计分别属于哪种营销观念，并完成表1.2.2内容的填写。

表 1.2.2

营销观念	情境设计	原因概述
生产观念		
产品观念		
推销观念		
市场营销观念		
社会市场营销观念		

步骤2：请小组同学根据情境设计，讨论不同的营销观念的标志，并完成连线题。

生产观念	商品通过推销就能售出
产品观念	生产什么就卖什么
推销观念	企业目标、消费者需求、社会发展协调一致
市场营销观念	生产最优质的产品
社会市场营销观念	根据消费者需要进行生产

步骤3：哪些营销观念是从企业的角度出发？哪些是从消费者需求的角度出发？讨论结束后，请各小组派一名代表上台分享。

回 知识窗

市场营销观念是企业开展营销活动的指导思想，是企业处理自身、消费者、社会发展三者关系的态度准则。根据市场营销观念发展的特点，可以划分为：

1. 生产观念

生产观念出现于工业革命时期至20世纪20年代的西方，是一种传统的经营思想。在生产观念下，市场处于卖方市场形势，市场上商品种类、数量少，处于供不应求的状况。消费者选择少，只要价格合适，就会产生购买行为。在生产观念主导下，企业经营的主导思想是扩大生产经营规模，解决供不应求的问题。企业对市场的关心，主要集中在产品的有无和多少，而不是消费者的需求，即"生产什么，就卖什么"。

案例：美国汽车大王亨利·福特曾傲慢地宣称："不管顾客需要什么颜色的汽车，我只有一种黑色的。"企业倾全力于汽车的大规模生产，降低成本，扩大市场。如图1.2.1所示，福特T型车从1912年售价600美元至1924年降至290美元，实现汽车售价不到美国普通工人三个月的工资之和。轿车从此走进普通美国家庭，美国逐渐成为汽车国家。

图 1.2.1

2. 产品观念

随着20世纪20年代末市场供不应求的状况得到缓解，企业生产观念由追求产量逐渐转变为对产品质量的要求，产品观念应运而生。该观念认为，在市场商品逐渐丰富的情况下，质量最好、性能最优、功能效用最好的产品更受消费者的欢迎。企业致力于生产高质量、高性能的产品，无视消费者的需求。"酒香不怕巷子深""皇帝的女儿不愁嫁""祖传秘方"等思想就是这一观念的反映。产品观念也被称为"市场营销近视症"。

案例：美国爱尔琴钟表公司自1869年创立到20世纪50年代，一直被公认为是美国最好的钟表制造商之一。该公司在市场营销管理中强调生产优质产品，并通过由著名珠宝商店、大百货公司等构成的市场营销网络分销产品。1958年之前，公司销售额始终呈上升趋势。但此后其销售额和市场占有率开始下降。出现这种状况的主要原因是市场形势发生了变化：这一时期的许多消费者对名贵手表已经不感兴趣，而趋于购买那些经济、方便、新颖的手表。而且，许多制造商迎合消费者需要，已经开始生产低档产品，并通过廉价商店、超级市场等大众分销渠道积极推销，从而夺得了爱尔琴钟表公司的大部分市场份额。如图1.2.2所示，爱尔琴钟表公司竟没有注意到市场形势的变化，依然迷恋于生产精美的传统样式手表，仍旧借助传统渠道销售，认为自己的产品质量好，顾客必然会找上门，结果致使企业经营遭受重大挫折。

图 1.2.2

3. 推销观念

20 世纪 30 年代，随着科技进步，工业化和机械生产能力的发展，企业生产规模扩大，商品数量迅速增加，质量也不断提高，市场上充斥着大量商品，市场供给已不成问题。同时，伴随着西方国家严重的经济危机，产品相对过剩，企业间的竞争逐渐加剧，如何更好地将商品推销给消费者成为企业经营的主导思想，推销观念应运而生。在该观念的指导下，企业通过建立推销部门，组建推销团队，通过大规模的推销宣传，实现企业商品的销售。推销观念认为"我推销什么，你就买什么"，强调的是以推销商品为中心，并不关心消费者的需求。

案例：1994 年，三株口服液莺啼初试，销售额达 1.25 亿元，1995 年猛增到 23 亿元，1996 年则达到惊人的 80 亿元，支撑这个销售奇迹的是"三株"惊人的销售手段。它在全国所有大城市、省会城市等注册了 600 个子公司，吸纳了 15 万名销售人员，"三株"的传单、招贴标语和横幅满天飞，成为家喻户晓的名牌。但是没过几年，"三株"销售业绩开始滑坡，甚至欠下大批货款。原因与"三株"狭隘的推销观念有关，"三株"只注重花费大量的人力、物力把生产出来的产品推销出去，而忽视了市场的调查研究工作，致使产品功能与消费者日益变化的需求脱节。这样一来，即使是最好的推销手段也难以吸引消费者。

4. 市场营销观念

市场营销观念产生于 20 世纪 50 年代，随着第二次世界大战后军工业向民用工业的转移，商品的生产总量急剧增加，企业间的竞争日益激烈，市场供求发生彻底转变，商品呈现供过于求的状况，市场由卖方市场转变为买方市场。企业家们发现，仅通过关注产品质量和推销已不能在市场上获得竞争优势，把握消费者需求才是企业竞争的法宝。

市场营销观念认为"顾客需要什么，我们就生产什么"，通过准确把握目标市场顾客的需求，提供比竞争对手更好的产品或服务，进而满足目标市场顾客的需求。本质上，市场营销观念是以顾客需求为导向的哲学，是企业经营理念的重大突破。

案例：屈臣氏认为只有为消费者提供合适的产品选择和优质的购物体验才能赢得市场。因此，在中国将目标消费群体锁定在 18~35 岁的时尚女性，围绕着"健康、美态、快乐"的理念，为消费者提供别出心裁的产品、优雅的购物氛围和专业咨询服务来传达美好的生活理念，同时，更是勇敢、自信地屹立并迁回于价格竞争，通过推行"保证低价"策略吸引顾客，以连锁经营的模式为消费者提供方便的购买方式，并通过店内发放广告手册、播放广播电视等方式进行广告宣传，通过制作特定的产品小册子，详细描述各品类的不同产品。除此之外，通过试用品的店内派发和使用活动，使消费者既能即时感受商品的质量，又能对屈臣氏自有品牌的性价比有一个理性的认识。

5. 社会市场营销观念

从 20 世纪 70 年代起，随着全球环境破坏、资源短缺、人口爆炸、通货膨胀和忽视社会服务等问题日益严重，要求企业顾及消费者整体利益与长远利益的呼声越来越高。社会市场营销观念是以社会长远利益为中心的市场营销观念，是对市场营销观念的补充和修正。该观念认为，企业的生产经营，不仅要考虑消费者的需求，而且要考虑消费者和整个社会的长远利益。这就要求企业在制定营销策略时，要更好地平衡企业利润、消费者需求和社会利益三者的关系。

案例 1：汉堡包快餐行业提供了美味可口的食品，但却受到了批评。其原因在于食品虽然可口却缺乏营养，汉堡包脂肪含量太高，餐厅出售的油煎食品和肉馅饼都含有过多的淀粉和脂肪。同时，出售时采用方便包装，导致了过多的包装废弃物。在满足消费者需求方面，这些餐馆可能损害了消费者的健康，同时污染了环境，忽略了消费者和社会的长远利益。

案例 2：贝因美创始于 1992 年，总部位于杭州，公司始终坚持以爱的企业精神，帮助宝宝健康成长，以"亲子顾问，育儿专家"为品牌定位，主要从事婴幼儿食品的研发、生产和销售等业务。贝因美经过认真的分析和研究，发现种族不同，民族饮食文化也不同，只有生产出真正符合中国婴儿特质的产品，指导家长正确地养育孩子，才能真正获得社会的认同，实现社会利益的同时也能有效地实现企业利益。

※ 活动小结 ※

市场营销观念是企业市场行为的指导思想，企业的营销观念不同，企业的经营目标和任务就会有根本的差别。学习市场营销观念的演变，有助于指导我们今后开展营销活动提升企业的经济效益。

活动 2　纵观市场营销组合发展趋势

活动背景

合理的市场营销组合是企业组织有效活动的前提，为了帮助刘欣、杨锐、王涛和李梅 4 位同学更全面地掌握营销理论体系，能够在未来的业务开拓中充分利用企业的资源，制定合理的营销方案，提升企业市场竞争力，陈老师通过选择"海底捞的经营"案例，带领他们一起学习市场营销组合的构成、特点、发展及市场营销组合的演变。

活动实施

★议一议★　通过以下案例，思考市场营销组合的构成要素包括哪些。

四川海底捞餐饮股份有限公司成立于 1994 年，是一家以经营川味火锅为主、融各地火锅特色于一体的大型跨省直营餐饮品牌火锅店。

海底捞始终高举"绿色、健康、营养、特色"的大旗，致力于火锅技术的开发与研究，在继承川渝餐饮文化原有的"麻、辣、鲜、香、嫩、脆"等特色的基础上，不断创新，赢得了顾客的一致推崇。在价格方面，海底捞在菜品定价时执行的是厚利政策，其净利润一直处于餐饮业的顶尖水平。厚利经营是海底捞模式的精髓，也是海底捞赖以不断发展的物质基础。在渠道设计时，海底捞采用直营模式，在全国乃至世界其他国家开自己的分店。四个大型物流配送基地分别设立在北京、上海、西安、郑州，形成了集采购、加工、仓储、配送为一体的大型物流供应体系。同时，海底捞还有网上订餐业务，通过网络发展自己的渠道，吸引更多的顾客。海底捞火锅靠的是顾客的口碑经营至今，从不做广告，但是其独特的服务承担着无声销售员的角色，吸引着大量的顾客，如图 1.2.3 所示。海底捞在每个门店都设有等候区，除了舒适的沙发和桌椅，还提供擦鞋、美甲、上网等免费服务，以此来宣传自己，提升自己的形象。凡是海底捞的老顾客都享有一定的打折优惠，长此以往，他们也更愿意来海底捞就餐。

图 1.2.3

步骤 1：海底捞在经营过程中，采用了哪些要素吸引消费者？

步骤 2：小组合作，案例探究，分析海底捞在产品、价格、渠道、促销等方面有哪些值得学习和借鉴的地方。

步骤 3：每个小组讨论并派一名代表上台分享讨论结果。

🔲 知识窗

　　市场营销组合是指企业根据目标市场的需要，全面考虑企业的任务、目标、资源以及外部环境，对企业可控制因素加以最佳组合和应用，以满足目标市场的需要，实现企业的任务和目标。

1."4P"组合

　　市场营销组合 4P 包括产品（Product）、价格（Price）、渠道（Place）、促销（Promotion），是企业制定经营方案时的主要决策内容，也是企业经营活动的可控变量。每个决策受相关因素的影响，又可具体细分为产品组合、价格组合、渠道组合、促销组合。

（1）产品策略

　　产品包括能够满足消费者需求的各类有形产品和无形服务的组合。企业产品策略的制定直接影响其产品对顾客需求和欲望的满足程度。产品决策相关因素主要包括：产品开发与生产、产品包装、产品商标及产品质量保证等。

（2）价格策略

价格是产品价值的表现形式，也是消费者购买时关注的重点。产品价格的制定受制于两个因素，一方面是企业产品的生产成本，其构成了价格的下限；另一方面是消费者对产品价值的感知，其构成了价格的上限。在价格上限和下限之间，企业通过制定相应的价格策略获得竞争优势。企业对产品定价包括三大导向，分别是需求导向、竞争导向和成本导向。在每种导向下又包括具体的定价方法。

（3）渠道策略

渠道涉及企业产品从生产者向消费者转移的过程。企业通过渠道策略的制定，采用最合适的途径，实现将产品从生产者及时地转移到消费者的过程。分销渠道策略主要包括销售地点选择、库存管理、中间商与零售商选择等方面。

（4）促销策略

促销策略的制定涉及企业如何将产品信息有效地传递给目标顾客。通过促销策略，实现向目标顾客介绍企业产品、形象信息，激发其购买欲望，增加企业产品销售量等目的。同时，保持消费者对企业产品的持续关注和兴趣，塑造企业良好品牌形象等。

2."6P"组合

20世纪80年代开始，随着国际市场竞争加剧，政府干预市场行为和贸易保护主义的兴起，市场营销理念得到了新的发展。1984年，菲利普·科特勒提出，市场营销组合除"4P"组合因素外，还应增加权力（Power）和公共关系（Public Relations）两个因素，成为"6P"。即通过政府权力和公共关系解决贸易壁垒，为企业市场营销活动的开展提供保障。这种新的战略思想被称为"大市场营销"（Mega Marketing），如图1.2.4所示。

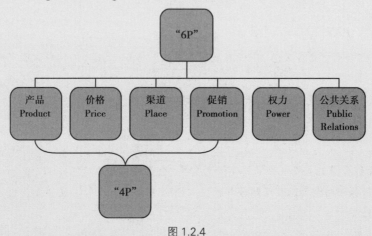

图 1.2.4

3."4C"理论

随着市场经济的发展，市场上产品的种类日益繁多，企业间的竞争更加激烈。消费者需求呈现个性化，传统的营销"4P"理论已经不能很好地满足消费者的需求。因此，1990年美国市场营销学家罗伯特·劳特伯恩提出"4C"理论。

（1）顾客（Customer）

"4C"理念认为，仅关注顾客需要的产品是不够的，更应该关注顾客本身，通过企业营销活动，为顾客提供一整套的解决方案。顾客是企业经营活动的核心。

（2）成本（Cost）

"4C"理念认为与关注产品价格相比，企业更应该关注"消费者接受的价格"，即消费者愿意接受的购买成本。因此，其将产品价格延伸到企业生产经营过程的成本。通过成本控制，在消费者可接受的价格范围内，获取更高的利润。

（3）便利（Convenience）

便利，即消费者购买时的方便性和可获得程度。"4C"理论认为与渠道相比，为顾客提供便利的购买更重要。例如，自主选择、停车便利、免费送货、服务热线、导购、售后服务、维修保障等，通过为消费者提供便利，提升企业竞争力。

（4）沟通（Communication）

促销被认为是一种单向沟通的方式，企业为了获得更多的市场信息，掌握消费需求的变化，仅通过强加于消费者的促销是不够的。因此，"4C"理论提出，通过双向的沟通形式，在销售产品的同时加强与顾客的情感交流，利于忠诚顾客的培养，建立共同利益的新型企业—顾客关系。

4.营销组合理论的发展

市场营销环境的变化和企业营销实践的丰富，推动了营销组合理论的发展，它们不是对立关系，也不是替代关系，而是互为补充，相辅相成，是继承和创新的关系，见表1.2.3。

表 1.2.3

营销组合理论	概念	要素
以顾客满意为中心的4S组合	强调从消费者需求出发，针对消费者的满意程度对产品、服务、品牌进行不断改进，最终实现消费者满意度最大化，形成品牌忠诚。	满意（Satisfaction）、服务（Service）、速度（Speed）、诚意（Sincerity）
以竞争为导向的4R组合	以竞争为导向，认为在激烈的市场竞争下，企业应关注顾客的互动与双赢，在适应顾客需求的基础上主动创造需求，建立与顾客的长期良好关系，最终实现顾客忠诚。	关联（Relevancy）、反应（Reaction）、关系（Relationship）、报酬（Reward）
新经济时代的4V组合	强调差异化营销，认为企业需要树立独特的需求，与竞争对手区别开；对消费者进行区别，能够针对消费者个性化需求进行组合。同时，更加重视产品或服务中的无形要素，通过品牌、文化等以满足消费者的情感需求。	差异化（Variation）、功能化（Versatility）、附加价值（Value）、共鸣（Vibration）
网络整合营销背景下的4I组合	营销者需要学会运用创意，将品牌信息包含其中，通过网络整合，实现创造需求，引导消费的目的。	趣味原则（Interesting）、利益原则（Interests）、互动原则（Interaction）、个性原则（Individuality）

※ 活动小结 ※

市场营销组合是市场营销理论体系的重要概念之一,是制定企业营销战略的基础,做好市场营销组合工作可以保证企业从整体上满足消费者的需求。此外,它也是企业对付竞争者强有力的手段,是合理分配企业营销预算费用的依据。

活动3　市场营销观念的创新

活动背景

经济全球化和信息技术的发展,为市场营销环境带来日新月异的变化,营销观念不断创新。为了帮助刘欣、杨锐、王涛和李梅4位同学更全面地了解市场营销观念,能够在企业活动开展时灵活运用新的营销观念,激发消费者需求与欲望,提升企业整体形象。陈老师通过选择"小米模式——轻连接、活链接、心联结"案例,带领他们学习新的营销观念。

活动实施

做一做　收集新的营销观念

步骤1:以小组的形式讨论你所了解的新营销观念的案例。

步骤2:以小组为单位分享收集的案例,并总结完成新观念的收集表。

通过查阅资料或借助互联网工具,搜索以上知识,并通过小组合作的形式,对搜集的信息进行归纳,完成表1.2.4内容的填写。

表1.2.4

新的营销观念	特点
网络营销	借助互联网工具

★议一议★　通过以下案例，思考"国货之光"——小米的营销观念。

与传统企业相比，小米开创了营销方法上的新局面。如图 1.2.5 所示，小米以互联网为主要载体，以粉丝策略为核心，以小米社区、小米网、米聊等全渠道为依托，打造出了"新效率、低成本"的营销模式。从发展的过程来看，其经过了三个核心策略阶段，先后实现了销售产品、社群建设和品牌传播营销的目的。

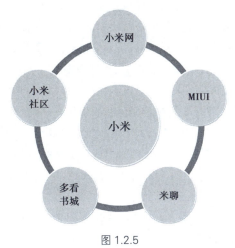

图 1.2.5

小米营销三个阶段之一：轻连接

小米通过米聊接触用户。雷军非常重视米聊，通过米聊积累了相当数量的用户。米聊是米粉早期聚集的平台。MIUI 是小米互联网的入口，连接所有硬件终端，融合用户与各应用程序。小米最早的 100 个发烧友就是来自 MIUI。小米通过 MIUI 社区了解用户，用户通过 MIUI 社区参与小米的建设，逐渐成为小米的铁杆粉丝。米聊、MIUI 是一种轻度沟通，却有着短、频、快的特性，正是这种方式在信息爆炸时代催生了小米手机，并实现用户连接。

小米营销三个阶段之二：活链接

所谓活链接，包括灵活多变的活动、活跃的客户、保持客户活性。小米通过举办米粉节激活了用户。小米通过举办多种形式的社区、社群，如"科技发烧友""校园俱乐部"等，聚合大量的小米粉丝和品牌爱好者。小米组织同城会，加强社交方式，集中特定区域粉丝，并进一步培养资深粉丝。通过活动带动用户，用户保持活性，最终产生流量，促进品牌忠诚，实现黏性连接。

小米营销三个阶段之三：心联结

小米通过社群营销，甄选核心用户，通过多元化活动，加强与粉丝的联系，构建情感连接，加强对忠实粉丝的聚合。小米新品伴随着事件营销，传播了小米的品牌，建设了沟通渠道，加深了与粉丝的情感纽带；而小米家宴已成为小米为粉丝量身打造的年度盛宴，将粉丝建设推至高潮。同时这些活动也塑造了小米文化，提升了粉丝的品牌荣誉感和归属感，不断将小米情节植入人心，最终实现用户与品牌的情感联结。

步骤 1：小组合作，借助互联网资源，搜索相关信息，了解小米公司。

步骤 2：通过以上案例，思考小米在经营过程中体现了哪些营销观念。

步骤 3：请同学们以小组合作的形式进行讨论，并派一名代表上台分享讨论的结果。

◻ 知识窗

1. 绿色营销

20世纪六七十年代以来，经济发展带来生态系统的失衡，人们生活受到自然灾害等的威胁日益严重。至此，人们重新审视人与自然的和谐发展，开始追求有益健康和环境的绿色消费。所谓绿色营销，是指企业以环境保护为经营指导思想，以绿色文化为价值观念，以消费者的绿色消费为中心和出发点的营销观念、营销方式和营销策略。目前，许多企业在绿色营销方面采取了多样化的方案，例如环保汽车、节能家电、绿色食品等，都已经进入了人们生活的方方面面。绿色营销理念的发展，为经济可持续发展创造了新的途径。

案例：农夫山泉股份有限公司是一家饮用水生产企业，在品牌策略方面，农夫山泉秉承三大理念——环保理念、天然理念及健康理念。环保理念——每一滴农夫山泉都有其源头。农夫山泉认为，只有好的天然水源才能生产出优质的瓶装饮用水。天然理念——坚持水源地建厂，水源地生产。农夫山泉坚持在远离都市的深山密林中建立生产基地，全部生产过程在水源地完成。健康理念——农夫山泉只生产天然弱碱性的健康饮用水，坚决反对在水中添加任何人工矿物质，保证人体所需的矿物元素。同时，农夫山泉公司与当地政府签订了水源保护协议，保证工厂不会造成水源的二次污染，也配合国家政策积极从事水源保护工作，以免水质不稳定造成产品发生质量问题，如图1.2.6所示。

图 1.2.6

2. 关系营销

20世纪80年代后期，维系和改善与现有顾客的关系成为企业关注的焦点，关系营销随即产生。所谓关系营销，即企业在经营过程中，将营销活动看成企业与顾客、供应商、中间商、竞争者、政府机构、社区等互动的过程，其核心是建立和维系与利益相关者之间的良好关系。

案例：远在南美洲的哥伦比亚有世界上雨量最大的小镇——Floro。即使这里每年降雨量高达12 717毫米，但是住在这里的人却缺少最重要的一样东西——饮用水。住在这里的很多人一辈子都没喝过一口干净饮用水，水质的不洁也引发了很多疾病。为此，某一饮料公司将为这个小镇做一次雨水拍卖，用无数只饮料瓶子收集雨水，卖给一些管理高层和名人们，同时装满雨水的瓶子也将在网上义卖,如图 1.2.7 所示。其收集到的善款将为 Floro 建一座雨水处理厂,这样就能让当地的人们喝上清洁的水,降低常见病的患病率。

图 1.2.7

3. 网络营销

20 世纪 90 年代以来,随着互联网技术的飞速发展,网络信息服务和拓展业务等逐渐发展壮大,进一步扩大了企业业务范围,新的营销管理方法应运而生。所谓网络营销,即基于互联网连接企业、用户及公众,并向用户及公众传递企业信息和服务,为实现企业营销目标和顾客价值而进行的规划、实施和管理活动。网络营销方式主要包括搜索引擎营销,电子邮件营销,即时通信营销,病毒营销,微博、微信营销,视频营销,软文营销,体验式营销,新媒体营销等。

案例:ALS 冰桶挑战可以说是近年来的大赢家,它由国外传入,并经国内最大的社交平台微博不断发酵。率先接受挑战的,是科技界类似于雷军、李彦宏这样的人物。而后,娱乐圈的各路明星也纷纷加入活动,使冰桶挑战的热度持续升温。围观的群众表示虽然自己被点到名的可能性非常之小,但看着平日里高高在上的名人们发如此亲民又好玩的视频实乃一大乐趣。

ALS 中文全称是"肌萎缩侧索硬化症",患有此病的波士顿学院的著名棒球运动员 Pete Frates 希望更多人能够关注到这一疾病,于是发起冰桶挑战。活动规则如下:被点名的人要么在 24 小时内完成冰桶挑战,并将相应视频传上社交网站,要么为对抗 ALS 捐出 100 美元。因挑战的规则比较简单,活动得到了病毒式的传播,从 7 月底到 8 月中,ALS 协会和全美的分会,已经收到近 400 万美金的捐款。

如图 1.2.8 所示,ALS 冰桶挑战是一次公益与营销十分有效的结合,不少品牌也纷纷依靠此活动借势

图 1.2.8

营销，较有名的就是三星向苹果发起了"冰桶挑战"。

4. 整合营销

20世纪90年代美国学者舒尔茨提出整合营销理论。所谓整合营销，是以消费者为核心重组企业行为和市场行为，综合协调地使用各种形式的传播方式，以统一的目标和统一的传播形象，传递一致的产品信息，实现与消费者的双向沟通，迅速树立产品品牌在消费者心目中的地位，建立产品品牌与消费者长期密切的关系，更有效地达到广告传播和产品行销的目的。

图1.2.9

案例：2020年3月，红星美凯龙装修产业集团集结全国百余家商场，联动数百位设计师、施工管理、星管家等专业家装人员在全国百座城市陆续开播，活动丰富，包括直播专享、互动即送、天降红包等，总互动人次达265万，如图1.2.9所示。家装作为一个重交付、高客单值、低频的行业，最终需要回到线下进行体验和服务质量上。但是，疫情期间，消费者重新审视居家环境和装修设计的重要性，借助线上营销的力量，极大地增加线上成交率，线上购物习惯还会被继续强化。

营销模式的整合，也意味着家装行业新一轮的变革力量正在蓬勃生长。在未来，实体店超大家居建材展厅，通过结合VR实景720°展示、家装设计师线上即时出效果图、一站集采服务等协调配合，将进一步促进线上线下融合，实现"所见即所得"，并打通价值链的前后端，彻底改变家居建材行业的商业模式。

5. 体验营销

美国学者伯德·施密特在其撰写的《体验式营销》一书中写到，体验式营销"是从顾客的感官（Sense）、情感（Feel）、思考（Think）、行动（Act）、关联（Relate）五个方面，重新定义和设计营销的思考方式"。体验式营销是一种新的营销模式，通过知觉体验、情感体验、思维体验、行为体验和关联体验等形式，激发顾客需求和欲望，实现产品销售的目标。它包括以下特征：消费者主动参与、以消费者体验需求为中心，消费者集理性与感性为一体。

案例：随着《爸爸去哪儿》第五季热播，网易考拉海购借助节目热度，在社交网络引发了一个关于"丧偶式育儿""隐形爸爸"的社会话题讨论，顺势提出"上网易考拉，不做隐形爸爸"，并与小猪短租进行跨界合作推出洋屋民宿，以场景体验的方式来表达产品品质诉求，同时更多的是在向年轻爸爸传递一种生活理念。如图1.2.10所示，作为生活方式的倡导者，网易考拉海购深度挖掘日常生活中普遍存在的问题，用暖心"小"爱的方式来传递和实现"大"爱的诉求，最终实现了营销和口碑的双赢。

6. 新媒体营销

互联网已进入新媒体传播时代，随着网络杂志、搜索引擎、微博、微信、博客、SNS、App等新媒体工具的出现，营销方式发生了巨大的变化，为企业营销活动提供了多种渠道。

所谓新媒体营销，即通过网络媒体、手机媒体、数字电视媒体等多种新媒体平台进行企业产品推广、信息发布等营销活动，以吸引消费者注意，使其主动参与企业营销活动，最终实现产品销售、品牌推广、企业形象建立等经营目标。新媒体营销的主要方式包括微博营销、微信营销、视频类媒体营销（视频网站、短视频 App 等）、新闻客户端营销、知识类新媒体营销等。

案例：央视主播连线网红主播直播带货，迅速登上微博热搜第一位。如图 1.2.11 所示，2020 年 4 月 6 日晚上，央视新闻"谢谢你为湖北拼单"公益行动首场带货直播开播，两个小时的直播，累计卖出总价值 4 014 万元的湖北商品。疫情期间两位主播不能同场，通过"连麦"进行隔空"云直播"，让不少网友大呼"次元壁破裂"，从鱼糕扯到米开朗琪罗，从鸡爪说到大意失荆州，央视主播在直播中不断抛梗的同时，也为商品加入文化解读，让网红主播忍不住吐槽"听他说感觉是来上网课的""感觉我的商品升值了"。很多观众认为，这种跨界有一种文化的"降维打击"。据央视新闻报道，该场直播最终吸引 1 091 万人观看，直播间点赞数达 1.6 亿。

图 1.2.10

图 1.2.11

7. 数字营销

现代通信技术和计算机技术的飞速发展，为数字营销提供了重要的技术支持，数字营销不仅仅是一种技术手段的革命，而且包含了更深层的观念革命。它是目标营销、直接营销、分散营销、客户导向营销、双向互动营销、远程或全球营销、虚拟营销、无纸化交易、客户参与式营销的综合。数字营销赋予了营销组合以新的内涵，其功能主要有信息交换、网上购买、网上出版、电子货币、网上广告、企业公关等，是数字经济时代企业的主要营销方式和发展趋势。

塞罕坝三代造林人用半个多世纪的持续奋斗，将贫瘠沙地变成绿水青山，获得 2017 年"地球卫士奖"。浙江省推进"千村示范万村整治"工程，建设美丽乡村，在 2018 年登上联合国颁奖台。2019 年 9 月 20 日，因带动 5 亿人参与低碳生活，并将碳减排量转化为种植在荒漠化地区的 1.22 亿棵树，支付宝蚂蚁森林也获得"地球卫士奖"，如图 1.2.12 所示。值得一提的是，从塞罕坝林场建设者、浙江"千万工程"到支付宝蚂蚁森林，所获奖项均为"地球卫士奖"中的"激励与行动奖"。这标志着来自中国的数字技术绿色方案得到国际社会的高度认可，他们是中国绿色实践的代表，表明依靠数字经济和科技力量，人人参与、人人行动已经成为可能。

图 1.2.12

※ 活动小结 ※

　　以互联网、数字经济、新媒体、高科技为代表的一系列满足消费者需求的营销观念层出不穷，给传统市场营销活动提出了新的要求和挑战。了解市场营销观念的创新，可对今后开展营销活动提供创新思路与方向。

合作实训

　　实训任务: 认识市场观念及营销组合。

　　实训目的: 培养学生团队合作能力，提升学生市场预测理论知识向技能迁移的能力。

　　实训步骤:

　　1. 团队合作，合理分工。

　　2. 选择某一家企业，运用所学知识，分析其营销组合策略，填入表 1.2.5。

表 1.2.5

营销组合	策略
产品	
价格	
渠道	
促销	

3.通过互联网搜索该企业的营销方案,分析该方案设计时所体现的营销观念,完成表1.2.6。

表 1.2.6

营销方案概述	
营销观念	

实训评价: 请结合学习情况,根据评价指标,在表1.2.7中打分。(5表示很好;4表示好;3表示普通;2表示还可以;1表示待改进)

表 1.2.7

评价指标	自我评价(打√)					组员评价(打√)					教师评价记录	教师打分	总分
	5	4	3	2	1	5	4	3	2	1			
团队合作行为													
纪律态度表现													
完成任务情况													
技能运用能力													

项目总结

通过学习,理解营销相关概念,认识市场营销发展,熟悉市场营销组合,接触互联网思维营销创新理念。同时也培养良好的营销道德品质,公司必须发布书面的道德准则,建立公司的道德行为习惯,要求员工有责任心,遵守道德和法律,在交易中实践"社会自觉"。

项目检测

1.**单项选择题**(每题只有一个正确答案,请将正确的答案填在括号中)

(1)从市场营销的角度看,市场就是(　　　　)。

　　A.买卖的场所　　　　　　　　　　B.商品交换关系的总和

　　C.交换过程本身　　　　　　　　　D.具有购买欲望和支付能力的消费者

(2)消费者喜欢那些可随处买得到且价格低廉的产品,企业应致力于提高生产和销售效率,扩大生产,降低成本以扩展市场。这种市场营销观念叫作(　　　　)。

　　A.推销观念　　　B.生产观念　　　C.产品观念　　　D.市场营销观念

(3)农产品市场的需求量随四季的变化而出现强烈的波动性,这种需求属于(　　)。

　　A.过度需求　　　B.不规则需求　　　C.充分需求　　　D.有害需求

(4)当出现（　　　）的情况时，顾客的不满意就会产生。

    A.企业的产品和服务质量很差

    B.产品和服务的实效小于顾客的期望价值

    C.产品和服务的实效大于顾客的期望价值

    D.产品和服务的实效等于顾客的期望价值

(5)哪种观念下容易出现"市场营销近视症"？（　　　）

    A.市场营销观念　　B.推销观念　　　　C.生产观念　　　　D.产品观念

(6)从市场营销理论的角度而言，企业市场营销的最终目标是（　　　）。

    A.把商品推销给消费者　　　　　　　　B.求得生存和发展

    C.获取利润　　　　　　　　　　　　　D.满足消费者的需求和欲望

(7)在社会市场营销观念中，所强调的利益为（　　　）。

    A.消费者利益　　　　　　　　　　　　B.企业、消费者与社会的整体利益

    C.企业利益　　　　　　　　　　　　　D.社会利益

(8)许多冰箱生产厂家近年来高举"环保""健康"旗帜，纷纷推出无氟冰箱。它们所奉行的市场营销管理哲学是（　　　）。

    A.市场营销观念　　B.生产观念　　　　C.推销观念　　　　D.社会市场营销观念

2.多项选择题(每题有两个或两个以上的正确答案，请将正确的答案填在括号中)

(1)按照菲利普·科特勒教授的定义，我们可将市场营销的概念归纳为以下要点（　　　）。

    A.整体营销是实现交换的主要手段

    B.交换过程能否顺利进行取决于企业对交换过程的管理水平和企业产品满足顾客需求的程度

    C.交换是市场营销的核心

    D.市场营销的最终目标是满足需求和欲望

(2)围绕顾客满意，下列说法正确的是（　　　）。

    A.夸大产品宣传会导致顾客不满意

    B.提高顾客满意可以通过增加顾客让渡价值达成

    C.如果对产品使用后的感知效果与期望一致时，顾客就会满意

    D.顾客满意了就会成为忠诚顾客

(3)在市场营销学中，市场由（　　　）构成。

    A.人口　　　　　　B.购买力　　　　　C.购买欲望　　　　D.地点

(4)现代营销观念包括的类型有（　　　）。

    A.生产观念　　　　B.产品观念　　　　C.市场营销观念　　D.社会营销观念

(5)大市场营销观念增加的2PS是指（　　　）。

    A.产品　　　　　　B.价格　　　　　　C.政治权力　　　　D.公共关系

(6)营销观念是营销过程中如何处理（　　　）利益关系。

    A.企业　　　　　　B.社会　　　　　　C.员工　　　　　　D.顾客

3. **判断题**（正确的画"√"，错误的画"×"）

(1)市场营销观念随着社会的变动不断演进。　　　　　　　　　(　　)

(2)市场上的大部分人不喜欢某产品,甚至宁愿付出一定代价来躲避该产品。这种需求是无需求。　　　　　　　　　(　　)

(3)顾客满意度是预期与实际提供的效能之间差异的比较。　　　　(　　)

(4)市场营销就是推销。　　　　　　　　　(　　)

(5)王婆卖瓜,自卖自夸,属于产品观念。　　　　　　　　　(　　)

4. **简述题**

(1)简述顾客让渡价值的内容。

(2)简述市场营销观念的发展阶段。

项目 2
洞悉营销环境

【项目综述】

　　企业作为社会经济组织,并非生存于真空,它总是在一定的外部环境条件下开展营销活动,同时,为满足目标市场消费群体的需求,实现营销目标,企业也需要深入研究消费者、竞争对手等内部环境,才能更好地掌握经营的主动权。

　　刘欣、杨锐、王涛和李梅4位同学即将入职之际,恰逢广东如意食品有限公司计划开拓校园食品新市场。吴经理为锻炼他们的营销洞察能力和分析能力,便让他们一起结合校园食品市场,分析营销环境。同时,在学校陈老师的协助下,他们学习了宏观环境和微观环境的内容,也学会了用 SWOT 分析法进行营销环境分析,认识了消费者市场和竞争者市场的复杂性,从中掌握了分析消费者购买决策的过程和相应的竞争策略。新市场要开拓成功,绝非易事!吴经理和同学们的工作将如何开展呢? 让我们拭目以待。

【项目目标】

　　通过本项目的学习,应达成以下目标:

知识目标

　　◇认识宏观环境与微观环境的构成要素

　　◇熟悉影响消费者购买行为的主要因素

　　◇理解消费者购买角色

　　◇识别竞争者的类型

能力目标

　　◇能够运用 SWOT 分析法辨析营销环境

　　◇学会分析消费者购买决策的过程

　　◇判别竞争者地位,针对性制定市场营销竞争战略

素养目标

　　◇强化学生主动了解、适应环境能力

　　◇培养学生探究需求与服务顾客意识

　　◇树立公平竞争意识

【项目知识点导图】

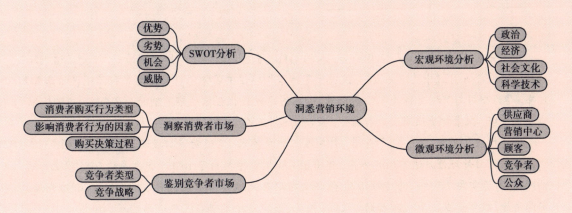

任务1 ⟫⟫⟫⟫⟫⟫
分析营销环境

情境设计

　　面对复杂多变的市场营销环境,广东如意食品有限公司计划开拓校园食品新市场。食品行业市场成熟,竞争者众多,吴经理需要带领实习生们从分析校园食品市场的营销环境做起,学校陈老师也为刚从校园走进职场的同学们提供一些专业参考意见。

任务分解

　　为了开拓新市场,吴经理和刘欣、杨锐、王涛和李梅4位同学一起,准备对当前的校园食品市场开展营销环境调研,运用SWOT分析法进行营销环境分析,以确定公司的目标市场。同时,研究近年来校园内学生对食品需求的变化,迎合其需求或创新食品消费热点。最后针对目标市场的竞争状况,制定合理的竞争战略。

活动1　分析宏观营销环境

活动背景

　　吴经理召集刘欣、杨锐、王涛和李梅4位同学开会,商讨公司开拓校园食品市场计划的可行性。会后,同学们就吴经理布置的"分析校园食品市场营销环境"任务向陈老师咨询,陈老师建议同学们先从当前食品市场的"大环境"即宏观营销环境去考虑开拓新市场的可行性。

活动实施

★议一议★ 通过以下案例，认识什么是宏观营销环境，思考宏观营销环境对开拓新市场的影响。

案例背景：深圳市人口超 2 000 万，人均 GDP 与道路车辆密度均全国第一，深受交通拥堵困扰。2019 年 8 月，《中共中央、国务院关于支持深圳建设中国特色社会主义先行示范区的意见》发布。华为公司与深圳交警开展警企合作，响应创建现代化强国城市范例的号召，以人工智能赋能交通管理，探索打造城市交通智能体，成功实现了三个大改变：

一是执法。执法"量""质"齐升。引入人工智能技术，实现对卡口数据运算的秒级响应，二次识别技术日处理图片达 1 000 万张，违章图片识别效率提升了 10 倍，识别率达 95% 以上。AI 辅助执法，原需要 7 天的一个专项活动，依托大数据及交通分析建模引擎，30 分钟即能精准查处、定向清除，效率是以往 10 倍。套牌、假牌、报废、多次违法车辆在深圳道路已基本绝迹。

二是治堵。通行"速""率"齐升。过去是车看灯读秒数通行，现在是灯看车读车数放行。华为"打造交通智能体，让出行可以预见！"EI 交通智能体 TrafficGo 在线信号配时，关键路口等待时间平均缩短 17.7%。

三是指挥。管理"能""效"齐升。构建新型运营指挥中心，实现"最快双腿"和"最强大脑"紧密结合，深圳交警"铁骑专项行动"应急反应时间缩短 67%。

展望未来，华为将基于 5G 技术，打造智能化的警用终端，向 5G 车联网、智能 & 无人驾驶管理等方向大力探索，将深圳的城市交通管理水平提升到一个新的层次，持续支持深圳创新型城市建设。

步骤 1：结合华为公司与深圳交警开展警企合作的案例，分析华为如何借助宏观环境发展自己。

步骤 2：小组讨论有哪些因素对深圳城市交通管理的改善起到关键作用。

步骤 3：小组讨论结束后，各小组派一名代表上台，分享本组讨论的结果。

📝 做一做　了解宏观营销环境。

步骤 1：借助互联网工具，搜索"宏观营销环境"，浏览相关信息。

步骤 2：通过小组成员搜索的结果进行信息的整理和归纳，完成表 2.1.1。

表 2.1.1

构成因素	具体构成因素
人口环境	
经济环境	
政治法律环境	
社会文化环境	
自然环境	
科技环境	

□ 知识窗

1. 宏观环境的要素

市场营销环境是指与企业营销活动相关的所有外部因素的总和。其内容广泛且复杂,不同的因素对企业的营销活动有不同的影响,相同的因素对不同的企业的影响也不尽相同。市场营销环境因素包括宏观环境和微观环境两个要素。宏观环境要素主要包括人口、经济、技术、自然、社会文化及政治法律等多方面的因素,如图 2.1.1 所示。

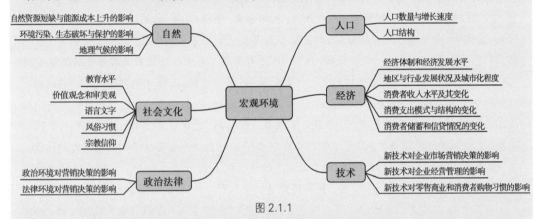

图 2.1.1

企业宏观营销环境分析是一个综合分析,在分析一些较大规模的企业的宏观营销环境时,通常会对企业所面临的政治(Politics)、经济(Economy)、社会(Society)、技术(Technology)四方面因素来开展分析,即所谓 PEST 分析法。

2.PEST 分析法

(1)政治(Politics)

政治法律环境是指影响和制约企业营销活动的政府机构、政府政策、法律法规及公众团体等。政治环境对营销决策有重大影响,如 2019 年美国为维护其经济霸权,对我国华为、中兴等公司无理制裁,严重影响了企业的正常经营。企业开展市场营销活动必须熟悉并遵守相关法律、法规。我国不断加强市场法治建设,陆续制定、颁布了《公司法》《反垄断法》等一系列法律法规,在规范企业经营行为的同时,也保护了合法经营,维护了消费者利益,促进市场有序运行和经济健康发展。

2019 年 10 月 24 日,世界银行在美国华盛顿发布《全球营商环境报告 2020》,中国营商环境全球排名继上一年从 78 位跃升至 46 位后,2020 年再度跃升至第 31 位,连续两年入列全球优化营商环境改善幅度最大的十大经济体。国务院颁布了《优化营商环境条例》:一是进一步放宽市场准入;二是进一步推进公正监管;三是进一步做到简政便民;四是进一步提振市场主体投资兴业的信心;五是进一步完善制度法规。专家指出,中国营商环境改善是一个长期持续的过程,随着新一轮改革政策的落实,中国市场将向世界各国企业展现出更大魅力。

(2)经济(Economy)

经济环境包括一个国家或地区的社会经济制度、经济发展水平、产业结构、行业发展状况、物资资源状况、消费水平和消费结构、城市化程度等。在新冠肺炎疫情期间,我国疫情地区产品出现滞销现象，但在政府的有力协调下，经济很快得到稳定及恢复。我国地区经济发展很不平衡，东部尤其是东南沿海地区发展程度高，中、西部地区发展程度较低。这种不平衡对企业的投资方向、目标市场选择以及营销战略的制定等都有重大影响。消费者的购买力还受储蓄和信贷的直接影响。当前消费信贷种类繁多，既有传统的短期赊销、分期付款、信用卡信贷等，也有新兴支付工具衍生出来的信贷消费，广受年轻消费者青睐。

（3）社会（Society）

这里的社会因素包含的内容较为广泛，包括人口环境、自然环境和社会文化环境等。

人口是构成市场的关键因素。人口数量、人口密度、年龄结构、性别结构、职业结构、婚姻状况、出生率、死亡率、地理分布、人口流动性及其文化教育等人口特性，都对企业的市场营销决策产生重大影响。例如人口老龄化，保健用品、营养品、老年人生活必需品等市场将会变得兴旺。三胎时代的来临，家庭结构的变化将影响住房、厨具、家具、家用电器等商品销售走向。

一个国家或地区的自然环境包括自然资源、地形地貌、气候条件等。自然资源短缺与能源成本上升对企业的影响是巨大的，如石油等能源日渐枯竭，使用成本不断上升，就为原子能、风能、太阳能等绿色能源带来了巨大商机。地理与气候是企业开展营销活动必须考虑的因素。在湿度较低地区运转良好的设备，到了湿度高的地区就有可能发生故障。某款外观时尚的女款摩托车在平原地区非常畅销，在山区却因发动机底盘低、爬坡动力不足等原因而滞销。

社会文化环境是教育水平、价值观念、语言文字、生活方式、民族特征、风俗习惯、伦理道德、社会结构等方面的总和。例如，针对受教育程度较低的顾客群体，用文字或意念抽象的广告效果不佳，而用电视、广播和现场示范等诉求直白的广告形式，则更容易被接受。消费者的需求和购买行为深受其价值观念的影响，例如对年轻一代来说，信贷消费已经是习以为常，但年长者会认为勤俭节约、量入为出是传统美德。不同的宗教信仰有其特定的文化倾向和戒律，企业开展营销活动应了解和尊重消费者的宗教信仰，避免触犯禁忌。

（4）技术（Technology）

科学技术是第一生产力，是现代社会生产力的最活跃因素。新技术对企业营销决策、经营管理、商业模式及消费者购物习惯均有很大影响。新技术革命，既会给企业市场营销创造机会，也会给企业带来巨大威胁。如LED的普及使得传统灯具过时，高质量智能手机的出现，使电视机对部分人尤其是年轻人变得可有可无，对电视机的产销造成很大冲击。

※ 活动小结 ※

宏观营销环境是对企业的生存发展创造机会和产生威胁的各种社会力量。企业必须重视这些"不可控制因素"，并制定合理的营销对策令企业适应宏观环境取得发展。

活动 2　分析微观营销环境

活动背景

在学习宏观营销环境之后，陈老师指导同学们继续学习微观环境的内容，带领大家一起分析如意公司的微观营销环境。

活动实施

★议一议★　企业在开展营销活动中如何赢得公众认可？公众的认可对企业有什么意义？

案例背景：如果要说 2019 年开年第一爆款的营销案例是什么？《啥是佩奇》的刷屏应该可以排第一位，如图 2.1.2 所示，这只粉红色的小猪在开年就戳爆了大众的心。

图 2.1.2

《啥是佩奇》是一部电影广告宣传片，讲述的是一位乡下老大爷盼着儿子一家回老家过年，爷爷打电话问孙子过年想要什么礼物，孙子说想要佩奇，爷爷却不知道佩奇是什么，于是开始了一场询问村里人啥是佩奇之旅。询问的过程令人啼笑皆非，最后爷爷终于弄明白了佩奇是什么，然后用鼓风机造出了一个"硬核佩奇"。

影片一经发布，就在社交网络走红，创造了 2.3 亿播放量、16 亿微博转发量，成为一个现象级的营销案例，电影广告宣传大获成功。

步骤 1：观看《啥是佩奇》视频。

步骤 2：小组成员讨论《啥是佩奇》在网络走红、电影广告大获成功的原因。

步骤 3：讨论结束后，各小组派一名代表上台分享本组讨论结果。

✎ 做一做　了解微观营销环境。

步骤 1：借助互联网工具，搜索"微观营销环境"，浏览相关信息。

步骤 2：通过小组成员搜索的结果进行信息的整理和归纳，完成表 2.1.2。

表 2.1.2

微观营销环境	含义及分类
供应商	
营销中介	
顾客	
竞争者	
社会公众	
企业内部环境	

□ 知识窗

微观营销环境又称直接营销环境，是指与企业紧密相连、直接影响企业营销能力和效率的各种力量和因素的总和，主要包括供应商、营销中介、顾客、竞争者、社会公众、企业等，如图 2.1.3 所示。

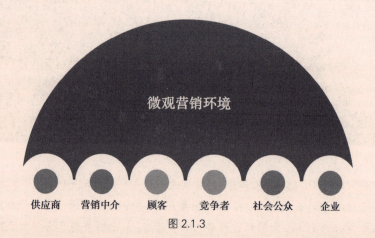

图 2.1.3

1. 供应商

供应商是指向企业及其竞争对手供应原材料、能源、设备、劳务等资源的企业和个人。供应商既是商务谈判的对手，更是合作的伙伴。供应商供货的质量水平及稳定性，直接影响着企业产销产品的质量及稳定性。例如木家具厂需要木材来进行家具加工，五金件、黏合剂、人力、设备、电力等生产要素的稳定供应，可使企业的生产经营活动正常开展。

2. 营销中介

营销中介是指协助企业推广、销售和分配其产品给最终购买者的企业或个人，包括中间商、实体分配机构、营销服务机构和金融机构等。中间商分两类：代理中间商和经销中间商。代理中间商包括企业代理商、寄售商、经纪商、销售代理商，专门介绍客户或与客户磋商交易合同，但并不拥有商品所有权。经销中间商包括批发商、零售商和其他再售商，他们购买商品，拥有商品所有权，再售出商品。

3. 顾客

顾客是指使用进入消费领域的最终产品或劳务的消费者和生产者。顾客是企业最重要的环境因素，现代营销强调把满足顾客需求作为企业营销管理的核心。

4. 竞争者

在商品经济条件下，任何企业在目标市场进行营销活动时，不可避免地会遇到竞争对手的挑战。企业在制定营销策略时不但要充分了解同行业竞争对手的生产经营状况，还需要了解非同行业竞争者的状况，做到知己知彼，才能有效地开展营销活动。

5. 公众

公众是指对企业完成其营销目标的能力有着实际或潜在利益关系和影响力的群体或个人。公众对企业的生存与发展有着巨大的影响，具备一定规模的企业一般会建立公共关系部门，负责筹划建设和处理与各类公众的关系。公共关系部门负责收集与企业有关的公众的意见和态度，发布消息、沟通关系，以建立良好的企业形象。如果出现不利于企业的情势，公共关系部门应及时应对化解。

※ 活动小结 ※

企业为了满足目标市场的需求，从而获得利润，面对微观环境的"可控制的因素"，要求企业必须把自身跟与其相关的营销中介、竞争者和公众等因素联系起来，采取有利于企业发展的营销对策。

活动3　运用SWOT法分析营销环境

活动背景

刘欣、杨锐、王涛和李梅4位同学按照吴经理的安排，对当前的校园食品市场的宏观、微观营销环境开展调研，掌握相关信息后，运用SWOT分析法进行营销环境分析。

活动实施

★议一议★　通过以下案例，试分析我国营销环境的变化与四种电商创新的关系。

过去10年来，有关"中国通过复制和推广硅谷的概念进入电商"的老生常谈已一去不返。如今，从网络直播热潮到全天候的客户服务，中国创新正在塑造全球电商，中国的四种电商创新使我们可以一瞥购物的未来。

第一，"购物即娱乐"或"争夺时间份额"。中国电商市场的显著特征之一，是网上购物已被打造为一种消遣方式，电商和网购App为人们提供了发现、娱乐和享受的空间。消费似乎成为这些体验的次要方面，零售商们争夺的是消费者的时间而不是钱包，如图2.1.4所示。

第二，"发掘童心"或"上瘾有利于销售"。中国的电商平台已成为消费游戏化的大师。消费者如今可以在天猫奢侈品馆参加虚拟展览和表演，并在富有个性化的品牌小游戏或小测试的吸引下购买相关商品。融入人工智能和增强现实（AR）技术的虚拟试穿也反映出电商日益游戏化的趋势。

图 2.1.4

第三，"打造自己的购物节"。早在互联网或电商出现之前，全世界的消费者就已经开始接触在节假日期间举行的各类商业活动，伪装成文化节日的购物节活动也并非全新概念。然而，过去十年来，中国涌现出大量购物节，对于塑造具有开创性的零售格局至关重要。"双 11""6·18"等购物节已在全球广为人知，并越来越被中国以外的全球零售商和消费者所"庆祝"。

第四，"购物永不停歇"或"为你提供全天候服务"。在中国激烈竞争的推动下，电商消费者可以习惯性地随时与品牌和零售商沟通。

虽然尚未看到西方市场大规模采用中国的电商模式，但从技术乃至基本的社会文化角度来看，中国电商的许多方面都在塑造全球的购物方式。

（资料来源：美国《精奢商业日报》2021 年 8 月 1 日文章，作者托尔斯腾·斯托克等，环球时报丁雨晴译）

步骤 1：小组合作探究，通过搜索相关资讯，分析我国当前营销环境面临什么机会与威胁。

步骤 2：结合以上案例材料，分析四种电商创新在营销环境中如何抓住机会、突显优势。

步骤 3：结合以上案例说明各大购物平台是如何利用营销环境取得成功的。

步骤 4：各小组派一名代表上台，分享本组讨论的结果。

知识窗

1. SWOT 分析法

SWOT 分析法是市场营销环境分析常用的方法之一，即对企业的优势 S（Strengths）、劣势 W（Weakness）、机会 O（Opportunity）、威胁 T（Threats）进行综合评估和态势分析，如图 2.1.5 所示。将与研究对象密切相关的各种主要的内部优势、劣势和外部机会和威胁等通过调查列举出来，并依照矩阵形式排列，运用系统分析的思想，把各种因素相互匹配起来加以综合分析，从而有针对性地制定和调整营销战略，不失时机地利用营销机会，尽可能减少威胁带来的损失。

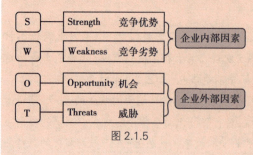

图 2.1.5

（1）市场机会分析

市场机会是指市场上存在的尚未满足或尚未完全满足的显性或隐性的需求。对市场机会的分析可以使企业准确地找到最有潜力和最有可能成功的机会。例如百度挖掘儿童智能屏市场，推出小度教育智能屏，融合早教机、点读机、复读机和平板等产品功能，六机合一，是"学习机中的战斗机"。

2021 年 5 月 8 日，中国新消费发展论坛在海南海口开幕。此次论坛是配合首届中国国际消费品博览会而举办的高端智库活动。近 30 名来自高端智库、政府、企业和媒体界的代表开讲，探讨双循环格局下新消费浪潮的发展动能和趋势、科技与消费的融合以及消费形态服务升级等前沿议题。从中国本土到国际市场，新老品牌的竞争日趋白热化，如何才能解锁双循环背景下的消费新篇？此次论坛上，中国（海南）改革发展研究院院长迟福林开讲《中国消费大趋势》。他表示，中国消费潜力的释放与市场的开放，将成为世界经济增长的重大利好，预计未来 5 至 10 年，我国对全球经济增长的贡献率仍有望保持在 25%~30%，仍是拉动全球经济增长的"主引擎"。14 亿人的消费大市场是"世界的市场、共享的市场、大家的市场"。

（2）环境威胁分析

环境威胁是指环境中不利于企业营销的因素及其发展趋势对企业形成的挑战，或对企业的市场地位构成的威胁。这种环境威胁主要来自两方面：①环境因素直接威胁着企业的营销活动，如 2020 年新冠肺炎疫情发生后，政府颁布野生动物保护相关法规，对从事野生动物养殖的农户、企业的生存造成毁灭性打击；②企业的目标、任务及资源与环境机会相矛盾。例如，虽然消费者的消费能力越来越强，但电视机、电脑厂商期待的销售增长却没有出现，电视机、电脑的市场受到越来越先进时尚的智能手机的巨大冲击。

（3）竞争优势的分析

竞争优势指企业相较于竞争对手拥有的资源、运作模式、更适合市场需求的产品和服务等可持续性状况。竞争优势可以在技术技能、有形资产、无形资产、人力资源、组织体系、竞争能力等方面形成相较于其他企业的优势。如华为公司在 5 G 领域人才云集、专利拥有量全球第一，同时拥有技术、无形资产、人才及组织体系等多方面的优势，使得习惯了技术霸权的美国政府和企业如坐针毡，用尽一切手段打压华为公司。

（4）竞争劣势的分析

竞争劣势是指企业拥有的某些能力或综合能力比竞争对手弱，创造的顾客价值少和利润率比竞争对手低等竞争状况。企业缺乏具有竞争力的技能技术、有形资产、无形资产、人力资源、组织体系及关键领域的竞争能力流失，都可能导致企业内部环境的弱势。

营销管理者应结合自身的优势和劣势，利用优势，减少劣势；同时，密切注意市场环境的变化并做好应对策略的调整，抓住机会，化解威胁，准确制定并适时调整企业的发展战略，才能确保企业长盛不衰！企业的内部资源与外部环境决定了企业的战略决策，如图 2.1.6 所示。

图 2.1.6

2. SWOT 模型的分析步骤

步骤1：建立 SWOT 矩阵。

将企业内外部各种因素按优势、劣势、机会和威胁罗列在 SWOT 矩阵中，将对企业发展有直接的、重要的、广泛的、急迫的、长远的影响因素优先排列在前面，而对企业发展有间接的、次要的、局部的、不急的、短暂的影响因素排列在后面。

步骤2：SWOT 矩阵分析。

SWOT 矩阵分析包括组合分析和综合分析。

（1）组合分析

组合分析是指对企业的优势、劣势与环境的机会、威胁的四个组合进行分析，见表2.1.3。

表 2.1.3

O：机会

W：劣势	WO 外部有机会，内部处劣势 **扭转型战略** 利用外部资源，弥补内部劣势	SO 外部有机会，内部占优势 **增长型战略** 充分发挥优势，抓住机会	S：优势
	WT 外部有威胁，内部处劣势 **防御型战略** 减少劣势，回避威胁	ST 外部有威胁，内部占优势 **多元化战略** 利用优势，回避或减轻威胁，最终转为机会	

T：威胁

①优势——机会组合（SO）：利用内部资源优势，把握外部发展机会；

②优势——威胁组合（ST）：利用内部资源优势，化解外部环境威胁；

③劣势——机会组合（WO）：需要改变劣势局面，创造条件抓住机会；

④劣势——威胁组合（WT）：最不利的局面，需有重大创新性举措，扭转不利局面。

（2）综合分析

在营销实务工作中，机会、威胁、优势、劣势实际上总是交织在一起的，企业需要结合具体情况，权衡利弊，综合分析，企业决策往往是一个多因素综合权衡的过程。例如，（S＋W）O结合，即表示企业在面对市场机会时，要同时考虑企业自身优势和劣势，综合分析，才能做出更精准的决策。

步骤3：制订计划。

分析了 SWOT 矩阵后，便可以制订出相应的行动计划。制订计划的基本思路是：发挥优势，克服或回避劣势，把握机会，化解威胁；结合过去，立足眼前，放眼未来。

知识拓展

SWOT 分析法实用性强,可用于个人求职分析,大家一起扫码学习吧!

※ 活动小结 ※

通过学习,学会运用 SWOT 分析方法,制定有效的营销战略,扬长避短、趋利避害、抓住时机,主动适应变化,开展有效的营销活动。

合作实训

实训名称: SWOT 分析法应用。

实训目的: 熟悉 SWOT 分析法的分析步骤。

实训任务: 假设你所在的学校有两家超市,其中一家即将租约期满,学校准备以现在的租金水平继续招租,现在的租户按目前的租金水平是略有盈利的。

恰逢有某连锁超市意欲进入学校开展经营,但对学校内及学校周边的情况并不了解,得知同学们正在学习市场营销课程,该连锁超市想委托市场营销任课老师找几位同学组建一个营销调查小组,对在学校内经营超市开展营销环境调查。请以你所在的学校为假设,运用 SWOT 分析法对在学校内开办超市的营销环境作出分析。

实训步骤:

1. 将班级同学分若干小组,组建营销环境分析小组,团队合作,合理分工,见表 2.1.4。

表 2.1.4

角色	任务
组长	统筹工作任务,明确分工,组织开展实训工作
组员	按照分工要求完成实训工作任务
汇报人	从组员中选拔,整理汇报材料,在课堂上汇报

2. 各小组对学校经营销超市的宏观环境和微观环境开展调查,将营销环境所面临的机会与威胁,连锁超市可能存在的优势与劣势全部罗列出来,填入表 2.1.5。

表 2.1.5

S: 优势	W: 劣势
1. 2. 3.	1. 2. 3.
O: 机会	T: 威胁
1. 2. 3.	1. 2. 3.

3. 对表 2.1.5 中内容作 SWOT 矩阵分析。

①组合分析。

②进行综合分析，给出可行性建议。

4. 汇报展示。

小组派代表根据小组制作课件进行汇报讲解，见表 2.1.6。

表 2.1.6

项目	负责人	计划完成的任务	实际完成情况
填写实训任务内容			
资料收集整理			
课件制作			
演讲汇报			

实训评价： 教师和小组组长根据表 2.1.7 的评价指标和标准进行实训评价。

表 2.1.7

序号	评价指标	标准	分值/分	小组互评 40%	教师评价 60%	综合比较评价
1	任务完成	顺利完成实训任务，质量较好	30			
2	团队协作	分工明确，团队配合程度较好	20			
3	成员积极性	组员学习积极性较高	10			
4	课件制作	课件制作美观，重点突出	10			
5	展示汇报	汇报人大方得体，仪态端庄，讲解流畅	10			
6	实训纪律	遵守实训纪律要求	20			

任务2 〉〉〉〉〉〉〉〉
洞察消费者市场

情境设计

　　如意食品有限公司计划开拓校园食品市场，而校园市场是一个结构单一而又特点鲜明的市场，学生是最主要的消费主体，吴经理要求刚从校园走进职场的同学们结合自身校园消费经验，对校园消费者市场及学生的消费行为开展研究分析。

任务分解

为了开展校园消费者市场及学生消费行为调研，吴经理让同学们先认识消费者与消费者市场，了解影响消费者购买行为的主要因素，最后通过调研，分析消费者的购买决策过程。

活动 1　认识消费者市场

活动背景

> 为了使刘欣等人能顺利地在学校开展调查，陈老师指导他们按性别分成杨锐、王涛小组和刘欣、李梅小组，分别负责男女生消费行为的调查，从而掌握影响男女生购买行为的主要因素及其购买决策过程特点。

活动实施

★议一议★　通过以下案例，思考大白兔跨界营销取得成功的原因。

洞察消费风向，精准跨界营销

作为一个国民老字号，"大白兔"是很多人的童年记忆，日积月累的积淀，已经让这个品牌家喻户晓。但是随着时间推移，单一的口味、竞争对手的涌现等诸多因素，让"大白兔"的市场表现大不如从前。在大众的认知里，"大白兔"似乎已经成了老年人才吃的糖果，成长起来的年轻一代对于"大白兔"的记忆，也封存在了脑海深处。但是封存并不代表遗忘，自带回忆杀的它，天生就是一个优质 IP。

这两年，"大白兔"重新成为一个网红级的存在。2018 年，"大白兔"与国民护肤品牌美加净合作推出大白兔润唇膏，在一段时间内卖到脱销。2019 年 5 月，"大白兔"又联合气味图书馆，推出大白兔奶糖沐浴乳、身体乳、护手霜等一系列产品，如图 2.2.1 所示，迅速冲上微博热搜，引发大众热议。气味图书馆本身就是一个风格独特的品牌，它曾做过凉白开水味道的香水。两个品牌相遇，可谓"气味相投"，做出"大白兔"味的香水、沐浴乳产品也就不足为奇了！

图 2.2.1

"大白兔"以一个新姿态出现在消费者面前,开展跨界营销,它不是要让消费者认识它,而是唤醒消费者内心深处的记忆。

实际上,类似这种的跨界营销,已经成为当下逐渐兴盛的国潮营销新方式。故宫彩妆、泸州老窖香水、马应龙口红……脑洞越大,跨界越远,就越能激发大众的兴奋点。新、奇、特产品的推出,正迎合了当下年轻消费群体的心理与消费需求,跨界产品大受热捧,由此形成滚滚"国潮"。洞察消费风向,精准跨界营销,"守得住经典,当得了网红"已经成为一些传统品牌的营销座右铭。

步骤1:小组讨论"大白兔"为什么要开展跨界营销。

步骤2:小组讨论"大白兔"开展跨界营销抓住了消费者哪些心理需求。

步骤3:小组讨论结束后,各小组派一名代表上台,分享本组讨论的结果。

回 知识窗

1. 消费者与消费者市场的概念与特点

广义的消费者是指购买、使用各种产品与服务的个人或组织。狭义的消费者,是指为了满足生活消费而购买、使用各种消费品或服务的个人或家庭。由其所构成的市场即为消费者市场。消费者市场是最终产品市场,是现代市场营销理论研究的主要对象,其主要的特点如下:

①购买频次高、数量少;

②消费者的分散性;

③消费者的流动性;

④购买行为的非专业性;

⑤商品的可替代性;

⑥购买行为的差异性;

⑦消费者需求的易变性;

⑧商品的科技含量日益增加。

曾几何时,中国是制造业大国,却称不上制造业强国。技术上的差异让"中国制造"背上了"低端、廉价"的污名,"假洋牌"对"MADE IN CHINA"避之不及。在很长的一段时间内,国货都被打上了"山寨""次品"的标签。反之,外国品牌则被捧上了高高的神坛,仿佛带着"外国血统",就一定质量高、时髦一样。在这种潜意识下,越来越多的国产品牌开始给自己"涂脂抹粉",力图伪装成"国外品牌",以讨得消费者的欢心。时至今日,"中国制造"在某些领域已经逐步蜕变为"中国智造",国产品牌的口碑也大大上升。尤其是疫情下,国产疫苗的优异表现更是为中国智造大大争了一次光,国货在国际市场上的风评已然显著好转。2021年5月10日,由百度与人民网研究院联合发布的《百度2021国潮骄傲搜索大数据》报告显示,国潮在过去十年关注度上涨528%,新时代的国潮不局限于新国货,还包括文化、科技等各个领域背后中国力量的全面崛起。2021年,中青校媒向全国998名大学生展开问卷调查。结果显示,79.83%的大学生愿意支持国货,对国产品牌发展怀有期待。同时,41.42%的受访者表示,购买产品时会优先考虑国产品牌。消费者文化认同感高涨,国货崛起已成必然趋势,这两年国潮的风靡就是一个例证。尤其是"Z世代"(即1995—2009年间出生的互联网世代)消费者,他们不认为外国品牌更好,相比之下,更看好国产品牌。这说明消费者本土意识觉醒,文化认同感高涨。

2.消费者购买行为的类型

消费者的消费行为受到社会文化、经济、心理等诸多因素的影响和制约,其消费行为各不相同。研究消费者的消费行为,并将其按不同角度分类,有助于企业开展营销工作时有的放矢,提高营销效率。

(1)按消费者购买目标的选定程度划分,见表 2.2.1。

表 2.2.1

类型	行为特征	营销人员对策
全确定型	在购买前已有明确的购买目标,购买时目的性非常强,一般会主动提出购买要求,只要商品符合条件,一般都会毫不犹豫地购买下来。	认真了解其需求,尽可能提供能满足其需求的商品。
半确定型	在购买前已有大致的购买目标,有某些方面还不是很明确,需要进一步作对比选择才能做出最终决定。	针对未明确的项目,耐心细致做好沟通,努力解决问题,消除疑虑,引导其做出决定。
不确定型	在购买前没有明确的购买目标,在探寻满足其需求的商品过程中,如遇到感兴趣或者觉得合适的商品,也可能会做出购买决定。	一方面要注意探寻其需求意图,将需求明晰化,并向其推介能满足需求的商品;另一方面,要给购买者考虑的时间和空间,帮助其做出购买决定。

(2)按购买者购买的态度和要求划分,见表 2.2.2。

表 2.2.2

类型	购买者行为特征	营销人员对策
习惯型	购买者往往根据其购买经验和习惯来进行购买。在购买时,一般不用经过比较选择,就可做出购买决定。其购买行动快速完成,而且大多数是重复购买。	这类购买者属于忠实顾客,营销人员只需帮助其实现购买,如帮助其迅速寻找商品、做好相应的服务工作等即可。
经济型	在选购商品时,主要从经济的角度考虑,特别重视商品的价格,对商品的价格非常敏感。	可迎合其求廉心理,向其推介能满足其心理价位需求的性价比较高的商品。
理智型	购买者会根据自己的购买经验和对商品的认识,在对所购的商品进行周密的分析与反复考虑的基础上做出选择购买行为。不轻易受广告宣传、商品外观以及其他人购买行为的影响,而是对商品质量、性能、价格和服务等分析比较。	尊重其选择,适时地对其选择加以赞许和肯定,不要过多地参与意见,以免引起对方的反感。
冲动型	容易受客观刺激物的影响,情绪易于冲动,容易受商品的外观质量和广告宣传等刺激,凭直观感觉与情绪购买商品,易忽略商品的用途和性能。购买后,往往会因为不实用而后悔。	可适度利用其冲动促成交易,但也要把握好尺度,应要帮助其正确、全面认识商品,合理消费。

续表

类型	购买者行为特征	营销人员对策
情感型	对商品的象征意义特别重视，想象力及联想力较强，在购买决策上容易受感情的影响。情感型购买者容易受商品的外观、造型、颜色、广告宣传、命名和象征意义等影响。	了解购买者的情感倾向，营造购物环境氛围，动之以情，满足其情感需求。
疑虑型	选购商品时小心谨慎，疑心重，不轻易相信推销人员所描述的商品。挑选商品动作缓慢，费时多，多数是"三思而后行"，常常会犹豫不决而中断购买，购买后还会疑心是否上当受骗。	需有足够的耐心，要了解其疑虑点，解惑释疑，做出合理保证，增强其信心，鼓励其大胆购买。
不定型	多属于新购买者，缺乏对商品的认知和购买经验，对商品没有固定的偏好，其心理尺度尚未稳定，独立生活不久的青年人较多属于这一类。	热情地给予帮助，应因购买者当时的状态，因势利导、顺势而为，帮助其实现购买商品的意愿。

（3）按购买者在购买现场的情感反应划分，见表 2.2.3。

表 2.2.3

类型	购买者常见表现	营销人员对策
健谈型	易于接近，乐意与营销人员或其他顾客交换意见，喜欢表达，富于幽默，能开玩笑，有时甚至忘乎所以。	注意真诚耐心聆听，不时给予赞美鼓励，并从中了解其意向，适时将话题引回到购买商品上来。
沉实型	态度持重，沉默寡言，交际适度，不愿与营销人员谈商品以外的话题，也不爱听带有幽默感或玩笑式的话语。	要端庄有礼，举止适度，与顾客交流时要注意语言的选择，不要过于热情主动地与顾客进行语言交流。
温顺型	往往直接信任营销人员的介绍和意见，能较快地做出购买决定，很少亲自重复检查商品的质量。注重营销人员的服务态度和服务质量，对购买商品的本身并不过多考虑。	要以真诚的态度来接待，诚恳了解其需求并为其介绍合适的商品。
傲慢型	态度傲慢，语言、表情都神气十足，甚至会用命令式的口吻提出要求。对营销人员的服务要求高，稍有不合意就会生气、争吵。	尽量满足其合理的要求，以谦和的态度为其提供专业水平高的服务，避免与其争吵，想办法让其在较短的时间内做出购买决定。
反感型	往往不能接受别人的意见和建议，对营销人员的推介抱有戒心，持不信任态度，自以为是，有逆反心理，对推销非常警觉。	应态度诚恳，平实、客观地介绍商品，不要作过多带倾向性的促销引导，要让顾客感觉是他自己做出决定。

　　消费者的购买行为受到诸多因素影响，其购买行为的分类相当复杂，并不限于以上分类。研究分析购买者行为，营销人员必须灵活结合实际商业环境及购买者的个性心理特质等诸方面因素综合分析，才能较好地掌握其行为规律，采取恰当的营销服务对策。

※ 活动小结 ※

　　企业无论是否直接为消费者服务，其产品与服务均要以最终消费者的需求和偏好为风向标，消费者市场才是最终市场。通过学习，同学们了解了消费者市场是一切市场的基础，是最终起决定作用的市场，为今后分析市场打好基础。

活动 2　影响消费者心理和购买行为的因素

活动背景

　　学校是消费者结构相对单一的消费者市场，消费者绝大部分是学生。如意食品有限公司计划开拓校园食品市场，刚从校园走进职场的 4 位同学在陈老师的协助和指导下，开展对影响学生消费心理和购买行为的因素的调研。

活动实施

★议一议★　通过下面案例，思考猫爪杯的营销为什么取得成功。

猫抓杯的萌宠营销

　　2019 年 2 月，某品牌推出春季版"2019 樱花杯"，其中一款粉嫩可爱的"猫爪杯"在网络迅速走红，如图 2.2.2 所示。为了能抢到这个杯子，有人连夜在该店门口排队，甚至搭起了帐篷。从门店开门到杯子售罄，只用了不到两分钟时间。更夸张的是，有的人因为抢杯子在店门口大打出手，上演了"全武行"，出现了线上线下都"一杯难求"的局面。在二手电商交易平台上的猫爪杯也从原价 199 元被炒到 1 800 元。仿制品也卖到 65 元至 120 元不等。

图 2.2.2

　　与往年樱花杯并未掀起波澜相比，今年的猫爪杯成功"出圈"了。仔细分析猫爪杯爆火的原因，除了常用的"饥饿营销"套路，该品牌洞察并迎合消费者心理方面也做得非常出色。近年来，社会上刮起一股吸猫热，越来越多的人正在成为"猫奴"。轻奢品牌风和小资生活的定位，面对的是城市中产人群，尤其是以 80 后、90 后为代表的中产年轻人群。这一部分客户群和喜爱猫咪的人有很高的重合度。打拼中的年轻人无论单身独居与否，难免会想有个精神寄托，对他们来说，萌宠是好的选择。针对这一部分用户群体的心理及消费趋势，推出猫咪主题的咖啡杯，迅速激发了这一群体强烈的消费欲望，成功地实现了精准营销。

步骤1：结合案例材料，小组讨论出现线上线下都"一杯难求"的原因是什么。

步骤2：通过合作探究，分析"猫爪杯"迎合了消费者哪些心理诉求。

步骤3：通过互联网信息搜索，归纳消费者的购买行为受到哪些因素影响。

步骤4：小组讨论结束后，各小组派一名代表上台，分享本组讨论的结果。

回 知识窗

消费者的心理与购买行为受多方面因素影响，每个因素对消费者购买行为的影响程度各不相同。营销人员要分析影响消费者购买行为的各种因素，准确把握消费者的购买行为，才能有效地开展市场营销活动。影响消费者的心理与购买行为的因素主要包括文化、社会、个人心理等多个方面，如图2.2.3所示。

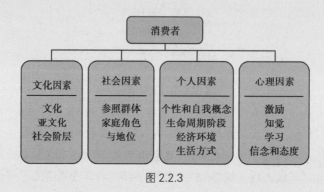

图 2.2.3

1. 文化因素

广义上的文化是指人类在社会历史发展过程中所创造的物质财富和精神财富的总和，狭义上的文化则主要是指精神财富。影响消费者购买行为的文化因素主要包括社会核心文化、亚文化和社会阶层等。

文化因素是对消费者购买行为影响最为广泛和最为深远的因素。以民族传统为基础的亚文化，不同民族的消费者在饮食、服饰、住房和娱乐等方面可能存在着非常大的差异。我国的56个民族，不同民族消费者的消费习惯一般会有差异或差异巨大。

社会阶层对消费者的消费价值取向、支出模式、购物方式等有重大影响。例如，高收入阶层会通过在高档消费场所消费高档次的商品或服务，以显示自己的身份地位与品位；高职位阶层更愿意将金钱投入他们认为有价值的高端圈子的社交消费等。

不同的国家或地区因其地理位置不同，气候、物产、习俗等存在差异，消费需求与行为也会存在差异。我国有川、粤、苏、鲁、闽、浙、湘、徽八大菜系，风味各异，其饮食文化特色就与地理差异有密切关系。

2. 社会因素

消费者生活在特定的社会环境下，其消费行为主要受到家庭、相关群体和角色地位等社会因素的影响。同一家庭中不同的家庭角色对购买决策的影响不尽相同；相同的家庭角色在不同的家庭对购买决策的影响也有不同；不同的家庭形态和家庭生命周期，家庭的消费结构会有较大差异。年轻未育夫妇的家庭，可能会把较多的时间和金钱花费在健身、娱乐、社交、学习或旅游上；而有年幼子女的家庭，则消费关注重点较集中在儿童食品、服装、图书、玩具等方面。

相关群体是指对个人的态度、意见和偏好有重大影响的群体，按照对消费者的影响强度可分为主要群体、次要群体和其他群体。角色地位是群体对一个人的要求或一个人在某一环境系统中应起的作用，它反映了该环境系统的期望与评价。例如，家庭中的父亲角色、公司的营销总监角色等。消费者在购买活动中，既要考虑社会群体的期望，还要满足自身的心理需求，在做出购买选择时往往会受自身角色地位的影响。

3. 个人因素

顾客的购买行为还受到经济条件、个性、生理因素、生活方式等各种个人因素的影响。

（1）经济条件

消费者的消费行为需要以其支付能力作为支撑，消费者自身及家庭的经济能力对其消费行为影响巨大。个人及家庭经济条件好，消费的档次、品种、方式等方面的选择自由度就更大，反之，消费的自由度则受经济能力所限制。例如，同样是假期，经济条件允许的可选择外出旅行、修学等，而同样是旅行，也可选择国内、国外甚至周游多国等，旅行档次也有高低之分。

（2）个性

个性就是个体独有的并与其他个体区别开来的、具有一定倾向性的、稳定的、本质的心理特征的总和。个性特征有不同的类型，如外向型与内向型、理智型与情感型、乐观型与悲观型、独立型与依赖型、顺从型与反抗型等。外向型的人选购衣物时一般喜欢选择色彩鲜艳的，内向的人则较喜欢选择灰色、深色衣物，不喜欢吸引他人关注。

（3）生理因素

生理因素包括消费者的年龄、性别、外貌、肤色、发型、身高、体型、体重、感官、生理偏好、生理健康状态等。这些因素影响消费者选择商品的种类、风格、规格等。比如服装消费中，女性购买行为容易受到外界因素的影响，女性选购服装更看重色彩、款式，更注重穿着的视觉效果，购买过程精挑细选、耗时长，服饰选择带有浓厚的感情色彩；男性购买者购买时较缺乏耐心，关注商品细节少、选购用时短，消费较为理性，感情色彩较弱。

（4）生活方式

不同社会阶层、群体的生活方式存在差异。相同的社会阶层与群体，生活方式也不会相同。不同生活方式的消费者，其消费行为往往存在明显差异。例如，广东人喜欢把较多的金钱花在饮食方面，习惯以"喝早茶"等方式打发休闲时间；而上海人则愿意把更多的金钱花在穿着上，认为穿着体面很重要。

4. 心理因素

消费者心理活动过程是消费者购买决策中支配购买行为的心理活动的整个过程，包括认识过程、情绪过程和意志过程。心理活动过程包括的因素有许多，影响消费者心理活动的主要因素有动机、认知、学习、态度等。

案例拓展

美团是如何运用色彩营销吸引消费者的？
大家一起扫码学习吧！

※ 活动小结 ※

影响消费者心理和购买行为的因素是复杂多样的，消费者心理和购买行为又是有迹可循的。所谓"做人通人性，游水通水性"，企业营销人员若能谙熟消费者的心理与行为规律，在开展消费者市场营销中自能无往而不利！

活动3　消费者购买决策过程

活动背景

校园市场是以学生为主体的消费者市场，如意食品有限公司安排 4 位同学开展学生消费心理和购买行为的调研，洞察学生消费群体的购买决策过程，对如意公司开拓校园食品市场具有重要意义。

活动实施

★议一议★　通过下面案例，分析小峰做出购车决策的过程。

作为普通上班族的小峰，大学期间就考取了驾驶证，参加工作后，看着身边的有车一族，不必挤公交，来去潇洒自由，自己有证无车，美慕又苦恼！在他参加工作的第三年，他有了一定积蓄，开始计划圆自己的汽车之梦。他开始了解各种小轿车的排量、动力、价格、油耗、油箱容量、安全性、舒适度等信息，并向身边亲友及通过网络了解各种车评，节假日他按单位同事兼好友小勇的意见，频频出入各 4 S店看车、试驾……经过一段时间的频繁学习和了解，小峰已经对市面上各个品牌的小轿车相当熟悉，对自己梦想中的小轿车有了清晰的轮廓……两个月后他终于通过分期付款，买下了一辆约 15 万元的小轿车，圆了自己三年来的汽车梦！现在，小峰每天开着他的爱车上下班、参加业余社交及健身运动等。成为有车一族的他，对自己精心挑选的车子非常满意！

步骤 1：小组讨论小峰购车前经历了怎样的心路历程。

步骤 2：小组讨论小峰为了实施他的购车计划，做了哪些准备工作。

步骤 3：小组讨论结束后，各小组派一名代表上台，分享本组讨论的结果。

▢ 知识窗

1. 消费者购买决策的内容

消费者为解决自己的问题或满足某方面的需求，需要对产品购买的一系列行为进行决策，决策的内容（即 5W+2H）如下：

①为什么买（Why）：购买目的或购买动机；

②买什么（What）：确定购买对象；

③买多少（How many）：决定购买数量；

④在哪儿买（Where）：确定购买地点；

⑤什么时候买（When）：确定购买时间；

⑥怎样买（How）：确定购买方式；

⑦由谁买（Who）：确定购买主体。

2.消费者的购买决策过程

消费者的购买决策过程，是指消费者为了满足某种需求，在一定的购买动机的支配下，在可供选择的两个或者两个以上的购买方案中，经过分析、评价、选择并且实施最佳的购买方案，以及购后评价的活动过程。消费者购买决策过程有可能简单快速，例如，因为口渴，确定要买一瓶矿泉水；也可能复杂漫长，例如，一个家庭要买房子，决策过程可能要好几年。典型的消费者购买决策过程一般由 5 个阶段组成，即认识需求、信息收集、方案评价、购买决策、购后行为，如图 2.2.4 所示。

图 2.2.4

（1）认识需求

认识需求即确认需求，是指消费者在外在刺激和内在动机的影响下，自觉对某事物的需求或将自身某种潜在需求明晰化，这是购买过程的起点。消费者的需求有时并不是迫切的、明晰的或自觉的，企业可通过适当的营销措施，唤起和强化消费者的需求，刺激其购买欲望。

（2）信息收集

当需求被唤起和强化，消费者满足需求的驱使力将转化为寻找商品满足其需求的行动。在这一阶段，企业营销人员需重点了解消费者需求的各种主要信息来源，包括个人来源、商业来源、公共来源和经验来源，如图 2.2.5 所示。了解各种信息对消费者购买决策的影响。

图 2.2.5

3.方案评价

消费者收集到的信息，可能是单一的，也可能是纷乱复杂的，如需以之作为购买决策的参考依据，还需要对收集到的信息进行整理、分析、评估和选择，这是购买决策过程的决定性环节。信息掌握的充分性，产品属性与需求匹配程度，消费者个人偏好和外部环境影响等因素对消费者购买方案评价有重要影响，如图 2.2.6 所示。

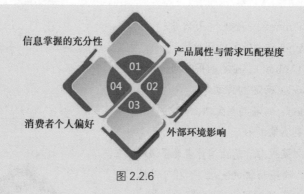

信息掌握的充分性　　　　产品属性与需求匹配程度

消费者个人偏好　　　　外部环境影响

图 2.2.6

4. 购买决策

购买决策是指消费者对某一产品、品牌或服务的属性进行谨慎评价后而做出购买选择,它是消费者在购买决策过程中最重要、最关键的环节。作为优秀的营销人员,要非常重视顾客购买决策这一环节,做好交易实施阶段的各项工作,不要让"煮熟的鸭子飞了"。营销人员要以充分的准备、良好的状态、热情周到的服务,让顾客在舒适愉悦的氛围下做出购买决策并完成购买。根据消费者购买介入程度和备选产品的差异程度,将消费者购买决策的类型划分为名义型决策、有限型决策、扩展型决策三种类型。

①名义型决策往往发生在对购买的介入程度很低的情况下。比如某位消费者发现家里的佳洁士牙膏快用完了,于是决定下次逛商店时再买几支,而根本没想到用别的牌子来代替它。

②有限型决策涉及对一个有着几种选择方案的问题的认知。信息的搜集主要来自内部,外部信息搜集比较有限,备选产品不太多,而且运用简单的选择规则从相对较少的几个层面进行评价。例如在选择洗衣液时,可能会遵循一条规则"护衣护手"从而选择奥妙洗衣液。

③扩展型决策发生在购买介入程度很高的情况下,涉及广泛的内、外部信息搜集,并伴随对多种备选品的复杂比较和评价。在房屋、个人电脑及多功能休闲型商品(如背包、帐篷)等产品的购买上,扩展型决策比较多见。

5. 购后行为

购后行为是指消费者对购买到的产品或服务使用之后的感受并如何处理。消费者购后行为包括两个方面:

(1)购后评价

购后评价导致重复购买或不再购买。消费者的实际满意程度与其预期往往呈反比关系。预期值越高,实际的满意程度就可能越低。因此,企业若刻意夸大其产品或服务的优点,导致消费者的期望过高并得不到满足,往往会令企业得不偿失。企业若有所保留地宣传其产品或服务优点,消费者使用后获得了高于其期望的体验,就容易做出满意评价,反而更有利于企业树立良好的产品和企业形象。

(2)购后行动

消费者对产品的购后评价很大程度上影响其后续的购买行为。如果对产品满意,则在后续的购买中他可能继续购买该产品,并向他人分享该产品的优点。相反,对该产品失望的顾客不但不会再购买该产品,很大可能还会向其他消费者作反面宣传,使原已准备购买的消费者也改变其购买意图。因此,营销人员应加强售后服务,提高消费者购买使用后的满意感,以促使消费者形成有利的购后行动。

※ 活动小结 ※

消费者的购买决策过程,常因消费主体、客体及消费时空场景的不同而存在差异。研究消费者购买行为,有助于抓住消费者的真实需求,顺利开展营销活动。

合作实训

实训名称: 消费者购买决策过程分析。

实训目的: 通过对消费情境设计的案例分析,熟悉消费者购买决策过程,提升服务应对能力。

实训任务: 根据以下情境设计案例描述,分析李太太超市购物的消费决策过程。

星期天,李太太一家难得有空一起到超市购物。李太太和女儿走在前面,搜寻着这几天想好要买的东西。"这个怎么样?刘德华代言的。"李太太从洗发水货架上拿下一瓶清扬洗发水对陈先生说。"现在用的潘婷挺好呀?"陈先生有点疑惑地问太太。"你没看买清扬买大支送小支吗?"边说着,李太太边将清扬洗发水放进了购物车。

"太太,您还在吃调和油啊?我推荐您了解压榨的葵花籽油,那是最健康的。"一位促销小姐看见李太太拿起一桶调和油,向她走过来并满面笑容地打招呼,"油的提取有两种方法……我们金龙鱼葵花籽油是100%压榨的,含有丰富的不饱和脂肪酸,营养合理,有益健康……"促销小姐信心满满地向李太太推介。李太太考虑到陈先生血脂、血压都偏高,医生也有过食用油选择方面的建议,有点心动,但看到价格贵了20多元,有点犹豫。"我们正在搞促销,5升装的可以优惠15元。您可以先买一桶试试,健康又好吃,保证您会喜欢。"促销小姐抓住时机说。"那就买一桶试试吧。"李太太想到先生和家人的健康,满意地做出了选择。

"妈妈我要买这个。"女儿一边吃着免费试吃的新口味喜之郎,一边指着喜之郎啫喱对李太太说。"不会太甜吧?""不太甜,我喜欢这个味!"两包喜之郎啫喱在对话中被放进了购物车。

"你记着明天下班回家经过大润发超市时买奶粉,这家超市没货了。"李太太一边抱怨着一边嘱咐着陈先生。女儿从小只喝她代理奶粉的妹妹推荐的国产飞鹤奶粉,货架上虽有很多其他品牌的奶粉,但李太太对她妹妹这个"奶粉专家"高度信任,不会换品牌。

实训步骤:

1. 学生进行分组,4~5人为一组,组内确定组长,分工见表2.2.4。

表 2.2.4

角色	任务
组长	统筹工作任务,明确分工,组织开展实训工作。
组员	讨论分析李太太和陈先生的超市购物如何体现消费购买决策过程。
汇报人	从组员中选拔,整理汇报材料,在课堂上汇报。

2. 小组讨论分析李太太和陈先生的超市购物的消费决策过程,完成表2.2.5。

表 2.2.5

序号	问题	分析情况
1	分析李太太和陈先生的消费心理与行为特征及影响李太太购物决策的因素。	
2	讨论并分析超市促销人员对李太太的应对是否正确。	
3	假如你是销售人员,面对李太太和陈先生这样的顾客,讨论一下还有哪些更好的应对措施。	

3.汇报展示

小组对以上内容制作展示课件,汇报人根据小组制作课件进行汇报讲解,并填写表 2.2.6。

表 2.2.6

项目	负责人	计划完成的任务	实际完成情况
填写实训任务内容			
资料收集整理			
课件制作			
演讲汇报			

实训评价: 教师和小组组长根据表 2.2.7 的评价指标和标准进行实训评价。

表 2.2.7

序号	评价指标	标准	分值/分	小组互评40%	教师评价60%	综合比较评价
1	任务完成	顺利完成实训任务,质量较好	30			
2	团队协作	分工明确,团队配合程度较好	20			
3	成员积极性	组员学习积极性较高	10			
4	课件制作	课件制作美观,重点突出	10			
5	展示汇报	汇报人大方得体,仪态端庄,讲解流畅	10			
6	实训纪律	遵守实训纪律要求	20			

任务3 >>>>>>>>>
鉴别竞争者市场

任务分解

　　为了能够更好地了解企业自身优势和竞争者市场，确定营销战略，刘欣、杨锐、王涛和李梅 4 位同学在陈老师的指导下开始进行学习。他们首先了解竞争者的类型，学习相关理论方法并在此基础上制定合适的市场营销竞争战略。

活动 1　识别竞争者的类型

活动背景

　　为了让刘欣、杨锐、王涛和李梅 4 位同学更好地了解竞争者市场内容，能够识别竞争者的类型，陈老师结合小米手机的案例，引导同学们了解在企业竞争中可能会面对哪些竞争对手，如何根据竞争对手的特点识别竞争者的类型。

活动实施

　　★议一议★　通过以下案例，思考小米手机推出 Civi 系列如何在激烈的市场竞争中取胜。

　　2021 年 9 月 27 日，小米集团在京发布小米 Civi 系列，如图 2.3.1 所示。这是继小米 MIX、小米数字系列之后，小米手机针对全球年轻人推出的全新潮流系列。

图 2.3.1

据悉，小米 Civi 主打时尚多元的设计、创新的影像科技，机身仅 6.98 mm、166 g，是业内迄今同档位最轻薄的自拍旗舰，同时首次将 GAN（生成对抗网络）技术用于自拍影像，创新原生美肌人像，实现像素级肌肤焕新。

"小米 Civi 不再是大家熟悉的参数党，它只有两个要求，一个是好看，一个是好用。"小米 Civi 产品经理魏思琪表示，小米 Civi 的设计思路与以往有很多不同，针对潮流年轻人、女性用户的需求做了很多新尝试，产品团队也拥有更多女性成员，她们在用户研究、影像、设计、市场等多个领域拥有更多的发言权。

"小米 Civi 是小米向年轻潮流领域的一次重要破圈，它有望成为小米手机新的增长极，与小米高端系列并肩齐驱，进一步强化小米手机未来的综合竞争力。"有业内专家表示。

（资料来源：中国经济评论）

步骤 1：借助互联网，查阅相关资料，小组合作探究，了解小米手机目前有哪些主要的竞争对手。

步骤 2：结合材料，小组讨论小米手机推出小米 Civi 系列的特点及其市场竞争力有哪些。

步骤 3：根据手机行业的竞争情况，小组合作分析小米手机推出 Civi 系列如何在激烈的市场竞争中取胜？

🔲 知识窗

竞争者类型

一个企业可能会被新出现的竞争对手打败，或者由于新技术的出现和需求的变化而被淘汰。企业分析行业竞争形势有助于企业掌握本行业的竞争程度，选择适当的竞争手段和追踪行业竞争形势变化，了解自己的竞争地位及彼此的优劣势，只有知己知彼，方能百战不殆。下面可以从不同的角度来划分竞争者的类别。

（1）按照行业结构划分（见表 2.3.1）

表 2.3.1

市场类型	厂商数目	产品差别程度	对价格控制的程度	进出行业的难易程度	市场举例
完全垄断	一个	唯一的产品	很大程度，但经常受到管制	几乎不可能	公用事业，如水、电
寡头垄断	几个	有或无	相当程度	比较困难	钢铁、汽车
垄断竞争	很多	有	有一些	比较容易	轻工产品、零售业
完全竞争	无数	无	没有	很容易	一般农产品

①完全垄断。即只有一家企业在某一市场提供某一产品或服务。这是由国家垄断、专利权、规模经济或其他因素所造成的结果，是没有其他企业参与竞争的行业。

②寡头垄断。即由少数几家企业控制同一无差别的行业。寡头垄断企业可利用产品的质量、特征、款式或型号等方面的差异性，从中选择一种主要因素来寻求领导地位。

③垄断竞争。即由许多提供有差别的产品并使产品具有特色的企业所组成的行业。在多企

业参与竞争的情况下，企业可利用产品的差别，集中精力于某一细分市场，显示产品的特色，占有竞争的主动权。

④完全竞争。即由许多提供相同产品和服务的企业所组成的行业。这类行业的产品难于表现差异性，在许多企业都提供同价均质产品条件下，竞争力主要表现在心理间隔和降低成本上。

在2020年12月16日至18日举行的中央经济工作会议上，"强化反垄断和防止资本无序扩张"被确定为2021年要抓好的八大重点任务之一。2020年12月24日，国家市场监督管理总局对阿里巴巴实施"二选一"涉嫌垄断行为立案调查。在107天后，2021年4月10日，国家市场监督管理总局作出行政处罚决定，责令阿里巴巴集团停止滥用市场支配地位行为，并处182.28亿元罚款。这一数额刷新了中国反垄断行政处罚纪录。这是中国市场经济发展过程中的一个历史性事件，体现了国家强化反垄断和防止资本无序扩张，坚决维护公平竞争市场环境的决心。

平台垄断市场，很难有创新企业出头，也让商家、消费者失去了自由选择的权利。所以频频被罚的背后透露出反垄断、反不正当竞争的强烈信号。大数据"杀熟"这样滥用大数据的行为，不仅直接侵害了消费者利益，还会对消费者造成心理伤害，严重的会引发人们所说的"大数据恐惧症"，导致大数据这一重要战略资源不能得以善用。唯有当使用大数据的商家和平台，不再把关注重点放在搜集的数据越多越详细越好，而是自觉守住道德与法律的底线，尊重用户的数据隐私，相关行业企业才能可持续地发展。

（2）按照竞争层次划分

按竞争层次，竞争者可以分为品牌竞争者、形式竞争者、行业竞争者和欲望竞争者。为了更好地识别竞争者，以可乐饮料为例，品牌竞争者是节食型可乐；形式竞争者是软饮料，包括普通可乐、果味可乐、碳酸汽水等；行业竞争者是饮料，包括茶饮料、果汁饮料、咖啡等；欲望竞争者是食品或娱乐，包括运动健身、音乐会、冰淇淋、快餐等，如图2.3.2所示。

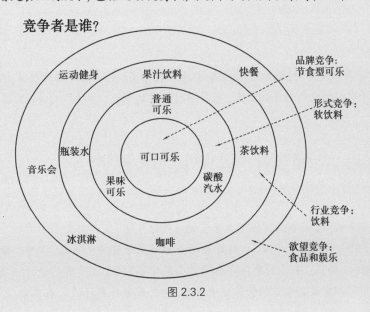

图2.3.2

表 2.3.2

类型	含义	例子
品牌竞争者	产品规格、型号、款式相同，但品牌不同的竞争者	各品牌手机
形式竞争者	生产同种产品，但规格、型号、款式不同的竞争	纸盒装果汁和瓶装果汁
行业竞争者	不同的方法满足消费者同一需要的竞争者	高铁和飞机
欲望竞争者	提供不同产品以满足不同需求的竞争者	出国旅游、买手机、买宠物犬之间的竞争

（3）按照企业所处的竞争地位不同的划分（见表 2.3.3）

表 2.3.3

类型	含义	例子
市场领导者	某一行业的产品市场上占有最大市场份额的企业	无人机行业：大疆无人机
市场挑战者	指在行业中处于次要地位但又具备向市场领导者发动全面或局部攻击的企业	电商行业：京东电商
市场追随者	指在行业中居于次要地位，并安于次要地位，在战略上追随市场领导者的企业	功性能饮料行业：东鹏特饮
市场补缺者	行业中相对较弱小的一些中小企业，专注于小市场上，通过专业化经营来获取最大限度的收益的企业	手机行业：黑鲨手机

※ 活动小结 ※

通过案例分析和理论学习，认识企业竞争者的一般分类。企业需要高度关注新的技术或新的需求变化等因素引致的竞争对手的变化，保持与时俱进的意识，以持续的学习力维持与提高企业的竞争力。

活动 2　制定市场营销竞争战略

活动背景

正确的市场竞争战略，是企业实现其市场营销目标的关键。企业要想在激烈的市场竞争中立于不败之地，就必须树立竞争观念，认真分析企业及竞争者的市场竞争战略，努力取得竞争的主动权。刘欣、杨锐、王涛和李梅 4 位同学已经学习了关于竞争者的分析方法，现在结合以上的分析内容制定适合企业的营销竞争战略，为企业赢得更好的发展机会。

活动实施

★议一议★   尚品宅配如何开启家居新时代？

业内首创"全屋定制"模式的尚品宅配从 2004 年开始进入人们视野。从进客厅门开始的鞋柜到玄关柜、电视柜、厨房、卧室、书房等所有的家具，只要用板子做的都可以定制，如图 2.3.3 所示。这项工作仅靠一个系统，用虚拟现实的方式，显示出未来家的效果，然后就开始定制装修。在很多人眼中，它只是一种噱头和摆设。不过短短几年，由尚品宅配开启的这条新路，开创了一个定制家居的大时代，涓涓细流亦成主流趋势。消费者买完房子，剩下的一切全交给尚品宅配。

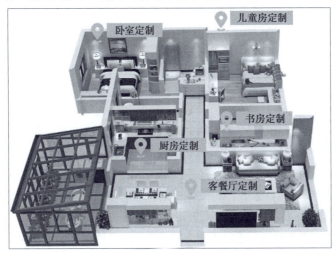

图 2.3.3

作为尚品宅配官方直销网——新居网，是全国最大的整体家居直销网，把过去从线上获客、线下体验成交的 O2O 模式，调整为线上获客、线上量尺、线上设计、线上方案沟通，乃至线上成交的服务闭环，让消费者足不出户就可以享受到免费的家居设计服务。

为了给消费者提供满意的设计方案，尚品宅配学会了 AI 设计，一分钟输出 3 套专业级别的效果图，并且可以规避很多设计师的不足。疫情期间，尚品宅配把设计搬到线上，在线量尺、在线设计、在线沟通，让消费者足不出户设计到家。

"交付"一直是行业最大的痛点，而尚品宅配利用核心技术竞争力，"全屋整装 × 全屋定制 ×全屋配套"的第二代全屋定制模式，把智能制造基地搬到每一个消费者的家中，用智慧交付实现"所见即所得"，解决消费者交付难题，创新行业模式。在此助推下，尚品宅配的营收和盈利出现较大幅度增长。

步骤 1：阅读以上案例，相比传统家居行业，尚品宅配有哪些不同之处？

步骤 2：小组合作探究，结合案例内容，试从不同方面分析尚品宅配的特点，并填写表 2.3.4。

步骤 3：面对激烈的市场竞争环境，尚品宅配是如何创新行业模式的，小组讨论后派一名代表上台汇报本小组讨论结果。

表 2.3.4

序号	内容	特点

✎ 做一做　阅读以下 4 个案例背景，完成思考题。

案例 1： iPhone 诞生之前，大多数手机仅是一台用于无线通信的设备，手机就像是运营商的导流入口。在非智能手机时代，用户使用手机主要用于电话、短信等传统通信功能。然而，苹果手机显然不是一台"运营商"角度所设计出来的"通信设备"。苹果手机出色的软件生态设计使手机成为一台集工作、休闲、娱乐、通信等功能为一体的设备。

统计显示，初期 iPhone 用户有 59% 的时间花在和传统通信无关的项目上。这是一个令运营商十分惧怕的数字，因为这意味着手机对运营商的直接依赖降低，因此运营商在博弈中的议价能力在降低。然而，这个数字增长如今应已在 90% 以上。打电话早已不再是手机最重要的功能，所以有人认为 iPhone 不仅仅是一台手机，而是开启了移动互联的时代。

案例 2： 在第二次世界大战之前，可口可乐统治着美国的软饮料行业。新的竞争者百事可乐在销售宣传要点是用同样的价格可以得到更多的饮料，它的广告中强调"五分钱可买双倍的饮料"。百事的瓶子不美观，瓶上贴着纸制标签，搬运中经常被污损，从而造成一种印象，认为百事可乐是第二流的软饮料。

第二次世界大战间，百事可乐和可口可乐在全世界的销量不断增加。战后，百事可乐的销售与可口可乐相比开始下降。百事可乐的问题是由很多因素造成的，包括它的不良形象、较差的口味、马虎的包装和差劲的质量管理。而且，由于成本增加，百事可乐不得不提高售价，这使它的成交条件不如从前。在 20 世纪 40 年代末期，百事可乐的士气相当低落。

在这关头上，商界素享盛誉的艾尔弗雷德·N. 斯蒂尔出任百事可乐的总经理。他希望百事可乐从可口可乐的廉价仿制品转变为第一流的软饮料。于是，他们向可口可乐发动大攻势，这个攻势分两个阶段进行。

第一个阶段，从 1950 年到 1955 年，采取下列步骤：

①改进百事可乐的口味。

②重新设计和统一百事可乐的瓶子和商标。

③重新设计广告活动以提高百事可乐的形象。

④集中进攻可口可乐所忽视的市场。

⑤确定 25 个城市进行特别的推销以争取市场份额。

到 1955 年，百事可乐克服缺点，销售大幅上升，于是斯蒂尔准备了第二阶段的进攻计划。第二阶段计划包括向可口可乐的"堂饮"市场发动直接进攻，特别是对迅速成长的自动售货机和冷瓶细分市场的进攻。同时，引入新规格的瓶子，使购回市场和冷瓶市场的顾客更感方便。从 1955 年到 1960 年，百事可乐的这些行动大幅度地增加了销售量。十年之中，百事的销售已增长了 4 倍。

案例 3：1999 年，一条由"乒乓球王子"孔令辉代言的安踏广告片在央视 5 套亮相。从此"安踏"正式进入全国人民视野，且一路高歌猛进。除了乒乓，安踏更在跑步、篮球和足球等运动领域持续发声。从品牌定位上，在安踏发展的早期中，耐克和阿迪达斯被安踏看成是学习的对象，而不是竞争对手。安踏一直走的是中低端路线，安踏从起步就着重国内市场。在前期发展中，安踏避开耐克、阿迪达斯等国际中高端品牌，不与它们正面冲突，消费者主要集中在二、三、四线14~29 岁的年轻人。

很多人可能会说"体育明星＋央视广告"的品牌推广模式，是安踏成功的诱因。但安踏的法宝还是强大的销售网络。营销专家曾表示："安踏最大的优势是覆盖面广，一、二、三线城市都不放过。"这是安踏领先于同行的主要因素。

案例 4：近几年随着手游行业的不断崛起，各类手游大作纷纷涌现，吸引了不少游戏爱好者们的眼光。而各种手游电竞比赛的出现，也让手游行业逐渐走热，变得更加专业化。作为手游的载体，智能手机自然不能错过这一热点，在近两年的时间里，不少手机厂商先后推出主打超强性能表现的游戏手机，为手游玩家们提供了新的选择。

作为游戏手机行业的领头羊，黑鲨手机每一次发布新品都会引起市场与行业的广泛关注，其产品会针对游戏进行专业的优化，包括游戏时遇到的散热问题、游戏优化问题、帧数问题等，得到了市场和消费者的认可。

思考题：结合以上案例，分析不同企业的竞争地位，填入表 2.3.5。

表 2.3.5

案例	企业	竞争对手	竞争地位分析
1			
2			
3			
4			

□ 知识窗

根据企业的在目标市场上所起的作用,可将企业竞争性地位划分为市场领导者、市场挑战者、市场跟随者、市场补缺者。营销人员应该根据不同的竞争地位选择恰当的营销战略。

1. 市场领导者战略

市场领导者指在某一行业的产品市场上占有最大市场份额的企业,市场份额占40%以上。如格力是空调市场的领导者,格兰仕是微波炉市场的领导者,大疆创新是无人机市场的领导者等。市场领导者为了维护自己的优势,保住自己的领先地位,通常可采取以下措施:

(1)扩大总需求量

一般来说,市场主导者可以从三个方面扩大需求量,如图2.3.4所示。一是发掘新的使用者。例如通过分享给好友或朋友圈的方式,让朋友帮忙"砍一刀",就可以以砍后低价购买该商品。在整个过程中,商家的产品既得到了曝光,也让用户与商家产生了互动,增加商品的销量。二是开辟产品的新用途。例如香水可以除去身上的异味,香水还可以驱蚊;智能手机可用来打游戏,也可作学习网络课程的工具等。三是增加使用者对产品的使用量。牙刷生产商宣传,为了你的健康,一天刷牙两次,同时三个月后应该更换新的牙刷。

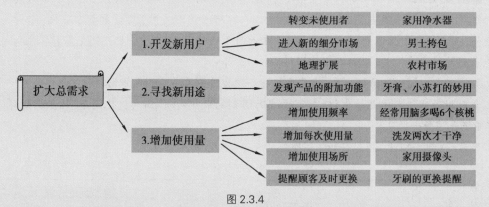

图2.3.4

(2)保持市场份额

处于市场领先地位的企业,必须时刻防备竞争者的挑战,保护自己的市场份额。为此,市场领先者任何时候也不能满足于现状,必须在产品的创新、技术水平的提高、服务水平的提高、分销渠道的高效性和降低成本等方面真正处于该行业领先地位。具体方法如图2.3.5所示。

①阵地防御是防御的基本形式。即在现有市场周围建立防线,是一种静态的消极防御形式。格力的空调已经占据相当优势,但格力电器仍然积极从事多元化经营,例如在生活家电推出洗衣机、冰箱;在高端装备领域推出机器人、精密磨具;在通信设备市场上推出手机、物联网设备等。

②侧翼防御是指市场领导者除了保卫自己的阵地外,还应建立某些辅助性的基地作为防

图2.3.5
1.阵地防御
2.侧翼防御
3.以攻为守
4.反击防御
5.机动防御
6.收缩防御

御阵地或在必要时作为反攻的基地。某食品公司用增加食品零售花色品种的搭配组合以迎接新的挑战，并推广无品牌商品，以对付康价商品的挑战。该商店所属的各种超级市场努力适应当地对新鲜的烘烤食品和少数民族食品的需求。为了适应"联合商店"的挑战，该公司采用并列和全部一体化的设计，把它的许多超级市场和它的杂货店合成一体，这是一个侧翼防御的典型。

③以攻为守是指在对方进攻自己之前，公司先发制人，抢先发动攻击。一家大型制药厂是某种药品的领导者，每当它听说一个竞争对手要建立新厂生产这种药时，就传出消息说自己正在考虑将这种药降价，并且要考虑扩建新厂以此吓阻竞争者。

④反击防御是指市场领导者受到攻击后采取反击措施。如果竞争者的攻击行动并未造成本公司市场份额迅速下降，可以延迟反击，弄清对方的意图、部署、效果和弱点再反击。美的集团开始挺进微波炉市场的时候，针对格兰仕的低价策略，巧打技术牌，推出"蒸"功能微波炉，此举从格兰仕手中抢走很大的市场份额。面对此举动，格兰仕全线布阵全能型微波炉，并号称微波炉已经升级换代，市场发展到"蒸、烤、烧、煮、炸、煎"全能型的微波炉。这是美的"蒸"功能微波炉在历经"标准门"之后（美的提出的行业"蒸标准"被业内及媒体指出有"伪标准"之嫌），又一次遭受了冲击。

⑤机动防御要求领导者不但要积极防守现有阵地，还要扩展到可作为未来防御和进攻中心的新阵地，使企业在战略上有较多的回旋余地。某公司曾经刊出一条有名的广告："本公司的产品，既不是澡盆，也不是洗脸盆；既不是抽水装置，也不是马桶。本公司的产品是一卫生间。"这样一来，公司拓展的不是单一产品的市场，而是多种卫生设备的市场。

⑥收缩防御是指企业主动从实力较弱的领域撤出，将力量集中在实力较强的领域。早期，格兰仕与美的微波炉之战愈演愈烈。美的选择暂时放弃微波炉市场，从自身较强的空调市场入手等抢占市场后再进攻其他方面的家电市场，避免了一场消耗战。如今，美的和格兰仕都成为拥有各式家电的大型企业。

（3）提高市场占有率

一般而言，企业资金雄厚，可以保持较大的广告投入，以巩固和提高产品在顾客心目中的地位，并且根据顾客的要求不断提升产品质量，也可以根据顾客需求的变化和对顾客需求变化趋势的预测，不断地推出新产品。

2. 市场挑战者策略

市场挑战者指在行业中处于次要地位（第二、三甚至更低地位）但又具备向市场领导者发动全面或局部攻击的企业，也可能会替代市场领导者的位置，市场份额占 20%～40%。如安踏、李宁是运动市场的挑战者，联合利华是日化用品市场的挑战者，百事可乐是软饮料市场的挑战者等。这类公司可采取选择挑战者策略和选择进攻策略来挑战市场领导者，争取市场的主动权。

（1）选择挑战者策略

云南白药在止血领域是首屈一指的好产品，但公司想要真正与邦迪抗衡，云南白药必须确保材料方面不输给对手。因此，云南白药选择了德国拜尔斯道夫公司作为生产技术合作方，产品迅速完成了市场规模导入。云南白药将卡通创可贴进一步细分为女士香型创可贴和儿童创可贴；紧接着，又将"普通系列""轻巧系列""防水系列"等个性十足的系列创可贴，纳入了产品组合。并且决定推出终端市场直接与集团洽谈的模式，使经销商获利比原来多了5%以上。该举措一经推出，在各大零售药店，经销商争相推荐云南白药创可贴。

（2）选择进攻策略

在方便面市场，华龙最初定位在农村大众市场，其推出的"华龙108""甲一麦""六丁目""可劲造"等系列产品零售价均不超过0.6元/袋。在农村市场取得较高的市场占有率后，华龙开始实行品牌升级战略，进军中高档方便面市场，推出了具有里程碑式的今麦郎系列产品，有1.7元/袋的今大袋、2元/袋的骨汤弹面、2.8元/袋的辣煌尚，甚至推出了高达9.8元/碗的今麦郎VIP系列，与康师傅、统一等竞争对手在城市市场展开了直接竞争。

3. 市场跟随者战略

市场跟随者与挑战者不同，它不是向市场主导者发动进攻并图谋取而代之，而是跟随在主导者之后自觉地维持共处局面，市场份额占10%~30%。

作为红牛最成功的追随者，东鹏特饮推出的产品包括产品配方、包装配色以及广告语都无限逼近"红牛"。例如在红牛弃用广告语"困了累了喝红牛"中，东鹏饮料直接将文案改为"累了困了喝东鹏特饮"。同时东鹏特饮推出低价策略，成功敲开了三、四线城市的功能性饮料的市场大门。

4. 市场补缺者战略

市场补缺者是指专门为规模较小或较大企业不感兴趣的细分市场提供产品和服务的企业，市场份额占10%以下。这样要求市场规模能保证一定利润，并有增长的潜力，同时企业可为之提供有效服务，企业所具备的技术和信誉足以对抗主要竞争者的进攻。市场补缺者的竞争策略一般采取专业化市场营销或创造、扩大和保护补缺市场。

在高端现制咖啡领域，星巴克近乎处于市场独占地位，但新茶饮市场还没有企业处于绝对的领导位置。在人们消费升级的大浪潮下，新的茶饮产品不断推出市场，例如奈雪的茶"茶饮＋欧包"的产品组合和喜茶的芝士奶盖茶，纷纷为茶饮市场开辟了全新的产品线，这是对星巴克在国内市场的份额进行分解。

※ 活动小结 ※

通过学习，认识了竞争者地位分析，重点掌握了分析企业及竞争者的市场竞争战略，为实现企业市场目标奠定基础。经过自主学习和小组讨论，培养学生积极思考和团队合作的精神，理论联系实际，提高学习主动性和积极性。

合作实训

实训名称： 竞争分析制定竞争策略。

实训目的： 通过对某一企业的深度分析，强化对竞争者分析的理解，提升竞争策略分析技能。

实训步骤：

1. 学生进行分组，3~4人为一组，组内确定组长，分工见表2.3.6。

表 2.3.6

角色	任务
组长	统筹任务工作，明确任务分工，组织任务开展过程
组员	选择一家熟悉的企业，对其竞争者进行分析，并归纳企业间的竞争策略
报告人	从组员中选拔，整理汇报材料，在课堂上汇报

2. 组内讨论选择一家竞争对手进行分析对比，完成表 2.3.7。

表 2.3.7

序号	项目	企业名：	企业名：
		项目分析	项目分析
1	产品		
2	销售渠道		
3	市场营销		
4	生产经营		
5	研发能力		
6	资金实力		
7	组织		
8	管理能力		

3. 小组讨论确定两家企业所在的行业地位以及应对采取的竞争策略，完成表 2.3.8。

表 2.3.8

企业名称	竞争者类型	行业地位	竞争策略

4. 汇报展示，小组对以上内容制作展示课件，报告人根据小组内制作课件进行汇报讲解，填写表 2.3.9。

表 2.3.9

项目	负责人	计划完成情况	实际完成情况
填写实训任务内容			
资料收集整理			
课件制作			
演讲汇报			

实训评价: 教师和小组组长根据表 2.3.10 的评价指标和标准进行实训评价。

表 2.3.10

序号	评价指标	标准	分值/分	小组互评 40%	教师评价 60%	综合评价
1	任务完成	顺利完成实训任务,质量较好	30			
2	团队协作	团队配合程度较好,分工明确	20			
3	成员积极性	组员学习积极性较高	10			
4	课件制作	课件制作美观,重点突出	10			
5	展示汇报	汇报人大方得体,仪态端庄,讲解流畅	15			
6	课堂纪律	遵守课堂纪律要求	15			

项目总结

通过学习,我们认识到企业任何营销活动都是在一定的营销环境下开展的,学会运用SWOT分析法开展分析并制定营销策略,扬长避短,趋利避害,企业才能立于不败之地。同时,企业一方面要研透消费者的心理与行为规律,熟知影响其购买决策的主要因素,把准消费者的脉搏,因势利导,顺势而为,才能赢得消费者的青睐;另一方面企业要对竞争者充分了解,深入分析,制定出科学可行的市场营销竞争战略,方能竞争制胜,基业长青!

项目检测

1.**单项选择题**(每题只有一个正确答案,请将正确的答案填在括号中)

(1)下列属于宏观环境的要素是(　　)。

　　A.中间商　　　B.消费者　　　C.竞争者　　　D.人口环境

(2)现在无论是在城市还是农村,越来越多的消费者通过互联网购买各种商品和服务,这要求企业在制定市场营销战略时要着重考虑(　　)因素。

　　A.技术环境　　B.经济环境　　C.社会文化环境　　D.自然环境

(3)高铁与航空公司在提供客运服务方面,两者的竞争关系属于(　　)。

　　A.愿望竞争者　　　　　　B.产品形式竞争者

　　C.普通竞争者　　　　　　D.品牌竞争者

(4)社会文化环境包含的因素有(　　)。

　　A.自然资源　　B.价值观念　　C.家庭收入　　D.人口结构

(5)以下不属于营销中介的是(　　)。

　　A.中间商　　　B.供应商　　　C.实体分配机构　　D.营销服务机构

(6)马斯洛的需求层次理论,将人的基本需求从低到高归纳为(　　)五个层次。

　　A.生理需求、尊重需求、安全需求、社交需求和自我实现需求

　　B. 安全需求、生理需求、社交需求、尊重需求和自我实现需求

　　C. 生理需求、社交需求、安全需求、尊重需求和自我实现需求

　　D. 生理需求、安全需求、社交需求、尊重需求和自我实现需求

(7) 股东属于企业微观营销环境要素的公众中的(　　　)。

　　A. 内部公众　　　B. 政府机构公众　　C. 金融公众　　　D. 媒介公众

(8) SWOT 分析法中 S 是指(　　　)。

　　A. 竞争优势　　　B. 竞争劣势　　　C. 市场机会　　　D. 环境威胁

(9) 消费者收入中影响消费需求变化的最活跃的因素是(　　　)。

　　A. 国民生产总值　　　　　　　　B. 人均国民收入

　　C. 个人可支配收入　　　　　　　D. 个人可任意支配收入

(10) 企业相关产品在市场上处于中间状态, 试图力保其现有市场占有率不至于下降的企业, 其市场地位应属于(　　　)。

　　A. 市场领导者　　B. 市场挑战者　　C. 市场跟随者　　D. 市场补缺者

2. 多项选择题(每题有两个或两个以上的正确答案, 请将正确的答案填在括号中)

(1) 以下营销环境因素中属于宏观营销环境因素的有(　　　　)。

　　A. 人口环境　　　B. 经济环境　　　C. 政治法律环境　　D. 竞争者

(2) 市场营销环境中的社会文化环境包括(　　　　)。

　　A. 教育水平　　　　　　　　　　B. 价值观念和审美观

　　C. 语言文字　　　　　　　　　　D. 风俗习惯

(3) 企业宏观营销环境分析中采用的 PEST 分析法, 是指通过分析企业所面临的(　　　　)因素来分析企业所面临的宏观营销环境。

　　A. 政治　　　　B. 经济　　　　C. 社会　　　　D. 技术

(4) 以下可能导致消费者购买行为差异的因素有(　　　　)。

　　A. 年龄　　　B. 性别　　　C. 身体状况　　　D. 性格

(5) 按消费者购买目标的选定程度可将消费者划分为(　　　　)。

　　A. 不定型　　　B. 全确定型　　　C. 半确定型　　　D. 不确定型

(6) 相关群体中的主要群体一般包括(　　　　)。

　　A. 家庭成员　　　B. 亲朋好友　　　C. 同窗同事　　　D. 体育明星

(7) 市场挑战者战略可采取的进攻策略有(　　　　)。

　　A. 正面进攻　　　B. 侧翼进攻　　　C. 包抄进攻　　　D. 迂回进攻

(8) 属于按消费者购买的态度和要求划分的消费者类型是(　　　　)。

　　A. 不确定型　　　B. 经济型　　　C. 理智型　　　D. 习惯型

3. 判断题(正确的画"√", 错误的画"×")

(1) 某地人口众多, 而且还不断增长, 会给企业带来大好市场机会, 没有市场威胁。

　　　　　　　　　　　　　　　　　　　　　　　　　　　　(　　　)

(2) 文化是一个有着广泛涵义的概念, 它一般可用人们接受教育程度、学习文化、了解和运用所学知识的状态与能力来反映。　　　　　　　　　　　　(　　　)

（3）随着消费者收入的变化，消费者支出模式和结构也会发生变化。这种变化常用恩格尔系数来反映。一个国家的恩格尔系数越大，国民生活越富裕。　　（　　）

（4）企业要让自己的供应商适度多元化，过度依赖某家或少数几家供应商，某些时候可能会使自己陷于被动局面。　　（　　）

（5）媒介公众在欧美被看作是"第四权力"，有时对企业的报道并不友善，对这种媒介，企业不用理会它。　　（　　）

（6）SWOT 方法分析法中，优势—机会（SO）组合是较理想的状况，企业要利用好内部资源优势，把握好外部发展机会。　　（　　）

（7）消费者市场中消费者的购买行为多数为非专业性购买，购买者不够专业，难以做出合理的消费行为。　　（　　）

（8）消费者购后的满意程度取决于消费者对商品的预期性能与商品使用中的实际性能之间的对比。　　（　　）

（9）全确定型的消费者，购买者在购买商品前已有明确的购买目标，只要商品符合条件，一般都能达成交易，营销人员不用提供服务。　　（　　）

（10）市场挑战者选择挑战战略应遵循"密集原则"，即把优势力量集中在关键的时刻和地点，而不是全面开花。　　（　　）

4.简述题

（1）企业营销环境的微观因素和宏观因素分别有哪些？

（2）简述个人消费者购买决策的过程。

项目 3
发现营销商机

【项目综述】

当今市场竞争激烈，企业若想从竞争中取胜，必须把握住市场商机。因此，为了获得商机，企业必须密切关注市场营销环境的变化，通过市场调查与预测，掌握竞争态势，把握消费需求动向，进而通过制定精准的营销策略，使企业在竞争中处于优势地位。

刘欣、杨锐、王涛和李梅4位同学在进入广东如意食品有限公司后，通过陈老师的指导，在企业吴经理的带领下，与团队成员共同完成了企业实际项目任务，锻炼了工作技能，试用期期间表现积极主动，态度谦虚认真，得到企业的认可。现阶段，4位同学将继续努力，通过与陈老师的学习，认识市场调查和预测的相关概念，掌握调查的方法和程序，了解市场预测的方法和过程等知识。同时，在吴经理的带领下，一起参与市场调查问卷的设计，开展市场调查与预测的任务。

【项目目标】

通过本项目的学习，应达到的具体目标如下：

知识目标

◇认识市场调查与预测的相关概念

◇掌握市场调查的方法和程序

◇了解市场预测的方法和过程

能力目标

◇通过实践有效开展市场调查工作

◇通过案例分析明确企业采用的预测方法

素养目标

◇培养营销数据收集与分析意识

◇树立良好的心态，提升自信心

◇锻炼口头表达能力

【项目知识点导图】

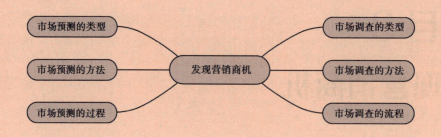

任务1 》》》》》》
重视市场调查

情境设计

营销的本质就是满足顾客的需求,在认识了市场营销,掌握了环境分析方法等知识的基础上,在吴经理的带领下,刘欣、杨锐、王涛和李梅4位同学参与的营销团队通过企业营销环境分析项目工作,明确了企业自身的优劣势,同时了解了企业外部环境所面临的机会、威胁。接下来,他们为了更准确地把握消费需求动向,为企业决策提供可靠的数据,需要开展市场调查与预测,寻找企业的营销商机。他们将如何开展这项工作呢?

任务分解

为了能够顺利与企业团队成员完成市场调查任务,收集到更精确的数据。刘欣、杨锐、王涛和李梅4位同学组成学习团队,在陈老师的指引下,认识市场调查,理解市场调查的相关概念,对市场调查的类型、内容等进行学习,同时,为了有效地开展调查工作,陈老师就市场调查的方法和步骤等知识进行详细的讲解,帮助4位同学在调查工作开展时做好理论知识的储备。

活动1 认识市场调查

活动背景

为了帮助刘欣、杨锐、王涛和李梅4位同学更好地认识市场调查,掌握市场调查的相关内容,陈老师通过"可口可乐——一次失败的市场调查"的案例,带领同学们了解市场调查的重要性,掌握市场调查的概念、作用、类型等知识,为以后进入企业从事开拓市场业务做好准备。

活动实施

★议一议★　通过下面案例，思考什么是市场调查？其重要性如何？

可口可乐公司成立于 1892 年，是全球最大的饮料公司，拥有全球 48% 的市场占有率，在全球 200 多个国家拥有 160 多种饮料品牌。然而，即便可口可乐这样的企业，在 20 世纪 80 年代中期却出现了一次几乎致命的失误——新可口可乐失败的市场调查。

20 世纪 80 年代初，虽然可口可乐在美国软饮料市场上仍处于领先地位，但由于百事可乐公司通过多年的促销攻势，以口味试饮来表明消费者更喜欢较甜口味的百事可乐饮料，不断侵吞可口可乐的市场。为此，可口可乐公司以改变可口可乐的口味来对付百事可乐对其市场的侵吞。

对新口味可口可乐饮料的研究开发，可口可乐公司花费了两年多的时间，投入了 400 多万美元的资金，最终开发出了新可乐的配方。在新可乐配方开发过程中，可口可乐公司进行了近 20 万人的口味试验，仅最终配方就进行了 3 万人次的试验。在试验中，研究人员在不加任何标识的情况下，对新老口味可乐、新口味可乐和百事可乐进行了比较试验，试验结果是：在新老口味可乐之间，60% 的人选择新口味可乐；在新口味可乐和百事可乐之间，52% 的人选择新口味可乐。从这个试验研究结果看，新口味可乐应是一个成功的产品。

到 1985 年 5 月，可口可乐公司将口味较甜的新可乐投放市场，同时放弃了原配方的可乐。在新可乐上市初期，市场销售不错，但不久就销售平平，并且公司开始每天从愤怒的消费者那里接到 1 500 多个电话和很多的信件，一个自称原口味可乐饮用者的组织举行了抗议活动，并威胁除非恢复原口味的可乐或将配方公之于众，否则将提出集体诉讼。

迫于原口味可乐消费者的压力，在 1985 年 7 月中旬，即在新可乐推出的两个月后，可口可乐公司恢复了原口味的可乐，从而在市场上新口味可乐与原口味可乐共存，但原口味可乐的销售量远大于新口味可乐的销售量。

步骤 1：通过以上案例，小组总结新口味的可口可乐是如何开展市场调查的。

步骤 2：小组成员在总结基础上讨论，此次市场调查是成功还是失败，为什么？对企业的经营决策产生了怎样的影响？

步骤 3：讨论结束后，每个小组派一名代表上台分享讨论的结果。

✎ 做一做　了解市场调查的类型

了解市场调查类型填写表 3.11。

表 3.1.1

调查类型	概述	案例

步骤 1：请同学们按照小组形式，借助互联网搜索相关概念，并进行归纳总结。

步骤 2：团队成员通过讨论，寻找市场调查的类型在实际中的应用案例。

步骤 3：讨论结束后，完成表 3.1.1 的内容，小组派一名代表上台展示汇报。

🔲 知识窗

市场调查又称市场调研、市场研究，是指个人或组织针对企业的特定营销决策问题而进行的客观、科学、系统的搜集、整理、分析和研究市场信息的活动过程。市场调查根据不同标准，可划分为不同的类型。

调查研究是从实际出发的关键一环，是尊重客观规律、发挥主观能动性的典型形式。调查研究既是"从物到感觉和思想"的唯物主义认识路线的具体体现，也是发挥人的主观能动性把握客观规律的具体途径，因此是一切从实际出发的根本方法。1930 年 5 月，毛泽东为了反对当时红军中存在的教条主义思想，专门写了《反对本本主义》一文，提出"没有调查，没有发言权"的著名论断。他指出，对某个问题没有调查，就停止对某个问题的发言权。1931 年，他又进一步提出口号：一、不做调查没有发言权；二、不做正确的调查同样没有发言权。在《实践论》和《矛盾论》这两部哲学著作中，毛泽东深刻阐明了反对主观主义特别是教条主义、坚持实事求是的重要意义，为调查研究提供了坚实的马克思主义哲学基础，为坚持党的优良传统，深入实际的调查研究提供了重要的理论指导。这个论断后来成为中国共产党人深入实际、深入群众、形成正确工作方法的行动口号。

1. 按功能划分（见表 3.1.2）

表 3.1.2

调查类型	概念
探索性调查	寻找问题症结（在哪里）
描述性调查	客观分析问题（是什么）
因果性调查	解释问题原因（为什么）
预测性调查	预测发展趋势（怎么样）

（1）探测性调查

探测性调查又称非正式调查，是指当市场调查无法明确调查问题时，可通过探测性调查找出问题，进而明确市场调查的重点。探测性调查通常可借助现有的二手资料查询，或咨询专业人士、分析以往案例等方式进行。

广东如意食品有限公司近期推广的鲜花饼系列产品的销量下降明显，刘欣、杨锐、王涛和李梅 4 位同学参与的营销团队分析发现可能存在的原因：市场竞争激烈；产品定价过高；渠道商推广力度下降；促销力度不足等。以上因素都可能产生影响，通过探索性调查可以从中发现影响鲜花饼销售的主要问题。

（2）描述性调查

描述性调查是指针对某一具体问题，通过调查、记录相关数据资料，对调查对象的特征进行描述的市场调查。描述性调查解决的是"怎么样"或"如何"的问题。常用在市场占有率、顾客态度等方面的研究。

通过描述性调查，如意食品有限公司希望了解什么样的消费者购买鲜花饼系列产品，又有哪些顾客购买了竞争对手的产品。

（3）因果性调查

因果性调查是指研究市场营销两个变量之间因果关系的调查活动。例如价格变化与销售量变化的因果关系，广告投放量与促销效果的因果关系等。因果性调查通常在描述性调查之后，通过描述性调查，收集了变量因素，进而针对变量间的关系展开调查以明确其因果关系。

通过描述性调查，如意食品有限公司发现价格和销量之间存在关系。进而通过因果调研，探索如何通过调整鲜花饼系列产品的价格来提高产品销量。

（4）预测性调查

预测性调查是指通过调查来对问题未来走向进行预估和判断。预测性调查通常在因果性调查之后，通过因果性调查，掌握变量间的因果关系，进而通过某些变量的变化，预测其相关变量的未来的变化趋势。

如意食品有限公司发现价格变动与销售量成因果关系，进而预测当价格变动不同幅度时对销售量的影响情况，估计企业的利润额。

2. 按调查对象划分

（1）全面调查

全面调查又称普遍调查，是指对调查对象的所有单位和要素总体进行的逐一调查。通过全面调查能够对调查对象的情况掌握得更完整、详细。一般当需要了解某类现象的全面情况时，多采用全面调查。但全面调查耗时长、调查单位多，需要大量的人力、物力、财力支持，同时市场需求变化快，一般企业较少采用。政府部门在人口普查等调查时，多采用此类调查方法。

（2）非全面调查

非全面调查是指从调查对象总体中抽取部分单位作为样本进行的调查，通过部分单位样本的特征推算总体特征的一种调查方法。非全面调查包括抽样调查、重点调查和典型调查等。由于非全面调查操作灵活，花费时间短，适应面广，多为企业采用。

互联网大数据时代下的
市场营销调研

※ 活动小结 ※

通过本活动知识点的学习，同学们了解了市场调查的概念、类型等知识，为市场调查工作的开展做好理论知识储备。

活动2 掌握市场调查的方法及程序

活动背景

在认识了市场调查、了解市场调查的意义后，陈老师结合企业案例，带领刘欣、杨锐、王涛和李梅4位同学通过实践学习，掌握市场调查的方法及市场调查的程序。通过知识点的学习，为同学们在企业开展实际的调查项目做好前期理论准备。

活动实施

★议一议★ 阅读蓝月亮洗衣液调研内容，思考如何开展市场调查。

2020年12月16日，蓝月亮正式在港交所挂牌交易。2019年，蓝月亮总收入是70.49亿元，占中国洗衣液整体市场份额的24.4%。而它的毛利润更是惊人，2019年达到64.15%，成功主导了洗衣液品类。从2009年到2019年，蓝月亮连续11年夺得中国洗衣液市场的老大哥地位。在巨头林立的中国洗涤市场，蓝月亮是如何做到的？

为深入了解该品牌，有学者对蓝月亮洗衣液展开市场调查，主要采用了问卷调查法、访谈法以及实地调查法等多种调查方法，收集了大量的一手信息与资料，同时还通过网络途径收集了大量与本公司产品或性质息息相关的二手资料。以下是市场调研的主要内容：

（1）蓝月亮洗衣液消费者调查

①消费者的需求规模及变化趋势调查；

②消费群的范围及其购买特点调查；

③消费群对需求的要求调查；

④制约消费群需求增长的因素调查。

（2）蓝月亮洗衣液竞争者调查

①品牌竞争调查；

②本土竞争调查；

③商圈竞争调查。

以下是部分调查内容的分析：

从人群上，据调查发现喜欢使用洗衣液的绝大多数是女性，这与营销界认为洗衣液近70%的消费人群是女性非常吻合。而在使用洗衣液的原因上，这部分人群绝大多数不出意外地选择了洁净，知道洗衣液可以平衡酸碱度的消费者只有极少数。相对来说，用蓝月亮品牌的消费者虽然为数并不多，而且选择的理由也是清洁，但普遍是白领人群，且消费忠诚度极好，自从使用后，再没有换牌子，一直使用至今。从调查结果来看，学生群体是目前使用洗衣液的主要受众群，巩固她们可以守住洗衣液市场。但如果仅仅固守这部分人群，一方面产业的可持续发展很难保障；另一方面，品牌的扩张也极受限制。而从白领人群来说，虽然其消费忠诚度很高，但如果洗衣液的价值仅仅停留在清洁、气味等最基础层次，消费范围会受到很大限制。

步骤1：在案例中，蓝月亮洗衣液的调查都采用了哪些市场调查方法？具体开展了哪些方面的调查。

步骤 2：结合生活经历，分享在生活中遇到过哪些类似的调查，调查的内容是什么？

步骤 3：请同学们以小组合作的形式，通过讨论各小组派一名代表将上台分享的讨论的结果。

□ 知识窗

企业在进行市场调查时，根据收集资料的方式和途径不同，可以分为二手资料调查和一手资料调查，如图 3.1.1 所示。

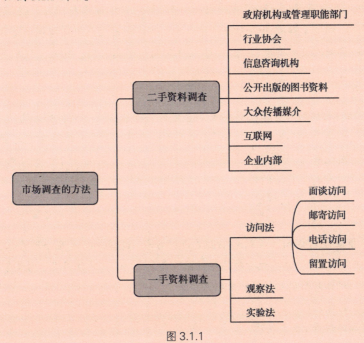

图 3.1.1

1. 二手资料调查

二手资料又称间接资料，是指从文献档案中收集的资料。二手资料具有方便、节省时间、成本低等优势。企业在市场调查中，通常先从二手资料收集开始，但由于二手资料收集的目的不同，在适用性方面有一定局限性。

表 3.1.3

调查途径	收集信息
政府机构或管理职能部门	通过政府机构或管理职能部门收集，如政策、方针、法令、统计年鉴等信息。
行业协会	通过行业协会收集，如行业经营状况、特点、发展趋势等信息。
信息咨询机构	通过专业的信息机构，可以收集社会、经济各方面的相关信息。
公开出版的图书资料	通过查阅出版的图书等收集相关信息资料。
大众传播媒介	收集各类经济、技术方面的信息，如电视、广播、报纸、杂志等媒体。
互联网	通过互联网数据库，搜集国内外信息资讯。
企业内部	通过企业内部管理经营部门，收集在经营过程中产生的信息。

2.一手资料调查

一手资料又称为原始资料,是企业为了特定目的进行实地调查获得的原始资料。一手资料由于是针对特定项目设计并收集的数据,因此适用性较强。但同时,一手数据的收集需要企业投入较多的人力、时间等,成本较高。常用的一手资料的调查方法包括访问法、观察法、实验法。

(1)访问法

访问法是通过企业设定的调研范围,采用询问的方式收集被调查者信息的一种方法。访问法通常包括面谈访问、邮寄访问、电话访问、留置访问等几种方式。访问法通过调研人员与被调查者的沟通,能够了解被调查者行为背后的动机,更准确地掌握被调查者内心的真实想法。但访问法对调研人员的要求较高,调研人员在调研时需客观,避免主观引导而引起的调研误差。

(2)观察法

观察法是指企业调研人员通过观察被调查者行为收集第一手资料的方法。运用观察法时,调研人员与被调研者之间不发生接触行为,而是通过直接观察或借助仪器观察被调查者最自然的活动状态。通过观察被调查者最自然状态下的行为,能使获得的资料客观性较强,但难以了解被调查者外在行为背后的动机、态度等内在心理行为。根据观察中记录主体不同进行划分,可分为人工观察和仪器观察。

(3)实验法

实验法是指通过对调研对象的影响因素进行分析,选择一个或几个因素作为变量,在保持其他因素不变的前提下,分析变量对某些市场现象的影响。实验法多用于因果分析。例如,为了研究价格变动对销售量的影响,企业在保证其他因素不变的情况下,通过小规模实验,了解价格对销售量的影响情况。

3.市场调查的程序(图 3.1.2)

图 3.1.2

(1)确定调查目标

市场调查目标是指调查项目所要解决的问题。市场调查的首要任务是界定调研问题,明确调查目标。在确定调查问题时,应明确调查范围,避免问题确定过大或过小,影响调研数据收集的有效性。

(2)明确调查对象

根据调查目标,确定信息收集的对象。一般调查对象包括消费者、零售商、批发商等。

(3)制订调查计划

企业在确定调查目标,并明确调查对象后,会针对特定的调查项目制订调查计划。根据调查对象的特点等,制订有针对性的收集信息的计划,确保信息能够得到准确、完整的收集。

（4）收集资料

企业调查人员按照调查项目的具体计划安排，针对被调查者的特点，采用有效的调查方法及工具，向被调查者收集相关资料的过程。

（5）整理、分析资料

在收集资料完成后，调查人员需要对所收集到的资料进行整理、分析。在整理资料过程中，将不完整、虚假信息等无效数据进行删除，收集符合标准的有效数据，并对数据进行统计、分析，为企业决策提供依据。

（6）撰写调查报告

在完成调查数据的整理、分析后，调查人员需要将调查结果进行总结，撰写调查报告。调查报告的内容一般包括封面、目录、序言、正文及附件等部分。

※ 活动小结 ※

通过本活动知识点的学习，同学们掌握了市场调查的方法及程序，为开展市场调查工作时选择恰当的调查方法，也为有序开展调查做好理论准备。

合作实训

实训任务：学校计划举办工商模拟市场活动，为市场营销专业同学们创造自主经营平台，同学们可以通过体验自主创业的过程。为顺利开展活动，请同学们以小组为单位，对校内同学开展调查，选定工商模拟市场活动时销售的商品群。

实训目的：通过实践深入了解市场调查的内容和步骤，提升营销技能。

实训步骤：

1.团队合作，任务分工。

2.小组成员通过讨论，确定调查内容及步骤。

①调查目标：＿＿＿＿＿＿＿＿＿＿＿

②调查对象：＿＿＿＿＿＿＿＿＿＿＿

③拟采取调查方法：＿＿＿＿＿＿＿＿

④拟采用的调查工具：＿＿＿＿＿＿＿

⑤调查时间安排，请填入表 3.1.4。

表 3.1.4

时间安排	工作任务

3.调查问卷设计。

知识链接 市场调查问卷设计

①标题：问卷需研究的主题。

②说明：可以是一封告知信，也可以是指导语。例如："您好，以下是关于×××市场调查，希望得到您的配合，感谢您的支持。"

③主体内容包括以下几个部分：

● 基本情况：姓名、年龄、性别、电话等。

● 消费情况：月消费额、消费偏好等。例如："您每月消费额是多少？""有哪方面开支？"等。

● 消费需求：商品类型、商品价格、品牌偏好等。例如："您需要的日常生活用品有哪些？""您喜欢的零食品牌都有哪些？"等。

④致谢语。表达对调查对象的谢意。例如："感谢您参与此次问卷调查活动，再次感谢您的配合。"等。

知识链接 调查问卷范例

关于某市房地产市场的调查问卷

问卷编号：_____

您好！

我是××公司的访问员，为了更好地了解某市房地产市场，在未来建设更适合您居住的房屋，现进行一项房地产市场的调查，想跟您谈谈这方面的问题。您的意见将对我们有很大的帮助，希望得到您的配合。

谢谢！

访问员记录部分

被访者性别：	
访问员姓名：	访问员编号：
访问日期：	访问时间：

1.您的年龄：( )

　A. 20 岁以下　　 B. 21~30 岁　　　 C. 31~40 岁　　　 D. 41~50 岁

　E. 51 岁以上

2.您每月税前收入：( )

　A. 5 000 元以下　　　　　　　 B. 5 001~8 000 元

　C. 8 001~10 000 元　　　　　 D. 10 001 元以上

3.您计划何时买房( )

　A.最近　　　 B.半年内　　　 C.一年内　　　 D.两年内

　E. 两年后

4. 如果购买商品房, 您会选择什么样的户型? (　　　)

　　A. 一室一厅　　　　　B. 两室一厅　　　　　C. 两室两厅　　　　　D. 三室一厅

　　E. 三室两厅　　　　　F. 四室两厅

5. 如果购买商品房, 对于商品房的建筑面积您有何选择(含下限)? (　　　)

　　A. 70 平米及以下　　　　　　　　　　B. 71~90 平米

　　C. 91~110 平米　　　　　　　　　　 D. 111~130 平米

　　E. 131~150 平米　　　　　　　　　　F. 150 平米以上

6. 您计划购买的住宅类型是(　　　)

　　A. 高层住宅　　　　　　　　　　　　B. 小高层住宅

　　C. 多层住宅(有电梯)　　　　　　　　D. 多层住宅(无电梯)

7. 您购买住房考虑的主要因素有哪些? (可多选)(　　　)

　　A. 开发商品牌　　　B. 地理位置　　　C. 周边配套　　　　D. 户型结构

　　E. 周边环境　　　　F. 交通状况　　　G. 升值潜力　　　　H. 内部配套

　　J. 物管水平　　　　K. 住宅价格

8. 您会考虑租用还是购买汽车车位? (　　　)

　　A. 租用　　　　　　B. 购买　　　　　　C. 不做考虑

9. 您购买住宅时希望选择哪种付款方式? (　　　)

　　A. 按揭贷款　　　　B. 分期付款　　　　C. 一次性付款

10. 您希望小区具备哪些配套设施?

_____

11. 您获得房产信息主要渠道有哪些? (　　　)

　　A. 电视广告　　　　B. 车身广告　　　　C. 户外广告　　　　D. 杂志广告

　　E. 朋友介绍

感谢您参与此次问卷调查活动, 再次感谢您的配合。

4. 成果展示。小组汇报人将小组调查内容和步骤进行展示, 提供记录调查过程的图片或视频等, 对调查结果进行总结汇报。

实训评价: 根据表 3.1.5 的指标和评价标准, 完成任务评价。

表 3.1.5

评价指标	标准	分值 / 分	小组互评	教师评价	综合评价
团队合作	积极发言, 听取他人意见, 主动配合	30			
服从管理	纪律良好, 服从安排	20			
完成任务	按时完成任务, 质量符合要求	40			
其他		10			
总分		100			

任务2 市场营销预测

情境设计

企业营销策略的制定离不开对目标市场的调查分析及预测。在吴经理的带领下，刘欣、杨锐、王涛和李梅4位同学参与的营销团队在对市场进行调查、收集和整理消费需求等相关数据的基础上，通过对目标市场在未来一定时期内的变化趋势进行分析，并作出市场预测，为企业经营计划的制定提供依据。那么，他们将如何开展预测工作呢？

任务分解

通过市场调查，刘欣、杨锐、王涛和李梅4位同学与企业团队成员一起收集了市场相关资料，在团队整理分析数据的基础上，如何运用调研数据对市场进行预测成为团队下一步工作的主要任务。4位同学为了更好地开展市场预测工作，在陈老师的指导下，掌握市场预测的概念，学习市场预测的方法和步骤，为下阶段的预测工作做好理论知识的储备。

活动1　认识市场预测

活动背景

为了帮助刘欣、杨锐、王涛和李梅4位同学更好地学习市场预测，掌握市场预测的相关内容，认识市场预测对企业决策的重要性，陈老师通过案例分析，带领同学们学习市场预测，掌握市场预测的概念、类型等知识，为以后从事市场开拓工作做好准备。

活动实施

★议一议★　通过下面案例思考什么是市场预测，其重要性如何。

某市春花童装厂近几年生产销售连年稳定增长。谁料该厂李厂长这几天来却在为产品推销、资金回笼大伤脑筋。原来，年初该厂设计了一批童装新品种，有男的香槟衫、迎春衫，女童的飞燕衫、如意衫等，如图3.2.1所示。借鉴成人服装的镶、拼、滚、切等工艺，在色彩和式样上体现了儿童的特点，活泼、雅致、漂亮。由于工艺比原来复杂，成本较高，价格比普通童装高出了80%以上，比如一件香槟衫的售价在160元左右。为了摸清这批新产品的市场吸引力如何，春节前夕厂里与百货商店联举办了"新颖童装迎春展销"，小批量投放市场十分成功，柜台边顾客拥挤，购买踊跃，一片赞誉声。许多商家主动上门订货。连续几天亲临柜台观察消费者反映的李厂长，看在眼里，喜在心上。不由想到，"为了能把孩子打扮得漂漂亮亮的，谁不舍得花些钱？只要品质好，价格高些看来没问题，决心趁热打铁，尽快组织批量生产，及时抢占市场。"

为了确定计划生产量，以便安排以后的月份生产，李厂长根据去年月销售统计数，计算出以后月份预测数，考虑到这次展销会的热销场面，他决定以生产能力的70%安排新品种，30%为老品种。二月份的产品很快就被订购完了。然而，现在已是四月初了，三月份的产品还没有落实销路。询问了几家老客商，他们反映有难处，原以为新品种童装十分好销，谁知二月份订购的那批货，卖了一个多月还剩下三分之一，他们现在既没有能力也不愿意继续订购这类童装了。对市场上出现的需求骤然变化，李厂长感到十分纳闷。他弄不明白，这些新品种都经过试销，自己亲自参与市场调查和预测，为什么会事与愿违呢？

图 3.2.1

步骤 1：结合案例分析春花童装厂是如何开展市场预测工作的。

步骤 2：为什么市场的实际发展状况，会与李厂长市场预测的结论大相径庭？此次开展的市场预测存在的问题有哪些？

步骤 3：小组成员讨论分享市场预测对企业决策的影响如何。请举例说明。

✎ 做一做　了解市场预测。

归纳三种市场预测的类型，并完成表 3.2.1 内容的填写。

表 3.2.1

调查类型	概述	案例

步骤 1：请同学们按照小组形式，借助互联网搜索相关概念，并进行归纳总结。

步骤 2：小组成员通过讨论，对市场预测的类型在实际中的应用寻找案例。

步骤 3：讨论结束后，各小组派一名代表上台分享。

□ 知识窗

1. 市场预测的概念

随着科学技术和人类社会的发展,消费需求日新月异,企业间的竞争日益激烈。企业经营不仅需要关注当下,更需要对未来进行预测,市场预测应运而生。所谓市场预测,即企业通过对收集到的市场资料进行整理和分析,运用科学的方法,对未来市场不确定因素的推测和判定。市场调查是市场预测的基础,市场预测是市场调查的延伸。

2. 市场预测的类型

市场预测根据不同的标准,大体可划分为以下几种类型,如图 3.2.2 所示。

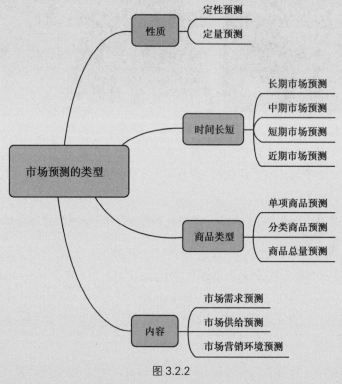

图 3.2.2

(1)按照性质不同划分(见表 3.2.2)

表 3.2.2

预测类型	概念	预测内容
定性预测	通过对市场调查资料的分析,企业预测人员根据知识、经验和判断,对未来市场发展趋势及变化做出的描述和预测。	对事物性质做出的一种主观判断,其预测结果的可信度无法做出精确的说明。
定量预测	在对市场调查数据收集的基础上,通过建立模型,分析变量之间关系,进而对未来市场发展变化进行的量化分析及推算。	对未来市场发展变化的量化分析。通过定量分析,能够确定调查结果的可信程度,但对数据收集的准确性要求较高。

（2）按时间长短不同划分（见表 3.2.3）

表 3.2.3

预测类型	概念	预测内容
长期市场预测	5 年或 5 年以上的预测。	分析市场未来的变化趋势，为企业长期发展规划、产品研发、扩大生产经营规模和投资规划等提供依据。
中期市场预测	1 年以上，5 年以下的预测。	为企业产品供求变化趋势、价格变动、市场潜力分析等方面进行预测，为企业生产经营、营销管理等计划提供依据。
短期市场预测	1 年以内的预测。	为企业年度、季度计划的制定，产品生产和营销活动开展提供依据。
近期市场预测	以日、周、旬、月为单位的市场预测。	企业制定旬计划、月计划，合理安排生产经营和营销活动提供依据。

（3）按商品类型不同划分（见表 3.2.4）

表 3.2.4

预测类型	概念	预测内容
单项商品预测	针对某种商品的未来发展趋势进行的预测。	如对手机、电视等某种商品的供求状况的预测等。
分类商品预测	对某一类商品的未来发展趋势进行的预测。	如对家电类、服装等某一类商品未来市场需求状况进行的预测。
商品总量预测	对各种商品的市场发展趋势进行的预测。	比如对全国居民消费状况预测等。

（4）按内容不同划分（见表 3.2.5）

表 3.2.5

预测类型	概念	预测内容
市场需求预测	在特定的时间、地点、范围内，对特定消费群体商品需求的预测。	市场需求总量预测、商品需求变化趋势预测、消费者购买行为预测等。
市场供给预测	在特定的时间、特定的范围内，对进入市场的商品资源总量、结构及资源变动因素等进行的预测。	市场商品供给总量预测、生产能力预测、新产品开发能力预测、资源使用情况预测、技术进步预测、国家政策预测等。
市场营销环境预测	对市场营销环境变化的预测。	一方面需要对政治、经济、文化、社会等环境因素的预测，另一方面是对市场总体情况的预测。

※ 活动小结 ※

通过本活动知识点的学习,同学们掌握了市场预测的概念及不同标准下市场预测的类型等知识,为企业市场预测工作开展时,预测类型的选择做好知识储备。

活动 2　了解市场预测的方法及过程

活动背景

刘欣、杨锐、王涛和李梅 4 位同学在了解了市场预测的概念及重要性后,陈老师进一步就市场预测的方法和步骤进行讲解。帮助 4 位同学能够更全面地了解市场营销预测的知识,掌握预测的方法和开展预测的步骤,为企业市场预测工作开展做好理论知识储备。

活动实施

★议一议★　通过案例,思考企业采用了什么预测方法,这种方法是如何开展预测的。

某拟建农业加工项目要开发投产一种副食新产品。为了摸清该产品的市场销路如何,他们采用了"德尔菲"法对其产品销量进行了判断预测。其大致过程如下:

第一,他们成立了预测领导班子,选择了包括食品设计专家、技术人员、推销人员、销售对象典型代表以及上级主管计划部门等在内的 11 名专家或行家作为调查征询对象。

第二,预测领导小组将该产品的特点、用途、样品及相似种类产品的销售情况等分别单独向他们提供资料并作了介绍,随后发给他们调查意见表,请每个人都反馈自己的意见并做个人的判断预测。

第三,将上述意见和判断预测结果汇总整理,用不记名的方式分类说明个人的意见及理由,返还给各位专家,请他们进一步地修正判断预测。如此反馈三次。

第四,根据三次反馈得到的结果,由预测领导小组进行集中处理,做出最后预测。

步骤 1:该企业采用了什么预测方法?

步骤 2:通过以上案例,总结该预测方法的含义。

步骤 3:小组成员通过讨论,派代表上台发言。

回 知识窗

1. 市场预测的方法

常用的市场预测方法包括定性市场预测和定量市场预测两种。

(1) 定性市场预测

定性市场预测法是指通过分析预测对象的发展规律,对其未来发展趋势进行判断的一种方法,属于质的分析。定性预测通常用在数据不足或可以根据个人或集体经验、知识预测时使用,对数据的依赖性较低。

定性预测的优点是简单易行,不需要复杂的数学公式计算,使用面较广,能够充分考虑政治、经济、社会等各方面因素对预测对象发展趋势的影响。不足在于对预测对象未来发展趋势缺乏精确的评估，各项预测目标间的影响因素难以确定，可信度受到一定影响。常用的定性预测方法见表 3.2.6。

表 3.2.6

定性预测方法	概念	特点
对比类推法	以其他类似事物作为参照物，对预测目标进行对比分析，判断其未来发展趋势的一种方法。	常用于新产品预测，由于新产品缺少销售等数据，因此，通过对同类产品的历史资料的对比分析，预测新产品未来的发展趋势。
个人经验判断法	根据个人以往的销售经验和知识，通过综合分析对预测目标未来发展趋势进行的一种推测。	个人经验判断法主观性较强，对预测者知识经验和综合分析预测能力要求较高，因此使用较少。
集体经验判断法	通过集体的经验、知识思考分析及判断，对事物未来变化趋势做出推断的一种方法。	集体经验判断法综合了集体的经验和智慧；但缺点是容易受到集体中权威的影响。
德尔菲法	德尔菲法又称为专家调查法。由企业组织的多位专家和企业预测组织者组成的专门预测机构，按照预测的程序，背靠背地征集专家对未来趋势的意见和判断，进而进行预测的一种方法。	德尔菲法避免了集体经验判断法的诸多不足，也是目前定性预测法中常用的预测方法。

（2）定量市场预测

定量市场预测是指根据历史统计资料，通过建立数学模型对市场未来发展趋势进行量化分析，得出的预测结果。

定量分析的优点是通过数据建模分析，避免了主观因素的影响，有利于保证预测结果的科学性和客观性。同时，预测结果以数据的形式体现，精确度高。但定量分析对数据的要求较高，并且对预测人员在数学、统计学等方面的知识要求较高。同时受时间限制较强。因此，需要足够的数据作为支撑，费用也相对较高。

常用的定量方法包括时间序列预测法和相关分析法。

①时间序列预测法

时间序列预测法是指将需求量、销售量、利润等某种统计指标的数值，按照时间先后顺序进行排列，形成统计量的时间序列，进而使用数学模型进行预测未来数值的一种预测方法。时间序列预测法包括平均预测法、指数平滑法、趋势预测法等。

②相关分析法

社会经济现象间存在着相互联系、相互制约、相互依赖的关系。例如价格变动对销售量的影响，收入变动对消费力的影响等。通过相关分析法，对历史资料和现实资料进行综合分析，明确变量间的关系，确定因变量和自变量。进而对变量间的变化进行数据模型的建立及检验，导入未来的自变量数值，通过模型推算出因变量即预测值。相关分析法包括一元回归预测法、多元回归预测法和自回归预测法等。

2.市场预测的过程

市场预测需要遵循科学的方法,按照一定的步骤和程序,有计划地完成各个环节的具体工作。一般情况下,市场预测的过程主要包括以下几个方面,如图 3.2.3 所示。

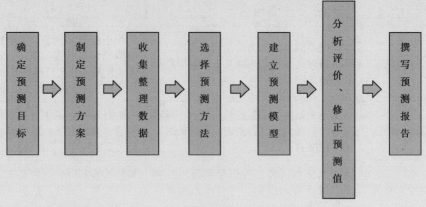

图 3.2.3

(1)确定预测目标

市场预测的首要问题是确定预测目标。明确预测对象和内容,科学地选择预测方法,收集、分析调查资料,经费使用,预测进程安排,资源分配等,实现科学的预测结果。

预测目标必须遵循目的性、可行性、经济性和实效性的原则。

(2)制定预测方案

在明确预测目标后,企业需要根据目标要求,组建团队,设计安排预测人员,确定预测对象及范围;制定预测时间安排表,初步选定预测方法,经费预算等。市场预测是一项复杂的工作,技术性要求高,涉及面广。

(3)收集整理数据

预测人员必须根据目标,通过科学的调研方法,系统地收集各种资料,并对收集资料的真实性进行判断和筛选,确保收集资料的有效性。

收集资料需要遵循真实性、完整性、时效性、实用性、科学性等原则。

(4)选择预测方法

市场预测的方法较多,企业在选择具体项目预测方法时,应根据预测目的、收集资料情况等,在充分的讨论后,选择合适的预测方法,这对预测结果的有效性和准确性起着至关重要的作用,直接影响企业经营决策。

(5)建立预测模型

根据调查数据的变化趋势,分析数据间的因果关系,进而通过科学的方法,建立预测模型。

(6)分析评价、修正预测值

预测是基于现有的资料对未来发展趋势变化的研究。在预测时,需要根据宏观环境和影响因素的变化,评价预测值的可信度。如果预测误差较大,则需要及时分析原因,修正预测数据,保证预测误差在控制范围内。

（7）撰写预测报告

预测报告是对预测过程的概括和总结，同时预测结果作为企业决策层进行经营决策制定的重要依据。一般预测报告包括预测目标、预测内容、预测方法、预测时间、预测结果等，同时阐明资料来源及评价建议等内容。

※ 活动小结 ※

通过本活动知识点的学习，同学们掌握预测的方法和开展预测的步骤，为企业市场预测工作开展时选择恰当的预测方法，有序地开展预测活动做好理论准备。

合作实训

实训任务：市场预测。

实训目的：培养学生团队合作能力，实现学生市场预测理论知识向技能迁移的能力。

实训步骤：

1. 团队合作，任务分工。完成表 3.2.7。

表 3.2.7

角色	职责说明	实训任务安排
组长	协调小组成员，明确任务分工，组织实训活动	
组员	听从组长安排，按照分工开展工作并做相关记录	
报告人	从组员中选拔，整理实训成果，在课堂上汇报	

2. 结合市场调查实训项目，采用德尔菲法，对校内市场消费需求状况进行预测，为接下来工商模拟市场活动，进行商品选择准备。

①预测主题：＿＿＿＿＿＿＿＿＿＿＿

②主持人：＿＿＿＿＿＿＿＿＿＿＿

③设计意见收集表，收集组员意见，完成表 3.2.8。

表 3.2.8

问题	＿＿＿＿＿成员意见
例如：工商模拟活动期间消费群体的购买力大小？	
哪些商品会成为畅销商品？	

④主持人归纳整理，对不同预测结果注明理由和依据，再次分发给组员，完成表 3.2.9。

表 3.2.9

问题	意见汇总及分析	_____成员第____轮意见
例如：工商模拟活动期间消费群体的购买力大小？		
例如：哪些商品会成为畅销商品？		

⑤若收集的意见尚未趋于一致，则继续下一轮操作，直到意见趋于一致。主持人汇总后形成关于工商模拟市场销售商品选择的整体方向和意见，完成表 3.2.10。

表 3.2.10

预选商品	商品品牌	价格区间	…

3.成果展示，小组汇报人对预测过程和预测结果进行汇报，并阐明理由。

实训评价：根据表 3.2.11 的指标和评价标准，完成任务评价。

表 3.2.11

评价指标	标准	分值／分	小组互评	教师评价	综合评价
团队合作	积极发言，听取他人意见，主动配合	30			
服从管理	纪律良好，服从安排	20			
完成任务	按时完成任务，质量符合要求	40			
其他		10			
总分		100			

项目总结

市场调查与预测是企业开展经营活动的必要前提。有效地开展调查与预测，是企业经营决策方案制定、获得竞争优势的有效手段。通过本项目学习，系统地掌握市场调查与预测的概念、市场调查方法、市场调查的程序、市场预测的方法及市场预测程序等知识点。为企业调查预测活动的开展，提供理论指导。

项目检测

1. **单项选择题**(每题只有一个正确答案,请将正确的答案填在括号中)

(1)以下调查方法,属于按照调查对象划分的是(　　　)。

　　A. 探索性调查　　　　B. 描述性调查　　　　C. 全面调查　　　　D. 预测性调查

(2)(　　　)调查是通过调查对问题未来走向的一种预估和判断。

　　A. 探索性　　　　　　B. 描述性　　　　　　C. 因果性　　　　　D. 预测性

(3)以下不属于二手资料调查收集途径的是(　　　)。

　　A. 行业协会　　　　　B. 邮寄访问　　　　　C. 大众传媒　　　　D. 互联网

(4)(　　　)是指通过对调研对象的影响因素进行分析,选择一个或几个因素作为变量,在保持其他因素不变的前提下,分析变量对某些市场现象的影响。

　　A. 邮寄访问法　　　　B. 观察法　　　　　　C. 面谈访问法　　　D. 实验法

(5)市场调查的首要任务是(　　　)。

　　A. 确定调查目标　　　B. 明确调查对象　　　C. 制订调查计划　　D. 选择调查工具

(6)对某种商品的未来发展趋势进行的预测称为(　　　)。

　　A. 市场需求预测　　　B. 市场供给预测　　　C. 单项商品预测　　D. 分类商品预测

(7)一年以上,五年以下的预测称为(　　　)。

　　A. 长期市场预测　　　B. 中期市场预测　　　C. 短期市场预测　　D. 近期市场预测

(8)(　　　)是指在对市场调查数据收集的基础上,通过建立模型,分析变量之间关系,进而对未来市场发展变化进行的量化分析及推算。

　　A. 定性预测　　　　　B. 定量预测　　　　　C. 市场需求预测　　D. 市场供给预测

(9)对家电类产品未来发展趋势进行的预测称为(　　　)。

　　A. 市场需求预测　　　B. 商品总量预测　　　C. 单项商品预测　　D. 分类商品预测

(10)(　　　)是由企业组织的多位专家和企业预测组织者组成的专门预测机构,按照预测的程序,背靠背地征集专家对未来趋势的意见和判断,进而进行预测的一种方法。

　　A. 对比类推法　　　　B. 个人经验判断法　　C. 德尔菲法　　　　D. 时间序列预测法

2. **多项选择题**(每题有两个或两个以上的正确答案,请将正确的答案填在括号中)

(1)市场调查的作用包括(　　　　　)。

　　A. 为营销决策提供依据　　　　　　　　　B. 改善营销组合策略

　　C. 有利于发现新需求　　　　　　　　　　D. 改变企业营销环境

(2)按照功能划分,市场调查包括(　　　　　)。

　　A. 探索性调查　　　　B. 描述性调查　　　　C. 全面调查　　　　D. 预测性调查

(3)以下属于一手资料调查的方法有(　　　　　)。

　　A. 访问法　　　　　　B. 观察法　　　　　　C. 对比法　　　　　D. 实验法

(4)以下属于市场调查的工具有(　　　　　)。

　　A. 问卷　　　　　　　B. 仪器设备　　　　　C. 人工　　　　　　D. 数据资料

(5)市场预测按时间长短可分为(　　　　　)。

　　A. 长期市场预测　　　B. 中期市场预测　　　C. 短期市场预测　　D. 近期市场预测

(6)按照预测性质划分,市场预测可分为( )。

    A.定性预测   B.定量预测   C.市场需求预测   D.市场供给预测

(7)常用的定性市场预测方法包括( )。

    A.对比类推法   B.个人经验判断法 C.相关分析法   D.时间序列预测法

(8)常用的定量市场预测方法包括( )。

    A.对比类推法   B.个人经验判断法 C.相关分析法   D.时间序列预测法

(9)收集资料需遵循的原则包括( )。

    A.真实性   B.完整性   C.时效性   D.科学性

(10)撰写预测报告一般包括哪些内容?( )

    A.预测目标   B.预测方法   C.预测时间   D.预测结果

3.判断题(正确的画"√",错误的画"×")

(1)市场调查是指个人或组织针对企业的特定营销决策问题而进行的客观、科学、系统的搜集、整理、分析和研究市场信息的活动过程。   ( )

(2)营销决策在执行过程中,无需开展市场调查活动,也不需要进行调整。   ( )

(3)描述性调查是指当市场调查无法明确调查问题时所采用的一种调查方法,又称非正式调查。   ( )

(4)一手资料具有方便、节省时间、成本低等优势。企业市场调查通常先从一手资料收集开始。   ( )

(5)市场调查是市场预测的基础,市场预测是市场调查的延伸。   ( )

(6)市场预测是在市场资料收集、整理、分析的基础上,对未来市场不确定因素的推测和判定。   ( )

(7)以日、周为单位开展的市场预测称为短期市场预测。   ( )

(8)按照内容划分,市场预测分为单项商品预测、分类商品预测和商品总量预测三种。

                                         ( )

(9)定性预测是指企业预测人员根据以往的知识和经验做出的预测。   ( )

(10)德尔菲法是指通过集体的经验、知识,通过思考分析及判断,对事物未来变化趋势做出推断的一种方法。   ( )

4.简述题

(1)一手资料调查的方法包括哪些?

(2)市场调查的程序包括哪些步骤?

(3)市场预测的程序包括哪些步骤?

项目 4
明确目标市场营销战略

【项目综述】

对于消费者而言，有的追求经济适用，有的追求质量可靠，有的追求个性特色，有的追求高档精美。不同的产品拥有不同的消费者，即使相同的产品也可能因为定位不同而导致消费群体也不尽相同。著名市场营销专家麦卡锡认为，特定群体的消费者就是目标市场。不同的企业都有其相应的消费群体，即相应的目标市场。通过市场细分，可以帮助企业明确目标市场，通过运用市场定位策略满足目标市场的需要。

经过前期的市场调研和分析，为进一步提升公司的效益和品牌形象，在陈老师的指导和吴经理的带领下，这支年轻的营销团队要先进行市场细分，并根据公司的实际情况选择目标市场，最后确定公司的产品定位。

【项目目标】

通过本项目的学习，需达到下列目标：

知识目标

◇理解市场细分的内涵

◇熟悉市场细分的划分标准

◇描述市场细分的程序

◇阐述市场定位及重要性

◇熟悉市场定位方法

能力目标

◇比较目标市场的模式

◇选择目标市场策略

◇制定市场定位战略

素养目标

◇激发学生学习热情和兴趣

◇培养团队协作和营销意识

◇提升信息搜索和整理能力

◇树立良好的营销道德观念

【项目知识点导图】

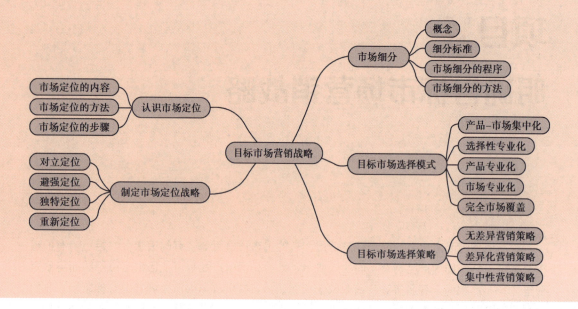

任务1 》》》》》》
市场细分

情境设计

在 2020 年的工作总结大会上，广东如意食品有限公司公布了 2021 年公司的销售目标，刘欣、杨锐、王涛和李梅 4 位学生所在的销售部门主要负责开拓广东市场。但是广东省有 21 个地级城市，截至 2020 年底，全省常住人口已达到 1.15 亿人，刘欣他们要满足 1 亿多人的消费需求，还是先满足一部分消费者的需求？如果是满足一部分消费者的需求，需要满足的是哪部分呢？

任务分解

为了实现 2021 年的销售目标，刘欣、杨锐、王涛和李梅 4 位同学首先要在吴经理的带领下，对广东省的消费者进行分类，确定哪类消费者才是如意食品公司的潜在顾客，按照什么标准和方法对这些消费者进行分类，即市场细分。

活动1　熟悉市场细分标准

活动背景

市场细分是明确目标市场战略的第一步,具有非常重要的作用。刘欣等4位同学需要在陈老师的指导下,先了解市场细分的内涵以及划分的标准

活动实施

★议一议★　通过以下案例,思考什么是市场细分,市场细分有何现实意义。

休闲零食行业经过长久的发展,逐渐成为"一日三餐"以外的第四餐,消费者在追求好吃的同时,更加注重营养和健康。"三高"和肥胖人群不断增多,学龄儿童近视比例持续恶化,这些都与吃有很大关系,他们对健康和营养有更大的需求。为此,"良品铺子"将儿童作为自身产品开发的最重要客户群之一。2019年4月,良品铺子五代形象店在武汉、成都等地全新亮相。新增的"儿童零食区",是五代店最显著的特点之一,儿童食品专区的产品放置高度不超过30 cm,包装均为充满童趣的定制款。除了儿童这一消费群体,良品铺子针对女性群体,还研发适合孕期女性的零食,适合女性生理期的零食……

步骤1:通过案例,以小组讨论的形式探讨以下问题:(1)休闲食品的主要消费群体是哪些人?(2)除了案例中提到的人群,还有哪些消费者会消费休闲食品?(3)这些消费人群具有什么特点?

步骤2:由组长组织讨论,专人记录讨论的主要看法与观点。

步骤3:讨论结束后,小组派一名代表分享讨论的结果。

做一做　通过以下案例,分析蒙牛公司的奶产品是如何细分市场的。

作为中国领先的乳制品供应商,蒙牛专注于研发生产适合国人的乳制品,在2021年全球乳业排名榜单中,蒙牛位居第9,连续10年位列全球乳业20强。蒙牛乳业自1999年成立以来,已形成了拥有液态奶、冰淇淋、奶粉、奶酪等多品的产品矩阵系列,拥有菁珀、新养道、未来星、纯甄、纯牛奶、冠益乳、优益C、真谷粒、鲜牛奶、特仑苏等品牌,如图4.1.1所示。

图 4.1.1

蒙牛针对不同的消费者,推出了不同的奶产品。针对普通人推出纯牛奶,采用国际先进的"闪蒸"技术,不破坏牛奶的营养价值的前提下,低温蒸发部分水分,使口味更香浓。在纯牛奶的基础上,融入了鸡蛋和核桃粉,经过科学工艺精制而成——早餐奶,它让营养得到更充分的吸收,同时也

大大减少了乳糖不耐症的发生。针对减肥人群，推出高钙低脂牛奶，采用国际流行的脱脂技术，大大地降低了牛奶中的脂肪含量，同时又在牛奶中加入了更多的膳食纤维，喝起来不会发胖。针对老年人和补钙人群，推出高钙牛奶，这种牛奶脂肪含量低，又加入了乳酸钙和维生素 D3，钙含量大于 150 mg/100 g，不但含有丰富的蛋白质、氨基酸以及较多的微量元素，同时也能有效促进钙质的吸收，还具有一定的安眠作用。针对青少年推出酸酸乳，在鲜牛奶基础上，添加益菌因子和柠檬酸，能够有效促进体内有益菌增长 20%，能够促进肠道蠕动，抑制有害菌增长，同时促进 B 族维生素合成，给身体更多呵护。针对年轻时尚一族推出真果粒，通过在牛奶中加入草莓果粒，含水果膳食纤维，让身体健康平衡。针对少年儿童推出未来星，这一产品是通过牛奶加牛磺酸，使人头脑更轻松，是少年儿童快乐成长的好伙伴。

步骤 1：不同的消费群体对奶制品的需求有哪些差异？

步骤 2：案例中，蒙牛是如何满足不同消费者的需求？

步骤 3：结合以上分析，归纳蒙牛将奶制品市场细分为哪些子市场。

回 知识窗

1. 市场细分的概念

1956 年，美国市场学家温德尔·史密斯（Wendell R.Smith）提出了市场细分的概念。市场细分是指企业在市场调研的基础上，根据顾客现实及潜在的需求差异，按照一定的标准将某一产品或服务的整体市场划分为两个或两个以上子市场的过程，其实质是需求细分。

2. 市场细分的依据

（1）顾客需求的差异性

顾客由于消费者所处的地理位置、社会环境不同，自身的心理和购买动机不同，造成他们对产品的价格、质量款式等方面存在需求的差异性。比如不同消费者对服装、日化、家电等产品的需求就存在着很大的差异，这种需求的差异性就是市场细分的基础。

（2）顾客需求的相似性

在同一地理条件、社会环境和文化背景下的人们形成有相对类似的人生观、价值观的亚文化群，他们的需求特点和消费习惯大致相同。比如手机，尽管消费者可能有很多不一样的需求，但一定存在相当数量的消费者都喜欢同一个款式、同一种配置，甚至同一种颜色的手机。

（3）企业资源的有限性

绝大多数企业由于受到自身实力的限制，不可能向市场提供能够满足一切需求的产品和服务。选择最有利可图的目标细分市场，集中有限的资源，增加竞争优势，才能获得成功。根据世界方便面协会公布的数据：全球方便面消费量不断增加，2019 年全球方便面消费量为 1 064.2 亿份，较上年同比增长 2.70%；2020 年全球方便面消费量为 1 165.6 亿份，较上年同比增长 9.53%，口味上百种，其中 2020 年中国方便面需求量增长 11.82%。这也催生了大量的方便面企业，但大多企业由于资源有限，也仅仅生产大众最爱吃的几种口味而已。

3. 市场细分的标准

（1）消费者市场细分的标准

消费者市场是指为满足个人需要而购买产品或服务的个人和家庭构成的市场。由于消费者或用户的需求存在差异性，所以一个整体市场可以进一步细分。引起消费者需求差异的变量很多，在实践中，企业并不是单一地采用某一变量来细分市场，而是运用多种变量来综合考虑。概括来讲，消费者细分市场的变量主要有四类：地理变量、人口变量、心理变量和行为变量，见表 4.1.1。

表 4.1.1

细分标准	细分变量
地理变量	国别、城乡、地理位置、气候条件、城市规模、人口密度等
人口变量	性别、年龄、收入、职业、民族、种族、教育、家庭人口、家庭生命周期、信仰等
心理变量	个性、兴趣、爱好、生活方式、社会阶层等
行为变量	使用者情况、购买时机、数量、品牌忠诚度、追求的利益和态度等

①依据地理变量细分

这是指在细分市场时要考虑到不同国家之间的区别城乡之间的差别，以及不同地理位置、不同气候、城市规模大小、人口密度等因素。如图 4.1.2 所示，例如市场按地区可细分为西欧、北美、中东和东南亚；按人口密度可细分为大城市、郊区、乡村和山区。

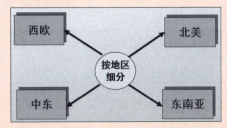

图 4.1.2

②依据人口变量细分

这是指依据性别、年龄、收入、职业、家庭情况等不同而进行市场细分。如图 4.1.3 所示，例如市场按年龄可细分为幼儿市场、青年市场、成年市场和老年市场；服装、化妆品、杂志和香烟市场可以按性别细分市场。

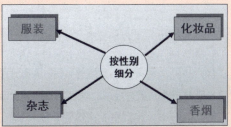

图 4.1.3

③依据心理变量细分

这是根据购买者所处的社会阶层、生活方式、个性特点等心理因素进行的市场细分。如图4.1.4所示，例如市场按照生活方式可细分为时髦型、简朴型、嬉皮型和节约型。

图 4.1.4

④依据行为变量细分

这是根据顾客对产品的了解程度、态度、使用情况与反应等划分市场，包括购买时机、追求的利益、使用者状况、使用频率、忠诚度、需求阶段和对产品的态度等。以牙膏市场为例，可以做如下细分，如表4.1.2所示。

表 4.1.2

牙膏市场的购买行为细分			
利益细分	行为特征	消费心态	偏好品牌
经济因素（低价）	经常使用者	高度自主，价值导向	大减价品牌
医疗因素（防止蛀牙）	不经常使用者	忧虑，保守	品牌 A，E
美容因素（洁齿）	抽烟者	社交能力强、活跃	品牌 B
味道因素（好味道）	果味爱好者	自我中心，享乐主义	品牌 C，D

（2）生产者市场细分的标准

生产者市场是指购买货物和劳务，并用来生产其他货物和劳务，以出售、出租给其他人使用的个人或组织构成的市场。生产者市场细分的标准主要包括地理环境、用户状况、需求特点和购买行为等，见表4.1.3。

表 4.1.3

细分标准	细分变量	细分市场举例
地理环境	自然资源、气候、社会环境、所处位置、生产力布局、交通情况	山西煤田、浙江丝绸、四川柑橘等。选择位置相邻的地区作为目标市场便于联系，也可以降低成本。
用户状况	所处行业、用户规模、购买力	有的用户采购量很大，有的采购量很小，如汽车制造公司和小机械加工企业对钢材的需求，可以分为大客户、一般客户、小客户。

续表

细分标准	细分变量	细分市场举例
需求特点	购买目的、商品用途、质量和功能、价格要求、使用频率、交易方式	同样是钢材用户，有的需要带钢、有的需要圆钢、有的需要硅钢、钨钢或其他特种钢等。
购买行为	利益追求、购买周期、付款方式、采购政策和采购手段	按照采购的方式不同，分为直接重购、修正重购和新购。

※ 活动小结 ※

合理的市场细分是营销成功的一半，市场细分是企业选择目标市场的基础和前提。根据不同的标准，市场可以划分为不同的子市场，能根据企业实际选择合适的细分标准，这对于市场细分和目标市场选择具有非常重要的现实意义。

活动 2　描述市场细分的程序

活动背景

经过学习，刘欣、杨锐、王涛和李梅 4 位同学已经掌握了市场细分的标准，能够根据公司情况按照市场细分变量来判断市场细分的依据。接下来，他们遇到了另外一个问题：如意食品公司的市场细分应该是一个严谨而科学的过程，先做什么，后做什么让他们陷入一阵迷茫。他们现在需要在陈老师的指导下，了解市场细分程序，采取科学的方法对市场进行有效细分。

活动实施

★议一议★　通过以下案例，分析广汽传祺是如何进行市场细分的。

2021 年 10 月 8 日晚，广汽集团 9 月产销快报显示，1-9 月累计完成汽车产销 144.4 万辆和 149.4 万辆，累计产量同比增长 3.9%，累计销量同比增长 6.2%，产销同比均实现正增长。

随着国内 SUV 市场的兴盛，一些自主车企放弃轿车研发而专攻 SUV 车型，广汽传祺却始终保持清晰又坚定的研发思路，一直坚持 SUV 与轿车两条腿走路，在细分车型上做足了工夫。

售价超过 20 万元的中高端 SUV 领域，传祺 GS8 自上市以来供不应求，连续月销量破万，与汉兰达、锐界形成中大型 7 座 SUV 市场三足鼎立市场格局，成为中国品牌高端化突破的标杆。

在紧凑 SUV 车型领域，传祺 GS4 可谓异军突起，如图 4.1.5 所示。作为广汽传祺品牌最核心的产品，传祺 GS4 家族在 2020 年的表现十分亮眼，除了最初几个月受疫情影响，其余月份均体现出了强大的竞争力；全年销量高达 12.7 万辆，同比增长 20.9%。

另一方面，MPV 车型也持续领跑品牌销量份额，2020 年全年总销量达到了 7.3 万辆，同比增长 25.1%。传祺 M8 更是获得了中国品牌 20 万级 MPV 销量冠军的头衔。

图 4.1.5

SUV 市场获得成功之后，广汽传祺在轿车领域也不甘落后，捷报连连；而定位于豪华座驾的传祺 GA8，也连续多月领跑中国品牌 C 级高端车型市新款场，成为自主品牌 C 级豪华轿车销量的领头羊。

广汽传祺对市场能够有效细分，除了市场对 SUV 需求量大大提高，广汽传祺也了解消费者对汽车的需求，不放弃家庭轿车市场，兼顾了共同需求和特殊需求，能够有效地细分市场，从而取得成功。

步骤 1：根据以上案例，小组讨论广汽传祺认为消费者对汽车的需求有哪些差异性。

步骤 2：通过互联网信息搜索，结合材料分析广汽传祺是如何满足消费者的不同需求的。

步骤 3：分析广汽传祺是如何进行市场细分的，小组讨论结束后，各小组派一名代表上台分享汇报讨论结果。

□ 知识窗

1. 市场细分的程序

一般认为，细分市场要经过以下几个程序，具体包括选定市场范围→列举潜在消费者需求→分析潜在消费者需求→划分细分市场→评估细分市场等五个步骤，具体见表 4.1.4。

表 4.1.4

市场细分的程序	程序的主要内容
选定市场范围	确定进入何种行业，生产什么产品。要考虑消费者的需求，而非产品的特性。
列举潜在消费者需求	列举潜在消费者的基本需求，如他们对住宅的需求是安全、方便、清净、设计合理、质量好等。
分析潜在消费者需求	分析潜在消费者差异性需求至关重要，将差异性需求作为细分市场的基础。如遮风挡雨、质量安全可能是每位消费者都关注的，不能作为住宅细分市场的依据。而便利性、环境安静、装潢高档则可以作为细分市场的依据。
划分细分市场	通过分析每一个子市场的需求和购买行为的特点，确定是否合并或进一步细分，最终确定公司的细分市场。
评估细分市场	通过估计每一细分市场的规模、消费者数量、购买频率、购买数量等，分析细分市场的竞争情况和发展趋势，从而制定相应策略。

2.市场细分的方法

细分市场时要运用细分标准,需要注意三个问题:一是市场细分的标准是动态变化的,如年龄、收入、购买动机等;二是不同企业因技术、资源、实力、产品具有差异性,所以采用的标准也是不同的;三是企业在市场细分时,可以采用一项标准,也可以综合运用,既可以采用单一变量,也可以采用多个组合变量。

市场细分的方法主要有单一变量法、多变量组合法和系列变量因素法。

(1)单一变量法

根据市场营销调研结果,把选择影响消费者或用户需求最主要的因素作为细分变量,从而达到市场细分的目的,例如服装可依据年龄或气候变量进行市场细分,见表 4.1.5。

表 4.1.5

产品举例	单一变量	细分市场
服装	年龄	童装、青少年装、中年装、老年装
	气候	春装、夏装、秋装、冬装

(2)多变量组合法

多变量组合法即采用影响消费需求的两种或两种以上的因素进行综合细分市场的方法,例如服装可依据年龄、收入和生活方式等进行市场细分,见表 4.1.6。

表 4.1.6

产品举例	多变量	细分市场
服装	年龄(青年、中年、老年),收入(低、中、高),生活方式(朴素、时髦、成功气质)	在多变量下,可以分为非常多的细分市场

(3)系列变量因素法

将所涉及的多项细分市场因素,按一定的顺序逐步展开,由粗到细、由浅入深,逐步进行细分的细分市场的方法。以运动鞋产品为例,可以依据地理环境因素将其分为农村市场和城市市场;在城市市场又可依据性别因素分为男性市场和女性市场;在男运动鞋市场又可以根据年龄因素分为老年市场、中年市场、青年市场和儿童市场;针对青年运动鞋市场又可以根据需求特点因素的不同再进一步细分,如图 4.1.6 所示。

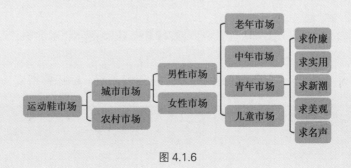

图 4.1.6

3.市场细分的原则

（1）可衡量性

可衡量性即细分的市场是可以识别和衡量的；通过这些标准所划分的市场不仅有明确的范围，而且也能估量各子市场的规模和购买潜力。

（2）可盈利性

可盈利性即细分的子市场必须具备足够的规模和可盈利性来吸引企业为之服务，这就要求企业要考虑细分市场上消费者的数量，以及他们的购买力和购买产品的频率。

（3）可进入性

可进入性即企业能够通过自身努力使产品进入并对消费者施加影响。一方面，产品信息可以通过媒体传递给市场消费者；另一方面，企业在一定时期内能够将产品通过一定分销渠道送达该市场。

（4）可区分性

可区分性即各细分市场之间具有显著的差异性，不同细分市场对同一市场营销组合方案具有不同反应。因此，企业可以根据不同细分市场制定独立的营销方案，达到预期效果。

（5）稳定性

稳定性指经过细分所形成的市场中，消费者的需求应该在一个较长的时期内保持相对的稳定，这样才能保证企业有效地开发这个市场，并获得预期的收益；如果细分市场的需求频繁发生变化，就会给企业经营带来一定风险。当然，绝对的稳定是没有的，这里的稳定性是指相对的稳定。

※ 活动小结 ※

通过学习，我们知道市场细分的程序包括选定市场范围——列举潜在消费者的基本需求——分析潜在消费者的需求——划分细分市场——评估细分市场等五个步骤；市场细分的方法主要有单一变量法、多变量组合法和系列变量因素法；市场细分包括可衡量性、可盈利性、可进入性、可区分性、稳定性等原则。

合作实训

实训任务：每个小组自选一种产品，例如休闲食品、空调、食用油、饮料等，对其整体市场进行细分。

实训目的：通过实操提升学生对市场细分标准和具体变量的分析能力。

实训步骤：

（1）将同学们分成若干小组，每组 5~8 人，设组长一名。教师解析实训任务并解析具体要求，见表 4.1.7。

表 4.1.7

角色分工	主要任务
组长	协调小组成员，组织任务分工，督促过程实施
组员	在组长组织安排和协调下，按照分工开展工作
报告人	从组员中选拔，整理汇报资料，在课堂上汇报

（2）确定细分该商品的市场细分标准和具体变量，完成表 4.1.8。

表 4.1.8

选择的产品			
市场细分标准		具体细分变量	
市场细分标准		具体细分变量	

（3）根据市场细分的程序，对产品进行市场细分。

本组选择的市场范围是：_____

本组确定的经营目标是：_____

（4）列出消费者群体的需求情况，完成表 4.1.9。

表 4.1.9

各消费群体的需求情况说明	群体 1	群体 2	群体 3
消费者特点			
需求量大小			
质量、价格偏好			

（5）成果展示。每个小组派一名代表上台进行展示汇报。

实训评价： 请结合学习情况，根据评价指标，在表 4.1.10 中打分。（5 表示很好；4 表示好；3 表示普通；2 表示还可以；1 表示待改进）

表 4.1.10

评价指标	自我评价（打√）					组员评价（打√）					教师评价记录	教师打分	总分
	5	4	3	2	1	5	4	3	2	1			
团队合作行为													
纪律态度表现													
完成任务情况													
技能运用能力													

任务2 >>>>>>>>>>
选择目标市场

情境设计

通过学习市场细分,刘欣、杨锐、王涛和李梅4位同学已经掌握了市场细分的标准、流程和方法,但是他们发现广东如意食品有限公司的消费者可以分成很多子市场。究竟要进入哪些市场,为多少细分市场服务,通过什么策略开拓这些市场成了摆在他们面前的棘手问题,在吴经理和陈老师的带领下,他们通过努力终于解决了这些问题。

任务分解

为了准确分析、判断公司要进入的细分市场,并做出恰当的策略来打开市场,吴经理带领刘欣、杨锐、王涛和李梅4位同学分析了几种目标市场模式,在陈老师的帮助下,确定了目标市场策略。

活动1 比较目标市场的模式

活动背景

在对广东如意食品有限公司进行市场细分后,刘欣等4位同学需要对不同的目标市场模式进行比较,选择适合公司实际情况的目标市场模式,于是吴经理和他们一起分析了不同目标市场模式的内涵和适应条件,几位同学听了之后恍然大悟。

活动实施

★议一议★　通过以下案例,思考什么是目标市场模式。企业在选择目标市场模式时,需考虑哪些因素?

华为技术有限公司手机业务部于2003年7月成立,2004年2月第一款手机面世,2009年2月,第一款Android智能手机亮相。2020年,华为手机在中国的出货量突破1.25亿部,遥遥领先于其他手机厂商。

华为最初与国内其他对手在产品上区别不大,大多集中在中低端领域,但是华为却有一股劲,持之以恒地向中端中高端市场进攻,并且通过P系列和Mate系列,成功打开中端市场和中高端市场,也与小米拉开了距离。华为手机通过P6进行中端市场突围,凭借超薄纤美的设计,华为的品牌美誉度大幅度提升,P6成功攻破了2 500元的中端价位。此后,华为P7发布,再次获得美誉,销售额比上一代大幅提升,达到700万台,成功巩固了中端阵地! mate7的上市,进行了中高端市场突围,成功攻破3 000元价位,上市之初,售价一度超过4 000元,全球销量突破700万部。

步骤1:结合案例材料,小组讨论华为手机不断推陈出新的原因。

步骤 2：根据案例内容，分析将市场划分为哪些子市场，华为公司分别用哪些产品满足这些市场的。

步骤 3：通过互联网信息搜索，小组合作分析华为手机的细分市场情况，填写表 4.2.1。

步骤 4：小组完成任务后，各小组派一名代表上台分享和展示讨论结果。

表 4.2.1

细分市场	代表产品	上市时间	市场表现
低端市场			
中端市场			
高端市场			

◻ 知识窗

　　企业通过对有关细分市场进行评估，会发现一个或几个值得进入的细分市场。这时，企业需要进行选择，即决定进入哪个或几个细分市场。一般情况下，有 5 种目标市场模式，包括产品—市场集中化、选择性专业化、产品专业化、市场专业化、完全市场覆盖。

　　（1）产品—市场集中化：企业集中力量只生产或经营一种产品，供应某一类市场。即企业只选取一个子市场（M1）为目标市场，然后集中人财物资源生产单一产品（P2）满足其需要。如图 4.2.1 所示。

　　（2）市场专业化：企业将其所有产品，供应给某一类顾客，不同产品的性能有较大区别。即企业面向某一子市场（M1），以多种产品（P1, P2, P3）满足其需要。如图 4.2.2 所示。

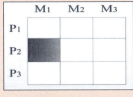

图 4.2.1

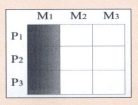

图 4.2.2

（3）产品专业化：企业选择几个细分市场，对其顾客同时提供某种产品。即企业面向多个子市场（M1，M2，M3）以一种产品（P1）满足其需求。如图 4.2.3 所示。

（4）选择性专业化：企业有选择地专门服务于几个不同的子市场的顾客群体，提供各种性能、生命力较强的同类产品尽力满足不同消费群体的各种需求。即企业选择若干个子市场（M3，M1，M2）为目标市场，并分别以不同的产品（P1，P2，P3）满足其需要。如图 4.2.4 所示。

（5）完全市场覆盖：企业为所有顾客群体供应其所需的各种产品。适用于实力强大的企业。如图 4.2.5 所示。

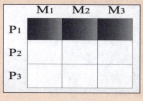
图 4.2.3

图 4.2.4

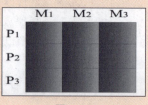
图 4.2.5

每一种目标市场模式都有其自身的特征，具体见表 4.2.2。

表 4.2.2

目标市场模式	特征	举例说明
产品—市场集中化	集中做市场的一部分	油漆涂料行业中，在陕西，木器漆以嘉宝莉、华润、卡丹为主要阵营，墙面漆以立邦、多乐士为主要阵营。品牌越来越集中，消费者选择的范围也越来越集中。
市场专业化	为某一类顾客提供各种产品	在洗发水领域，宝洁旗下拥有飘柔、海飞丝、潘婷、伊卡璐、威娜和沙宣等数个知名品牌，满足消费者不同的需求。
产品专业化	为各类顾客只提供一种产品	方太厨具有限公司深耕抽油烟机市场，推出"厨后""日后""近吸式""鼎后""靓风"5大系列数十款抽油烟机，获得外观及实用新型等国家专利数十项。
选择性专业化	有选择性地做几个市场	康师傅方便面根据不同地区推出不同口味的系列产品，针对西南地区推出"辣系列"的方便面。
完全市场覆盖	选择所有的细分市场	美的集团和海尔集团向全国乃至世界市场提供各类家电产品。

※ 活动小结 ※

通过本次活动，同学们学习了企业选择目标市场的三个条件；目标市场营销选择的 5 种模式：产品—市场集中化、选择性专业化、产品专业化、市场专业化、完全市场覆盖；分析了每种模式的具体内涵、特征，为制定目标市场选择策略奠定了基础。

活动 2　选择目标市场策略

活动背景

> 在学习了目标市场模式之后,刘欣等 4 位同学已经可以根据区域市场的实际情况进行目标市场模式的选择,但又一个问题出现了:针对目标市场应采用哪种营销策略呢? 陈老师就这个问题,与同学们一起分析了常见的目标市场策略。

活动实施

★议一议★　阅读下列材料,思考什么是目标市场策略,企业选择目标市场策略要考虑哪些因素。

某地区的泡泡糖市场多年来一直被"劳特"牌独占,其他公司如果要打入这个市场难度很大。J 糖业公司经过深入调查后,发现劳特产品也存在一些不足:第一,劳特把重点放在儿童市场上,未开发面向成人的泡泡糖产品;第二,劳特产品在口味上主要是果味型,基本没有满足其他香味型的市场需求;第三,劳特产品定价 11 元,顾客购买时需要多掏 1 元硬币,很不方便;第四,劳特产品在款式上一直是条板式样。这为 J 糖业公司进入市场提供了机会,该公司将市场定位于成人功能性泡泡糖市场。同时,又考虑到职业不同,开发了针对司机的泡泡糖,结合司机容易犯困的特点,特意在泡泡糖里加入高浓度天然牛黄和薄荷;开发了可以"清洁口腔,祛除口臭"的交际用泡泡糖;开发了有利消除疲劳和改善情绪的体育用泡泡糖,内含叶绿素和多种维生素;还开发了清神醒脑的学生用泡泡糖,售价 11 元整。产品一经上市,立马受到广泛欢迎,很快占领市场,并与劳特在竞争中平分秋色。

步骤 1:案例中 J 糖业公司的产品与"劳特"牌产品在目标市场选择上有哪些差异?

步骤 2:结合案例内容,分析 J 糖业公司选择目标市场考虑的主要因素。

步骤 3:总结 J 糖业公司泡泡糖广受欢迎的主要经验。

📖 知识窗

　　根据企业选择的细分市场的数目和范围,目标市场策略可分为无差异目标市场策略、差异性目标市场策略和集中性目标市场策略三种方式。企业究竟要采取哪一种策略,应综合考虑企业的资源或实力、产品的同质性、市场的同质性、产品所处生命周期的不同阶段、竞争者的市场营销策略、竞争者的数目等因素,见表 4.2.3。

表 4.2.3

目标市场策略	优点	缺点	适用对象	举例说明
无差异市场营销策略	大大降低产品设计成本、生产成本、经营成本	顾客的满意度低、适用范围有限	刚起步的企业(实力小);实力强大的企业(规模生产、渠道广泛)	一家规模小刚起步的方便面企业只生产"红烧牛肉面"

续表

目标市场策略	优点	缺点	适用对象	举例说明
差异性市场营销策略	充分满足目标市场需要、竞争力强、创造更高销售额	成本高、管理复杂	可以是资源有限的中小企业；也可以是能满足消费者各种需求的有实力的企业	伊利、蒙牛等乳品企业根据不同消费者生产出不同口味和功能的牛奶
集中性市场营销策略	高盈利、管理简单、对资源要求低	高风险	资源力量有限的中小企业或大企业进入新市场	在局部市场深耕或者聚焦主营业务做大做强

1. 无差异市场营销策略

无差异目标市场策略是指不考虑各个细分市场的差异性，将它们视为一个统一的整体市场，认为所有客户对产品有共同的需求。采用无差异目标市场策略无视各细分市场客户群体的特殊需求。在此情况下，营销人员可以设计单一营销组合直接面对整个市场，去迎合整个市场最大范围的客户需求，凭借大规模的广告宣传和促销，吸引尽可能多的客户。

无差异市场营销策略对于需求广泛、市场同质性高且能大量生产、大量销售的产品比较合适，如图 4.2.6 所示。

图 4.2.6

2. 差异性市场营销策略

差异性市场营销策略是将整体市场划分为若干细分市场，针对每一细分市场制定一套独立的营销方案。比如，服装生产企业针对不同性别、不同收入水平的消费者推出不同品牌、不同价格的产品，并采用不同的广告主题来宣传这些产品，就是采用的差异性营销策略。如图 4.2.7 所示。

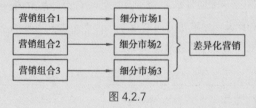

图 4.2.7

差异性营销策略的优点是：小批量、多品种，生产机动灵活、针对性强，使消费者需求更好地得到满足，由此促进产品销售。另外，多个细分市场一定程度上可以减少企业经营风险；一旦企业在几个细分市场上获得成功，则有助于提高企业的形象及市场占有率。

差异性营销策略的不足之处在于：一方面会增加营销成本。由于产品品种多，管理和存货成本将增加；由于公司必须针对不同的细分市场发展独立的营销计划，会增加企业在市场调研、促销和渠道管理等方面的营销成本。另一方面可能使企业的资源配置不能有效集中，顾此失彼，甚至在企业内部出现争夺资源的现象，难以形成竞争优势。

差异性营销策略主要包括产品差异化、服务差异化和形象差异化，如图 4.2.8 所示。

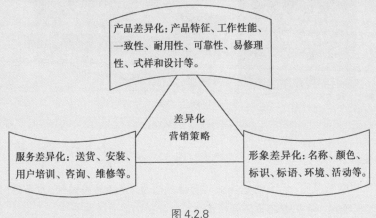

图 4.2.8

3. 集中性市场营销策略

企业集中力量进入一个或少数几个细分市场，实行专业化生产和销售。企业实行这一策略的目的不是追求在一个大市场角逐，而是力求在一个或几个子市场占有较大份额，如图 4.2.9 所示。

图 4.2.9

近年来，李宁着力于将中国传统文化元素融入到不同的产品中，并推出了不少令人惊艳的产品。李宁曾分别以"中国李宁"和"行"为主题登上巴黎时装周和纽约时装周，引发讨论热潮。时装周后上线的"悟道"等产品迅速售罄，"少不入川""长安少年"等主题产品更是展现了"国潮"的风采。在 2020 年 1 月的巴黎时装周上，李宁推出的"功夫系列"产品，与"德、仁、义、礼"的中国传统文化联系起来，成功实现了中国功夫与现代潮流的融合。以中国花卉为创作灵感的"怒放系列"产品，联合敦煌博物馆推出的"敦煌—拓"系列产品无不受到年轻消费者热捧，也将传统文化潮流演绎到了一个新的高度，如图 4.2.10 所示。敦煌被视为丝绸之路文化的切入点，赋予产品丰富的文化内涵，通过与敦煌博物馆的合作，让公众重温丝绸之路的繁荣文化，追溯丝绸之路的发展历史。此外，李宁与《国家宝藏》联手推出"君子"系列运动鞋，从花草意向的"梅、兰、竹、菊"中汲取设计灵感。将中华传统的水墨画笔触表现在鞋品上，以传统四君子高洁的品格，来体现中华民族的气节。李宁公司一直秉承"坚守品质、坚持原创、坚持科技投入、坚持产品创新"的原则，坚持做"中国李宁"，成为中国本土体育运动品牌的领头羊。

图 4.2.10

※ 活动小结 ※

企业具体采取哪种策略，需要考虑企业的资源或实力、产品的同质性、市场的同质性、产品所处生命周期的不同阶段、竞争者的市场营销策略、竞争者的数目等因素。

合作实训

实训任务：小组合作，选择某一行业的具体产品，分析其如何选择目标市场模式，并根据企业的实际情况，为企业选择合适的目标市场策略。

实训目的：能够根据企业实际，选择目标市场策略，提升分析能力，强化专业技能。

实训步骤：

（1）将同学们分成若干小组，每组 5~8 人，设组长一名。教师解析实训任务和具体要求，见表 4.2.4。

表 4.2.4

角色分工	主要任务
组长	协调小组成员，组织任务分工，督促过程实施
组员	在组长组织安排和协调下，按照分工开展工作
报告人	从组员中选拔，整理汇报资料，在课堂上汇报

（2）根据小组选择产品，在企业发展初期，请为之选择目标市场模式，完成表 4.2.5。

A. 手机　　B. 休闲食品　　C. 日化用品　　D. 饮料　　E. 西装

表 4.2.5

组别（小组名称）		选择的产品	
目标市场模式		选择的原因	

（3）认真思考小组选择产品的目标消费者，在企业发展初期，根据企业发展阶段和产品特点选择目标市场策略，完成表 4.2.6。

表 4.2.6

选择的目标市场策略		选择的原因	

（4）成果展示。每个小组派一名代表作为报告人，根据选择的产品对目标市场策略选择的结果向全班报告展示，同时要解释选择的过程和依据。

实训评价：请结合学习情况，根据评价指标，在表 4.2.7 中打分（5 表示很好；4 表示好；3 表示普通；2 表示还可以；1 表示待改进）。

表 4.2.7

评价指标	自我评价（打√）					组员评价（打√）					教师评价记录	教师打分	总分
	5	4	3	2	1	5	4	3	2	1			
团队合作行为													
纪律态度表现													
完成任务情况													
技能运用能力													

任务3 〉〉〉〉〉〉〉〉
确定市场定位

情境设计

通过对目标市场选择模式的分析以及目标市场策略的学习，刘欣、杨锐、王涛和李梅 4 位同学已可以对自己公司的目标市场模式和目标市场策略进行分析。但是如何将如意食品公司塑造得与众不同，并将其形象传递给消费者赢得认同，成了一个新的问题，在陈老师的指导和吴经理的协助下，这个问题最终得以解决。

任务分解

为了使自己的公司和其他公司区别开来，在消费者心目中占据一个与众不同的位置，陈老师让他们了解了市场定位及其重要性，分析了市场定位的方法，吴经理结合公司实际情况，带领同学们一起制定了市场定位策略。

活动 1　阐述市场定位的内涵

活动背景

> 经过前面的学习，刘欣等 4 位同学明白只有确定市场定位，才能将如意食品有限公司与其他同类公司区别开来。但是他们对什么是市场定位，为什么要市场定位有点困惑，经过陈老师的讲解，他们顿时豁然开朗。

活动实施

★议一议★　通过以下案例，思考什么是市场定位，企业为何要市场定位。

在唯品会成立之初，他们对标的是法国奢侈品闪购平台 Vente Prevee，为了获得这些奢侈品货源，唯品会创始人每次都亲自飞往欧洲负责采购。但在唯品会成立之初，由于当时网购用户对线上购买大额物品持谨慎甚至是抗拒的态度，唯品会一度每天只有几个订单。

看上去奢侈品更有品牌影响力，售卖奢侈品的唯品会想当然应该受到更多关注，但事实却是在唯品会将货品定位转向中国消费者更熟悉的轻奢、快时尚、高街等品牌后，唯品会才迎来了爆发式的增长。

成立 3 个月后，两位创始人果断转型，唯品会从此转向二、三线时尚品牌，既扩大了市场，又满足了大众消费人群的需求。以"品牌 + 折扣"为定位是一种特价销售模式，当消费者想在网上购买品牌类服装时，首选就是唯品会，如图 4.3.1 所示。

图 4.3.1

步骤 1：通过网络搜索相关资料，依据材料，了解唯品会的定位。

步骤 2：结合图 4.3.1 和案例内容，查阅并分析唯品会的核心竞争优势。

步骤 3：小组讨论后，各小组派一名代表上台，分享本组讨论的结果。

📖 知识窗

1. 市场定位概念

市场定位也称作"营销定位"，是市场营销工作者用以在目标市场（此处目标市场指该市场上的客户和潜在客户）的心目中塑造产品、品牌或组织的形象或个性的营销技术。企业根据竞争者现有产品在市场上所处的位置，针对消费者或用户对该产品某种特征或属性的重视程度，强有力地塑造出此企业产品与众不同的、给人印象鲜明的个性或形象，并把这种形象生动地传递给顾客，从而使该产品在市场上确定适当的位置。

2. 市场定位的作用

（1）企业制定市场营销组合策略的基础

企业市场营销组合受到企业市场定位的制约，营销策略为其产品形象服务，企业定位决定了企业要设计与其发展相适应的营销组合。

（2）增强产品针对性

如今人们购买和消费越来越注重个性化。企业可以对各细分市场中的消费需求和市场竞争状况加以对比，这样既可以根据对比结果了解和掌握各细分市场中服务对象的需求满意度，同时可以看出自身产品所具有的优势和劣势，这有利于企业采取正确的营销策略。

（3）增强企业产品在市场上的竞争力

任何企业都有自己的长处和短处、优势和劣势，在市场上盲目出击，极有可能导致营销失败。确定企业相对于竞争者的市场位置，企业要准确分析自己产品与竞争对手产品在成本及品质上的优势，以优势对劣势打击竞争产品占领市场，进而可以增强企业产品在市场上的竞争力。

（4）开拓新市场

现在产品的市场寿命越来越短，产品两年一升级四年一换代的现象屡见不鲜。真正的市场定位是在市场细分的基础上作出的。企业通过市场细分，可以掌握消费者的不同需求情况，从而发现未被满足或未被充分满足的市场。企业根据市场细分和企业自身优势确定自己的市场定位，开发新产品，开拓新市场。

3. 市场定位的内容

市场定位包括产品定位、企业定位、竞争定位和消费者定位等，如图 4.3.2 所示。

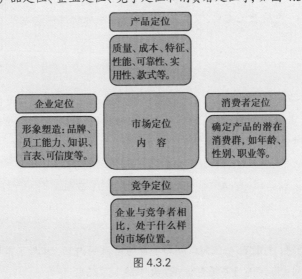

图 4.3.2

下面以中式快餐品牌定位分析为例，见表 4.3.1。

表 4.3.1

品牌名称	品牌定位	广告语	Logo	产品特色	精神价值	物质价值
真功夫	营养快餐	营养还是蒸的好	卡通版李小龙标志性动作	米饭	真功夫	营养健康
乡村基	快乐中餐	快乐的味道，就在乡村基	夸张的男女头像加英语缩写	鸡肉	快乐	美味
大娘水饺	中国水饺	水饺，中国的；大娘水饺，世界的	老太太头像	水饺		中国味道
包天下	中国快速餐饮领跑者	包打天下	"包"字的变形	包子	打天下，靠速度	美味大包
永和豆浆	豆浆制品专家	一杯豆浆知香浓	草帽卡通男孩	豆浆、油条		
吉祥馄饨	馄饨专家	轻松美味，简单生活	卡通馄饨男孩	馄饨	吉祥文化	美味

案例拓展

市场定位对企业的发展至关重要，"大宝"如何塑造年轻化品牌形象？一起扫码学习吧！

※ 活动小结 ※

市场定位包括产品定位、企业定位、竞争定位和消费者定位，其目的是使企业的产品和形象在目标顾客的心理上占据一个独特、有价值的位置。市场定位，有利于企业制定市场营销组合策略；能够增强产品针对性；有助于增强产品竞争力；有利于开拓新市场。

活动 2 熟悉市场定位方法

活动背景

通过陈老师的讲解，刘欣等 4 位同学明白了市场定位的内涵，掌握了市场定位的重要性。接下来，陈老师提问：如何进行市场定位呢？大家陷入了沉思。

活动实施

★议一议★　通过以下案例，思考拼多多是如何进行市场定位的。

2015 年 9 月，拼多多正式上线，2016 年 10 月 10 日，拼多多周年庆单日交易额突破 1 亿元。2019 年 9 月 7 日，中国商业联合会、中华全国商业信息中心发布 2018 年度中国零售百强名单，拼多多排名第 3 位。12 月，获 2019 年中国品牌强国盛典十大年度新锐品牌。如图 4.3.3 所示。2021 年 2 月，全国脱贫攻坚总结表彰大会在北京人民大会堂隆重举行，拼多多荣获"全国脱贫攻坚先进集体"荣誉称号。

图 4.3.3

拼多多的一个基本的市场逻辑是"价格优势"，用拼多多创始人黄峥的话来说就是"优惠"，以低价快速获得用户规模。

拼多多在市场策略上定位的客户群，主要是中国三、四、五、六、七、八线城市和农村的电子商务市场，成功地绕过了京东和阿里深耕多年的一、二线城市的主战场，将"小城市＋县城＋乡镇"作为重点市场。

社交电商的策略让拼多多非常容易打造"爆款"，拼多多描述自己的模式为 CTOB 拼团，用黄峥的话来说就是：拼多多的线上拼购模式就是复制线下的庙会、团购等消费场景。

拼多多之所以成功，是因为它瞄准的正是几乎被遗忘的价格敏感用户，也是京东、淘宝、唯品会不怎么重视的客群。

业内人士不难发现，拼多多的竞争对手似乎不是淘宝，而是街边店。能用、实惠已经能满足他们的需求。

就地域分布而言，拼多多的消费人群，大部分还是三、四线城市以及广大城镇用户。再以这群人的消费需求分析，这种错位竞争，为拼多多站稳市场拿到了通行证。

步骤 1：根据以上资料并查阅相关信息，了解拼多多的目标顾客群特点。

步骤 2：小组合作分析拼多多的核心竞争优势有哪些？

步骤 3：结合以上材料，讨论拼多多传递并巩固自身核心竞争优势的措施有哪些。

▣ 知识窗

1. 市场定位的步骤

市场定位的关键是企业要设法在自己的产品上找出比竞争者更具有竞争优势的特性。竞争优势一般有两种基本类型：一种是价格竞争优势，就是在同样的条件下比竞争者定出更低的价格；另一种是偏好竞争优势，即能提供确定的特色来满足顾客的特定偏好。企业市场定位过程可以通过以下 3 个步骤来完成，如图 4.3.4 所示。

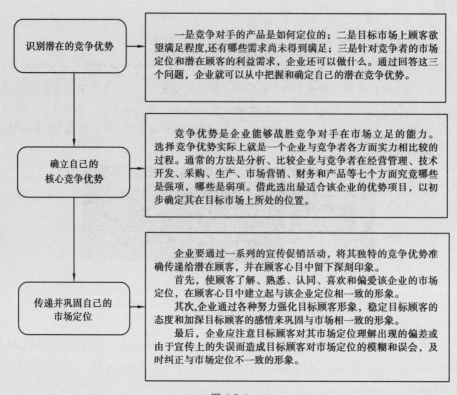

<table>
<tr><td>识别潜在的竞争优势</td><td>一是竞争对手的产品是如何定位的；二是目标市场上顾客欲望满足程度，还有哪些需求尚未得到满足；三是针对竞争者的市场定位和潜在顾客的利益需求，企业还可以做什么。通过回答这三个问题，企业就可以从中把握和确定自己的潜在竞争优势。</td></tr>
<tr><td>确立自己的核心竞争优势</td><td>竞争优势是企业能够战胜竞争对手在市场立足的能力。选择竞争优势实际上就是一个企业与竞争者各方面实力相比较的过程。通常的方法是分析、比较企业与竞争者在经营管理、技术开发、采购、生产、市场营销、财务和产品等七个方面究竟哪些是强项，哪些是弱项。借此选出最适合该企业的优势项目，以初步确定其在目标市场上所处的位置。</td></tr>
<tr><td>传递并巩固自己的市场定位</td><td>企业要通过一系列的宣传促销活动，将其独特的竞争优势准确传递给潜在顾客，并在顾客心目中留下深刻印象。
首先，使顾客了解、熟悉、认同、喜欢和偏爱该企业的市场定位，在顾客心目中建立起与该企业定位一致的形象。
其次，企业通过各种努力强化目标顾客形象，稳定目标顾客的态度和加深目标顾客的感情来巩固与市场一致的形象。
最后，企业应注意目标顾客对其市场定位理解出现的偏差或由于宣传上的失误而造成目标顾客对市场定位的模糊和误会，及时纠正与市场定位不一致的形象。</td></tr>
</table>

图 4.3.4

2. 市场定位的方法

（1）根据产品的特点定位

将构成产品内在特色的因素作为市场定位的依据。比如所含成分、材料、质量、价格等。例如，"七喜"汽水的定位是"非可乐"，强调它是不含咖啡因的饮料，与可乐类饮料不同。"泰宁诺"止痛药的定位是"非阿司匹林的止痛药"，显示药物成分与以往的止痛药有本质的差异。"相宜本草"化妆品，突出草本精华，定位中草药护肤。

"风花雪月之城"是大理的自然定位，"风花雪月"代表着大理最独特、最具价值的景观。世界其他的水城，都是靠海的，而中国丽江古城是在海拔 2 400 米高原上的水城，这是区别于世界其他城市的特性。这定位饱含着对祖国大好河山的热爱之情。

（2）根据特定的使用场合及用途定位

为老产品找到一种新的使用场景或者新用途的市场定位方法。比如小苏打曾一度被广泛地用作家庭的刷牙剂、除臭剂和烘焙配料。也有公司把它当作了调味汁和肉卤的配料，还有公司发现它可以作为冬季流行性感冒患者的饮料。再比如，曾有一家生产"曲奇饼干"的厂家最初将其产品定位为家庭休闲食品，后来又发现不少顾客购买是为了馈赠，又将之定位为礼品。

（3）根据顾客获得的利益定位

将产品提供给顾客的利益作为市场定位依据的方法。五谷道场（方便面）——非油炸，不上火；立白——去油不伤手；农夫山泉——大自然的搬运工。

　　（4）根据使用者类型定位

　　企业将其产品指向某一类特定的使用者，以便根据这些顾客的看法塑造恰当形象的一种市场定位方法。比如海米勒公司的"高生"啤酒原来定位于"啤酒中的香槟"，吸引了许多不常饮用啤酒的高收入女性。后来发现，占 30% 的狂饮者大约消费了啤酒销量的 80%，于是，该公司在广告中展示石油工人钻井成功后狂欢的镜头还有年轻人在沙滩上冲刺后开怀畅饮的镜头，塑造了一个"精力充沛的形象"。在广告中提出"有空就喝米勒"，从而成功地占领啤酒狂饮者市场达 10 年之久。

※ 活动小结 ※

　　企业市场定位过程可以分为三个步骤：识别潜在的竞争优势、确立自己的核心竞争优势、传递并巩固自己的市场定位。具体来说，可以根据产品的特点、使用场合及用途、顾客获得的利益、使用者类型等方面对企业进行有效定位。

活动 3　制定市场定位战略

活动背景

　　通过案例分析并经过陈老师的讲解与引导，刘欣等 4 位同学已经掌握了市场定位的程序和方法，接下来就要解决一个更加重要的问题：企业应该制定什么样的市场定位战略，从而让企业参与市场竞争，并在竞争中取得优势地位？同学们一下子对这个问题表现出浓厚的兴趣。

活动实施

　　★议一议★　通过以下案例，思考王老吉是靠什么市场定位战略来进行竞争的。

　　2002 年以前，从表面看，红色罐装王老吉（以下简称"红罐王老吉"）是一个活得很不错的品牌，在广东、浙南地区销量稳定，盈利状况良好，有比较固定的消费群，红罐王老吉饮料的销售业绩连续几年维持在 1 亿多元。发展到这个规模后，加多宝的管理层发现，要把企业做大，要走向全国，就必须克服一连串的难题。

　　现实难题表现一：广东、浙南消费者对红罐王老吉认知混乱。

　　在广东，传统凉茶（如颗粒冲剂、自家煲制、凉茶铺煲制等）因下火功效显著，消费者普遍当成"药"服用，无需也不能经常饮用。而"王老吉"就是凉茶的代称，说起凉茶就想到王老吉，说起王老吉就想到凉茶。

　　在广东区域，红罐王老吉拥有凉茶始祖王老吉的品牌，却长着一副饮料的面孔，让消费者觉得"它既像是凉茶，又像饮料"，认知陷入混乱。而在浙南地区（主要是温州、台州、丽水三地），消费者将"红罐王老吉"与康师傅茶、旺仔牛奶等饮料相提并论，没有不适合长期饮用的禁忌。

　　现实难题表现二：红罐王老吉无法走出广东、浙南。

在两广以外，人们并没有凉茶的概念，甚至在调查中频频出现"凉茶就是凉白开""我们不喝凉的茶水，我们经常泡热茶"这些看法。内地消费者"降火"的需求大多是通过服用牛黄解毒片之类的药物来解决。

现实难题表现三：推广概念模糊。

如果用"凉茶"概念来推广，加多宝公司担心其销量会受到限制，但作为"饮料"推广又没有找到合适的区隔，因此，在广告宣传上不得不模棱两可。

红罐王老吉在初始上市的7年中，其品牌从未经过系统、严谨的定位，企业都无法回答红罐王老吉究竟是什么，消费者完全不清楚为什么要买它——这是红罐王老吉缺乏品牌定位所致。经一轮深入沟通后，加多宝公司委托成美广告公司先对红罐王老吉进行重新定位。

在研究中发现，广东的消费者饮用红罐王老吉主要在烧烤、登山等场合。其原因不外乎"吃烧烤容易上火，喝一罐先预防一下""可能会上火，但这时候没有必要吃牛黄解毒片"。

而在浙南，饮用场合主要集中在"外出就餐、聚会、家庭"，他们对红罐王老吉的评价是"不会上火""健康，小孩老人都能喝，不会引起上火"。

中国几千年的中医概念"清热祛火"在全国广为普及，"上火"的概念也在各地深入人心，这就使红罐王老吉轻松突破了凉茶概念的地域局限。

其次，成美广告公司为红罐王老吉确定的推广主题"怕上火，喝王老吉"，在传播上尽量凸现红罐王老吉作为饮料的特质。

为更好地唤起消费者的需求，电视广告选用了消费者认为日常生活中最易上火的五个场景：吃火锅、通宵看球、吃油炸薯条、烧烤和夏日阳光浴，画面中人们在开心享受上述活动的同时，纷纷畅饮红罐王老吉。结合时尚、动感十足的广告歌反复吟唱"不用害怕什么，尽情享受生活，怕上火，喝王老吉"，促使消费者在吃火锅、烧烤时，自然联想到红罐王老吉，从而促成购买。红罐王老吉成功的品牌定位和传播，给这个有175年历史、带有浓厚岭南特色的产品带来了巨大的效益，取得了巨大成功。

步骤1：结合材料，小组合作探究，总结王老吉相对于传统凉茶，有哪些潜在竞争优势。

步骤2：根据案例内容，分析王老吉是如何进行市场定位的。

步骤3：通过互联网查阅相关信息，结合以上分析，归纳王老吉市场定位战略取得成功的原因。

步骤4：小组讨论后，各小组派一名代表上台分享讨论结果。

知识窗

1. 对立定位战略

企业采取与细分市场上最强大的竞争对手同样的定位，也就是企业把产品或服务定位在与竞争者相似或相同的位置上，同竞争者争夺同一细分市场。当企业能够提供比竞争对手更令顾客满意的产品或服务、比竞争对手更具有竞争实力时，可以实行这种定位战略。如百事可乐与可口可乐的竞争，肯德基与麦当劳的竞争，就是直接对抗定位的例证。蒙牛乳业的第一块广告牌上写着"做内蒙古第二品牌"；在冰激凌的包装上，蒙牛打出了"为民族工业争气，向伊利学习"的字样。

2. 避强定位战略

企业把自己的市场位置定位在竞争者没有注意和占领的市场位置上的策略。当企业对竞争者的市场位置、消费者的实际需求和自己经营的商品属性进行评价分析后，如果发现企业所面临的目标市场存在一定的市场缝隙和空间，而且自身所经营的商品又难以正面抗衡，这时企业应该把自己的位置定在目标市场的空当位置，与竞争者成鼎足之势。

瑞幸咖啡为目标客户解决"价格和便利"之后，把自己定位成"商业咖啡、互联网咖啡"。瑞幸咖啡是用互联网的思维和速度来做咖啡，是以用户或顾客增长盈利模型，先圈占用户到一定规模，然后在海量用户基础上，用规模优势或商业模式创新来实现盈利。瑞幸互联网咖啡的定位是指用数据、物流、社交方式和 App 去实现用户的咖啡需求，这是它独特的品牌差异化的体现。

3. 独特定位战略

企业意识到很难与同行业竞争对手相抗衡从而获得绝对优势定位，也没有填补市场空白的机会或能力时，可根据自己的条件，通过营销创新，在目标市场上树立起一种明显区别于其他竞争对手的新产品或新服务；突出宣传自己与众不同的特色，在某些有价值的产品属性上取得领先地位。为区别矿泉水和纯净水，农夫山泉将自己定位为"天然水"，加上出色的广告和公关，一跃成为包装饮用水巨头。如图 4.3.5 所示。

图 4.3.5

4. 重新定位战略

企业通过努力发现最初选择的定位战略不科学、不合理，营销效果不明显，继续实施下去很难成功获得强势市场定位时，可及时采取更换品牌、更换包装、改变广告诉求策略等一系列重新定位的方法。长城汽车以皮卡汽车起家，为了进一步扩大市场份额，斥巨资进军轿车市场，不料市场反应平淡，销量和利润下滑。后来重新定位，聚焦 SUV 市场，利润和销量大大提高。2020 年，哈弗品牌销量超过 75 万辆，连续 11 年夺得 SUV 销量第一。

案例分享

荷田水铺的精准定位

"荷田水铺"成立于 2020 年 10 月，以其"养生茶饮"精准品牌战略和产品定位得到了业界的关注。2020 年底，该品牌在青岛开出第一家门店，外卖首月销量达 3 000 余单。目前已经在青岛、上海、重庆、浙江、克拉玛依开出 10 家门店。如图 4.3.6 所示。

图 4.3.6

茶饮行业近年来发展十分迅速。从最开始街边小铺"热水勾兑奶茶粉"的 1.0 时代，到方便快捷即冲奶茶的 2.0 时代，再到比拼颜值现萃茶饮的 3.0 时代，消费升级和用户迭代，对茶饮的品牌和品质不断提出新挑战。"荷田水铺"主张使用天然食材，不添加防腐剂、香精、色素，配合分段熬制、分段过滤等工艺来保障产品的稳定性。意在打造集健康、口感、颜值、体验于一身的 4.0 时代新茶饮。

"2020 新健康消费趋势报告"显示，90 后、95 后是健康消费的主力军。"荷田水铺"精准定位 Z 时代用户群对国潮的热爱，推崇"保温杯里泡枸杞"的即时养生。

针对年轻人的职场痛点，"荷田水铺"以"药食同源，即时养生"为品牌理念，将中式美学与中医养生文化融合，打造出既具滋补功效，又符合现代年轻人生活方式的国潮养生饮品，收获了一大批"荷粉"。

目前，该品牌推出了云水茶心、国风甜点、广式糖水、荷田鲜炖、玻尿酸等系列，同时还推出每日鲜炖的"桂花桃胶雪燕"和专门为"躺瘦"的减肥人士推出的"羽衣排毒水"等养生饮品。

但"养生"、"中医"在中国人心中有着固有印象，诸如人参、枸杞、胎菊、荷叶、苦荞、莲子等口味寡淡甚至"药味十足"的材料，真的能做出好喝的饮品吗？对此，"荷田水铺"创始团队表示，追求自然之味并不代表忽略口感。他们并非一味强调功效，而是会配合产品的定位，加入柠檬、雪梨、雪燕、桃胶、玫瑰、洛神花等不同口味的草本食材来改善饮品的适口性。

※ 活动小结 ※

通过学习，知道市场定位战略包括对立定位战略、竞争定位战略、领先定位战略、重新定位战略。同时，要清楚企业的市场定位不是一劳永逸的，需要随着目标市场竞争者状况和企业内部条件的变化而做出相应调整。

合作实训

实训任务：每个小组根据上一个实训任务的目标市场选择情况，结合产品的特点，进行有效分析并对其精准定位。

实训目的：提升分析和解决问题能力，强化市场定位策略的运用技能。

实训步骤：

(1)将同学们分成若干小组，每组 5~8 人，设组长一名。教师解析实训任务和具体要求，完成表 4.3.2。

表 4.3.2

角色分工	主要任务
组长	协调小组成员，组织任务分工，督促过程实施
组员	在组长组织安排和协调下，按照分工开展工作
报告人	从组员中选拔，整理汇报资料，在课堂上汇报

(2)根据小组选择产品，完成表 4.3.3 的内容。

A.手机　　B.休闲食品　　C.日化用品　　D.饮料　　E.西装

表 4.3.3

组别（小组名称）		选择的产品	
产品的竞争优势			
产品的核心竞争优势			
选择市场定位方法及原因			
选择的市场定位战略及选择的原因			

(3)成果展示。每个小组派一名代表作为报告人，对市场定位战略选择的结果进行汇报展示，同时要解释选择的过程和依据。

实训评价：

请结合学习情况，根据评价指标，在表 4.3.4 中打分(5 表示很好；4 表示好；3 表示普通；2 表示还可以；1 表示待改进)。

表 4.3.4

评价指标	自我评价（打√）					组员评价（打√）					教师评价记录	教师打分	总分
	5	4	3	2	1	5	4	3	2	1			
团队合作行为													
纪律态度表现													
完成任务情况													
技能运用能力													

项目小结

合理运用 STP 策略，是企业接下来制定营销战略的首要内容和出发点。通过本项目的学习，充分了解市场细分的作用，掌握市场细分的标准和原则，为目标市场的选择和市场定位奠定良好的基础。学会了无差异、差异性和集中性3种目标市场策略,同时,掌握了对立定位、竞争定位、领先定位、重新定位4种定位战略。

项目检测

1.**单项选择题**(每题只有一个正确答案,请将正确的答案填在括号中)

(1)把整体市场细分为不同的市场,要以( )为基础。

    A.需求的同类性　　B.需求的相关性　　C.需求的异质性　　D.需求的类比性

(2)消费者市场的细分变量主要有地理变量、人口变量、消费者和行为变量等四类。其中,使用者情况属于( )。

    A.行为变量　　　　B.人口变量　　　　C.心理变量　　　　D.地理变量

(3)将市场划分为城镇市场和农村市场,其划分标准是( )。

    A.人口因素　　　　B.地理环境　　　　C.心理因素　　　　D.购买行为

(4)公司一般都会对客户进行分类,制定不同的营销策略。将客户分为大客户、中客户、小客户是依据( )划分的。

    A.用户规模大小　　　　　　　　B.用户需求的差异

    C.购买量多少　　　　　　　　　D.购买行为不同

(5)某显微镜公司向大学实验室、政府实验室和工商企业实训室销售显微镜的情况属于( )。

    A.产品—市场集中化　　　　　　B.选择性专业化

    C.产品专业化　　　　　　　　　D.市场专业化

(6)某公司为大学实验室提供一系列产品,如试管、烧杯、蒸发皿、坩埚、酒精灯、布氏漏斗、洗气瓶、干燥管、托盘天平等,体现了( )。

    A.产品—市场集中化　　　　　　B.选择性专业化

    C.产品专业化　　　　　　　　　D.市场专业化

(7)企业用一种产品满足所有市场需求,这种目标市场策略属于( )。

    A.无差异市场营销策略　　　　　B.差异市场营销策略

    C.集中性市场营销策略　　　　　D.整体市场营销策略

(8)某企业市场细分之后,决定占领其中几个细分市场,并希望在每个细分市场中获得较高销售额,该公司采取的目标市场策略为( )。

    A.无差异市场营销策略　　　　　B.差异市场营销策略

    C.集中性市场营销策略　　　　　D.一对一市场营销策略

(9)企业为了使自己生产或销售的产品获得稳定的销路,要从各个方面为产品培养一定的特色,树立一定的市场形象,以求在顾客心目中形成一种特殊的偏好。这就是( )。

    A.市场细分　　　B.营销组合　　　C.目标市场选择　　　D.市场定位

(10)市场定位是( )在细分市场的位置。

    A.塑造一家企业　　B.塑造一种产品　　C.确定目标市场　　D.分析竞争对手

(11)企业在市场定位过程中( )。

    A.要了解竞争产品的市场定位

  B. 要研究目标顾客对该产品各种属性的重视程度

  C. 要选定本企业产品的特色和独特形象

  D. 要避开竞争者的市场定位

 2. **多项选择题**(每题有两个或两个以上的正确答案,请将正确的答案填在括号中)

 (1)市场细分的主要依据包括(　　　)。

  A. 顾客需求的差异性 B. 顾客需求的相似性 C. 企业资源的有限性

  D. 顾客需求的有限性 E. 企业资源的差异性

 (2)消费者市场细分的标准主要是(　　　)。

  A. 地理变量   B. 人口变量   C. 消费者变量

  D. 行为变量   E. 经济变量

 (3)市场细分的原则主要有(　　　)。

  A. 可衡量性   B. 可盈利性   C. 可进入性

  D. 可区分性   E. 稳定性

 (4)L 企业在考虑生产一种专门将司机作为消费者的薄荷糖,需要考虑的因素主要包括(　　　)。

  A. 司机人数的多少

  B. 这一业务对公司的吸引力

  C. 是否符合 L 企业的发展目标

  D. 能否发挥 L 企业的资源优势,有能力进入

  E. L 企业规模的大小

 (5)L 企业可以选择的市场模式主要有(　　　)。

  A. 产品—市场集中化 B. 选择性专业化 C. 产品专业化

  D. 市场专业化   E. 完全市场覆盖

 (6)市场定位战略主要有(　　　)。

  A. 对立定位战略 B. 避强定位战略 C. 独特定位战略

  D. 领先定位战略 E. 重新定位战略

 3. **判断题**(正确的画"√",错误的画"×")

 (1)全国各地都是我们的市场,所有人都是我们的潜在用户。   (　　　)

 (2)产品的市场定位是企业在选定的目标市场上,按照消费者的评价和竞争对手的情况,把企业放入市场的适当位置。   (　　　)

 (3)目标市场营销是市场细分的基础。   (　　　)

 (4)避强定位策略要求企业必须具有与竞争对手不相上下的竞争能力。 (　　　)

 (5)集中性市场营销策略是对某一个或少数几个细分市场进行针对性生产与销售。

                 (　　　)

 4. **简述题**

 (1)企业一般可以选择哪些目标市场模式?

 (2)市场定位的方法有哪些?

项目5
制定营销组合策略

【项目综述】

经过这段时间的磨合与学习，这个青涩的营销团队已经成熟了不少。刘欣、杨锐、王涛和李梅4位同学终于通过了试用期，成为公司的正式员工，薪水和福利均日渐改善。最近，吴经理接到公司的新产品开发项目，为了让刘欣等4位新员工更快成长，决定让他们共同参与这个项目。刘欣他们都很珍惜这次历练的机会，他们将和公司里的资深前辈一起制定营销组合策略。

在吴经理的带领下，通过开发满足需求的产品，制定合理的定价，然后构建渠道打通销路，最后整合沟通，运用各种促销手段刺激销售，从而抢占新市场，形成企业的又一个业务增长点。

【项目目标】

通过本项目的学习，应达到的具体目标如下：

知识目标

◇熟悉产品的整体概念及产品组合

◇掌握产品生命周期和品牌的内容

◇了解常用的定价方法

◇认识分销渠道的管理与维护

◇理解促销的概念和各种促销方式

能力目标

◇根据产品生命周期的不同阶段制定营销策略

◇学会选择合适的定价策略

◇根据不同商品特点选择合适的分销渠道

◇运用促销组合制定促销方案

素养目标

　◇培养自主探究精神

　◇提高人际沟通能力

　◇感知"互联网+"时代的变革

　◇增强公平竞争意识

　◇树立用发展的眼光看问题的意识

【项目知识点导图】

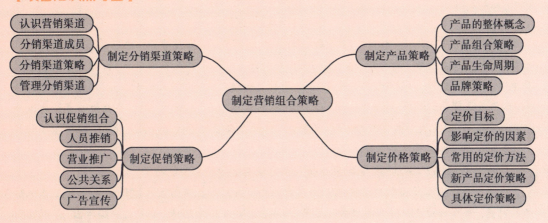

任务1 〉〉〉〉〉〉〉
制定产品策略——满足需求

情境设计

　　刘欣、杨锐、王涛和李梅4人组成的营销团队参与到吴经理的新产品项目中,感到前所未有的压力,他们虚心向公司里的资深前辈学习。了解到公司有一款乳饮料产品销量不是很好,这一次开发的新产品就是要替代这款乳饮料,抢占一定的市场份额。他们所面临的问题是,如何确定产品组合结构、产品在品牌建立上采取什么样的策略。

任务分解

　　为了配合新产品项目开发的进程,刘欣、杨锐、王涛和李梅4人开始分头行动,他们从了解产品的整体概念入手,熟悉公司产品组合的情况,进而参与产品组合的优化,并与公司前辈们一起商讨合理的产品组合策略。

活动1 理解产品的整体概念和产品组合

活动背景

在一次商讨新项目相关事宜的会议中，刘欣分享了"洽洽的年轻化道路"案例，与大家一起学习了什么是产品，产品的层次，产品组合的要素和产品组合决策。

活动实施

★议一议★ 阅读以下案例，体会洽洽的年轻化道路。

洽洽的年轻化道路

洽洽瓜子，对于很多"80后""90后"来说，一定不陌生。那经典的红色包装，曾频繁出现在旅途中、餐桌上，承载了众人许多记忆。2020年的疫情，洽洽更是在海外走俏，成了家庭囤货必备单品，一时间各国人民都嗑起了中国瓜子。某社交平台上的一位美国小哥表示，自己驾车去超市采购时，最渴望买到的就是洽洽瓜子。洽洽专注耕耘"炒瓜子"20年，现已成长为一家业务遍布全球，营收超50亿元，集生产、制造、销售于一体的大型食品企业。在此过程中，创新和年轻化产品策略起到了非常重要的作用。

洽洽的年轻化产品策略主要是通过口味和包装两个方面来实现的。

首先，对传统瓜子进行口味创新。2015年年底，当大家在市面上只能找到原味和五香味瓜子的时候，洽洽推出了两种全新口味的瓜子——山核桃味和焦糖味。新产品一经推出，便迅速俘获了消费者的味蕾，带来了销量的持续增长。

此后洽洽乘胜追击，大胆突破，陆续推出海盐味、藤椒味、番茄味、蜂蜜黄油味、咖啡味等年轻人喜爱的新口味。季节限定的樱花白桃味更被消费者追捧为瓜子界的"小清新"，顺利挤进春季气氛组。事实上，在零食市场，即便总量见顶，通过口味创新，往往也能挖掘出巨大的商机。

据2021年4月公布的财报显示，"炒瓜子"是洽洽的营收主力。2020年，该项业务实现营收37.25亿元，同比增长12.8%，占整体营收的70.43%。

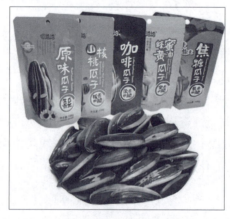

图 5.1.1

其次，是新品类的延展，2017年，洽洽推出每日坚果。与处于成熟阶段、规模见顶的瓜子品类不同,坚果还处于发展初期,属规模不断增长的成长型品类,它对洽洽食品营业额的贡献,也逐年大幅提升。

在坚果的基础上,洽洽又研发了"坚果+益生菌""坚果+燕麦片",为消费者提供了更多的选择。同时,洽洽在产品包装上做了改变,规格变小,方便携带。

在跨界合作方面,洽洽食品也敢于玩出花样,一方面联合丸美推出"瓜子脸"面膜,一方面联合 Rico 推出 1 秒售罄 1 万份的坚果盲盒,随后又与青岛啤酒合作推出"上头了瓜子",甚至与飞跃联名推出定制款单品,这一系列活动迅速拉近了与年轻人的距离。如图 5.1.2 所示。

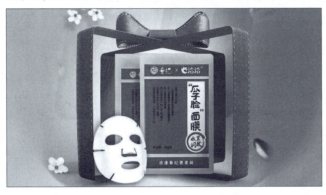

图 5.1.2

产品策略的成功和业绩的回暖,也让洽洽的估值逻辑发生了根本性的改变,即从增长乏力的保守型消费股,变成了具备创新能力的成长型消费股。

步骤 1:阅读案例后在小组内分享一下,你所购买过的洽洽产品有哪些?给你印象最深刻的是哪一款?为什么?

步骤 2:根据案例的表述,小组合作讨论洽洽具体从哪些方面着手实现年轻化产品策略。

步骤 3:结合案例,假设你是洽洽的品牌总监,你还会采取哪些策略来争取消费者的心?

步骤 4:小组讨论结束后,各小组派代表上台分享讨论结果。

🔲 知识窗

1. 产品的整体概念

产品是指能够通过交换,满足消费者或用户某种需求和欲望的有形物品和无形服务的总和。有形物品是指具有某种物质形态和用途的生产物,它可以满足消费者对产品使用价值的需要,如食品、服装、家具、汽车等。无形服务包括可以给消费者带来附加利益、心理满足感与信任感的保证、服务、形象和声誉,如旅游、教育、美容美发等,也是产品的一个组成部分。

具体来说,产品整体概念包括核心产品、形式产品、期望产品、附加产品和潜在产品 5 个层次,如图 5.1.3 所示。

(1)核心产品

所谓核心产品,是指产品为消费者提供的基本效用和利益,即消费者真正购买或使用该产品的原因。它的功能是帮助使用者解决最基本的问题。例如,人们购买食品是为了充饥等。

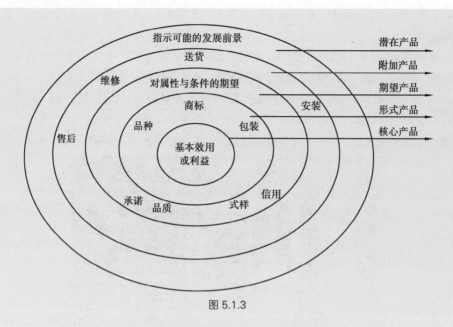

图 5.1.3

（2）形式产品

消费者购买的产品必须具有一定的具体形式，即产品功能的承载，称为形式产品。形式产品是消费者能够看到的产品层次，包括包装、品质、式样、特征和品牌等。例如，消费者购买格力品牌 2 匹挂壁式银色空调，格力、2 匹、挂壁式、银色就是空调的形式。

（3）期望产品

期望产品是指购买者购买某种产品通常所希望和默认的一组产品属性及条件。一般情况下，顾客在购买某种产品时，往往会根据以往的消费经验和企业的营销宣传，对所购买的产品形成一种期望。例如，消费者入住五星级酒店就是期待有亲善的态度、优质的服务、卫生洁净的环境等。

（4）附加产品

附加产品又称产品的附加利益，它是指产品在销售和使用过程中，企业向消费者提供的实体商品之外的更多的服务和利益等。例如，家电公司提供的免费安装与维修服务等。

（5）潜在产品

潜在产品是指现有产品在未来的可能演变趋势和前景。许多企业通过对现有产品的附加和扩展来不断提供潜在产品，所给予顾客的就不仅是满意，还可以是顾客在获得这些新功能的时候感到的喜悦，从而更好地满足顾客的需要。

格力集团董事长董明珠说："'工匠精神'将引领中国制造浴火重生。"走进格力工厂，有专门的检测流程，入厂检验只是核心零部件检测的第一步。为了保证零件质量，可靠性实验也是必不可少的，而且一般都是保密的。比如一个小螺丝钉也要经过严苛的盐雾检测，这些都体现了格力对产品细节的极致把控。格力对零部件的高标准，让很多供应商知难而退。不合格的货物不允许进厂，供应商还要接受质量考核，如果问题比较严重，所有的货物必须停用甚至取消供应商资格。在格力，每一位员工、每一台产品都要求精益求精，这就是工匠精神。工匠精神，是一门手艺，是一种品质，是一份专注，更是一种态度。

2. 产品组合要素

产品组合是一个企业生产经营的全部产品的构成，以及它们之间的比例关系，包括所有的产品线和产品项目。两个要素：产品线也称为产品系列，是具有相同的使用功能，而规格型号不同的一组类似的产品项目，即产品线是由若干个产品项目组成的。产品项目是指产品中不同型号、不同规格、不同款式外观的具体产品。

另外，产品组合有一定的宽度、长度、深度以及关联度，这些概念可借助表 5.1.1 来理解。

（1）产品组合宽度

这是指一个企业经营产品大类的多少，即拥有产品线的多少。如表 5.1.1 所示，是统一集团食品系列的部分产品，共速食面、饮品、面包和肉品 4 条产品线，即产品组合的宽度为 4。

（2）产品组合长度

这是指企业内不同产品项目的总数，也可指产品线的长度。如表 5.1.1 所示，即速食面的产品线长度是 2，饮品的产品线长度是 7，面包的产品线长度是 3，肉品的产品线长度是 3，因此把所有产品项目相加，得出统一集团食品系列产品组合长度为 15。

（3）产品组合深度

这是指产品线中每一种产品所提供的花色、式样、口味和规格的数量。假设"来一桶"有 8 种口味，每种口味有 120 g 和 160 g 的 2 种规格，那么"来一桶"的深度就是所有口味和规格的总和，即 16。

（4）产品组合关联度

这是指各产品线之间在最终用途、生产条件、分销渠道或其他方面相关联的程度。例如：表 5.1.1 中速食面、饮品、面包和肉品之间的关联度比较强，如果与家居系列或者服装系列，那么关联度不大。

表 5.1.1

	产品线宽度			
	速食面	饮品	面包	肉品
产品线深度	统一 100	冰红茶	汤种吐司	满汉肉松
	来一桶	鲜橙多	菠萝包	奔跑的小猪
		奶茶	果子面包	那街那巷
		雅哈咖啡		
		阳光		
		儿童成长牛奶		
		矿泉水		

3. 产品组合策略

（1）扩大产品组合策略

①拓展产品组合的宽度。在企业原产品组合中增加一条或几条产品线，扩大产品经营范围，甚至跨行业经营，实行多元化经营。如由于国内乳业竞争加剧和成本激增，一些乳品企业转向

了利润高、增速快和市场潜力大的冰淇淋市场，如图 5.1.4 所示，蒙牛针对冰淇淋市场推出多种口味的大果粒酸奶杯系列。

②增加产品组合的深度。增加单条或多条产品线的产品项目，即增加产品的花色、品种、规格等。例如：伊利优酸乳在 2021 年推出"春樱季限定款"，分为青梅和樱花两种口味。如图 5.1.5 所示。

图 5.1.4

图 5.1.5

③增加产品组合的相关度。使得各条产品线在最终用途、生产条件、分销渠道等各方面密切关联。关联度的增加有利于企业的经营管理，可以提高企业在某一地区、某一行业的声誉，易取得好的经济效益。例如，海尔集团的产品线不多，但是产品线之间的相关度较大，都是家用电器，例如冰箱、风扇、抽油烟机、洗衣机等，如图 5.1.6 所示。这进一步巩固了海尔集团在电器行业的地位。

图 5.1.6

（2）缩减产品组合策略

缩减产品组合策略即剔除获利小的或者亏损的产品线及产品项目，集中有限的资源发展具有优势的产品。在市场不景气、原料或能源供应紧张、更强大的对手进入企业的某一细分市场时，企业往往缩减产品组合。2020 年在新冠肺炎疫情的影响下，各行各业都遭受不同程度的冲击，其中尤为严重的是餐饮行业。因此，在不提倡聚会和大量人流移动的前提下，响应国家复工复产的号召，餐饮巨头西贝莜面也迅速做出调整产品组合策略，缩减因外卖形式影响口感的菜品，集中人力物力优化适合送外卖的菜品，同时加大力度发展西北农产品的线上销售。

（3）产品线延伸策略

每一企业的产品都有其特定的市场定位，高中低档各有不同。产品线延伸策略是指全部或部分地改变原有产品的市场定位,增加新的产品项目,扩大生产经营范围。一般包括向上延伸、向下延伸和双向延伸三种策略。

①向上延伸。指原定位于低档产品市场的企业,在原有的产品线内增加高档产品项目。例如,海天味业除了有畅销产品,如味极鲜酱油、金标生抽和草菇老抽外,还陆续推出特级系列和有机系列酱油,抢占高端酱油市场,如图 5.1.7 所示。

图 5.1.7

②向下延伸。指原定位于较高档产品市场的企业,在原有的产品线内增加较低档产品的项目。例如,宝马近年来也相继推出大众低端车型 X1、X2 系列等。

③双向延伸。指原定位于中档产品市场的企业在掌握了市场优势之后,决定向产品线的上下两个方向延伸,一方面增加高档产品,另一方面增加低档产品,扩大市场阵容。这种决策在一定条件下有助于加强企业的市场地位。例如,丰田公司的卡罗拉车型,一直占据家用中档车型市场销售份额首位,随着市场多元化及客户需求的发展,向下为初级客户推出实用家居车型雷凌,向上推出高档商务车型皇冠,运动车型锐志,同时进一步推出面向更高端客户豪华子品牌雷克萨斯。

(4)产品线创新策略

产品线创新是强调把现代创新科学技术应用于生产经营过程中,并不断地改进产品线,使之符合现代消费者需求的发展潮流。当产品线的生产方式、技术和产品功能等将要过时的时候,就必须更新产品线。例如,华为技术有限公司是一家生产销售电信设备的民营科技公司,通过科学技术的创新与运用,从开始只提供交换、传输、无线和数据通信类电信产品的公司发展成目前全球 ICT 基础建设的领头羊,全球率先推出 5G 系列等高科技的巨擘。

※ 活动小结 ※

通过本次活动,了解到产品的整体概念有五个层次,即核心产品、形式产品、期望产品、附加产品、潜在产品;在产品组合策略中,根据产品的宽度、深度和产品的相关度,可构成不同的产品组合策略,其中产品线组合策略是产品组合策略的基础和主要组成部分。

活动2 确定产品生命周期营销策略

活动背景

> 刘欣、杨锐、王涛和李梅4人入职公司已经有一段时间了，他们也对公司的产品有了一定的了解，但是杨锐提出了疑问，同是公司的饮料产品，为什么每款饮料的宣传方式和力度都不一样，甚至公司对每种产品的投入也很不一样？为了解开疑惑，他们想借助互联网寻找答案，"娃哈哈的产品史"这则案例引发了他们对产品生命周期的思考。

活动实施

★议一议★　阅读案例后，思考什么是产品生命周期。

杭州娃哈哈集团有限公司创建于1987年，自成立以来，娃哈哈推出了上千款产品，被业界戏称为"食品行业的实验室"。这些产品中，有的获得了巨大的成功，成为改写饮料行业生态的里程碑式产品，有的则昙花一现，以失败而告终。

在1995年之前，娃哈哈一直处于企业的初创期，儿童营养液是娃哈哈赖以发展的基础性产品，盛行于滋补产品需求旺盛的20世纪80年代末期。其广告语"喝了娃哈哈，吃饭就是香"通过央视的传播深入人心，于1988年创下超过一亿元的销售额，使娃哈哈集团挖到第一桶金，为日后的发展奠定了基础。1993年以后，该产品销售势头伴随保健品第一波浪潮的衰退而日渐式微。娃哈哈创始人宗庆后意识到该产品的生命周期很短，因此后期对该产品的推广力度减小，并着力开发其他产品。

从1996年开始，是娃哈哈集团的成长期，企业销售额和利润不断增长，积累了足够的饮料产品经营经验。这期间，娃哈哈推出了不少产品，例如AD钙奶、瓶装水、茶饮料、果汁饮料、非常可乐等。AD钙奶刚面市时，与乐百氏钙奶正面交锋，经过一番激烈比拼，最终乐百氏败阵，钙奶行业从此由娃哈哈一统江湖，往后娃哈哈并未停下扩张的步伐并陆续推出乳娃娃爽歪歪等产品。目前，AD钙奶仍然是娃哈哈的主要产品之一。

2005年开始，娃哈哈驶入了成长快车道，企业利润率突飞猛进，推广新产品的力度和频率也大大提高。在这一阶段，最具代表性的产品就是营养快线，该产品不论是对整个饮料行业还是对娃哈哈集团来说，都是里程碑式的产品，如图5.1.8所示。

随后娃哈哈继续研发新产品，非常咖啡可乐就是它研发的第一款碳酸饮料。非常咖啡可乐的诉求是"浪漫＋激情"，娃哈哈运用各式媒体，力求把它塑造成一款时尚型产品。上市初期广告投放力度很大，曾引起了一股抢购热潮。但因为其口感不被大多数人接受，所以这个产品后来慢慢被淡化，最终退出了市场。

中国工商联日前发布的"2021中国民营企业500强榜单"显示，娃哈哈2020年营收为439.8亿元。这个数字看似只比2019年的464亿元下滑5.29%，却已走至该公司近十年来的最低位，与其2009年的营收水平相当。根据上述榜单历年来披露的数据，娃哈哈营收在2013年达到巅峰782.8亿元，其后开始进入下坡道。

近两年来营收下滑的原因，除疫情影响外，还与娃哈哈产品老化、未及时洞察新一代消费者需求等因素有关。在新品层出不穷的饮料市场，娃哈哈已经多年没有新的明星产品，人们留有印象的仍然只是 AD 钙奶、营养快线、瓶装水和八宝粥等多年前的爆品，但它们已经被越来越多的竞品赶超。

图 5.1.8

步骤 1：阅读完案例，请找出娃哈哈集团有哪些产品还在市场，哪些产品已经退出市场，并填写表 5.1.2。

步骤 2：结合案例，思考为什么有些产品很快退出市场，有的产品依然在市场，归纳出相关原因并填表 5.1.2。

表 5.1.2

	依然在市场的产品	原因	已经退出市场的产品	原因
娃哈哈集团				

□ 知识窗

1. 产品生命周期的内涵

　　产品生命周期（Product Life Cycle, PLC）是指某产品从进入市场到被淘汰退出市场的全部运动过程。产品生命周期是现代市场营销学的一个重要概念。研究产品生命周期的发展变化，可使企业掌握各种产品的市场地位和竞争动态，为制定产品策略提供依据，对增强企业竞争能力和应变能力有重要意义。典型的产品生命周期包括 4 个阶段，即导入期、成长期、成熟期、衰退期，如图 5.1.9 所示。

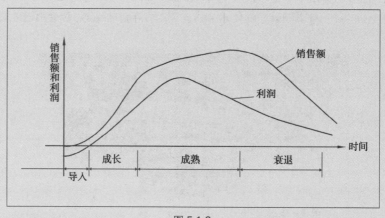

图 5.1.9

2. 产品生命周期各阶段的营销策略

（1）投入期的特征与营销策略

①投入期的特征

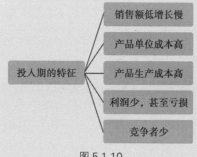

图 5.1.10

投入期是指新产品经过开发设计和试制阶段后，企业尝试小批量生产，并投放到市场以测试其反应的阶段。这一阶段产品的特征如图 5.1.10 所示。

②投入期的营销策略

在产品投入期，企业一方面要通过各种促销手段加大宣传力度，力争提高产品的知名度，快速打开销路，缩短投入期；另一方面，由于此阶段的生产成本和销售成本都很高，必然会影响产品价格的制定。所以，在投入期，企业营销的重点主要集中在促销和价格方面。根据以上两个因素的高低程度，分别形成 4 种市场策略：快速撇脂、缓慢撇脂、快速渗透和缓慢渗透。

（2）成长期的特征和营销策略

①成长期的特征

成长期是指产品通过试销效果良好，逐渐被市场接受且企业开始批量生产，销售额急剧上升的阶段。这一阶段是企业产品的黄金阶段，因此，企业的营销目标是要牢牢把握市场机会，积极筹措和集中必要的人力、物力和财力，全力以赴提升销售额，最大限度地占领市场。这一阶段产品的主要特点如图 5.1.11 所示。

②成长期的营销策略

成长期可以从产品、价格、渠道和促销四个方面做出相应的营销策略，具体如图 5.1.12 所示。

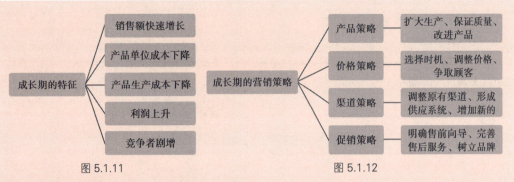

图 5.1.11   图 5.1.12

（3）成熟期的特征和营销策略

① 成熟期的特征

成熟期是指产品已占据一定的市场份额,产品销售额的增长逐步变缓并趋于停滞的阶段。这一阶段产品的特征如图 5.1.13 所示。

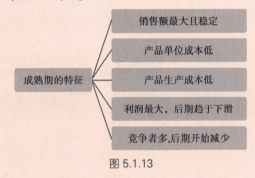

图 5.1.13

② 成熟期的营销策略

在这一阶段,产品销售额和利润已达到最高峰,而企业投入相对较少,是其获取利润的黄金时期。成熟期的营销目标是尽量延长所持续的时间,在竞争中确保市场占有率,争取最大利润,防止过早衰退。因此,这一阶段采取的具体策略主要包括市场改进策略、产品改进策略和营销组合改进策略,具体措施见表 5.1.3。

表 5.1.3

成熟期营销策略	具体措施
市场改进策略	①发现产品新用途、开发新客户; ②改变宣传方式、增加现有消费量
产品改进策略	①提高产品质量; ②扩大产品功能; ③改进包装样式。
营销组合改进策略	①降价让利; ②增加网点; ③改进产品包装; ④改变公共关系。

（4）衰退期的特征和营销策略

①衰退期的特征

衰退期是指产品的销售额和利润持续下降，在市场上面临被淘汰的时期。这一阶段产品的特征如图5.1.14所示。

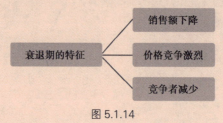

图5.1.14

②衰退期的营销策略

当产品进入衰退期，企业必须认真研究市场的真实情况，既不能简单地一弃了之，也不能盲目坚持，应该审慎决定是继续经营还是彻底放弃，主要有维持策略、集中策略和放弃策略，如图5.1.15所示。

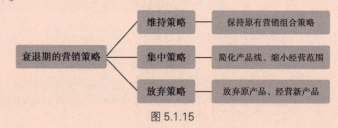

图5.1.15

综上所述，产品生命周期不同阶段的特征与营销策略对比见表5.1.4。

表5.1.4

	投入期	成长期	成熟期	衰退期
销售额	低	剧增	最大	减少
成本	高	中等	低	回升
利润	亏损	升高	最大	减少
顾客	较少	增加	最多	减少
竞争者	很少	增多	最多	减少
营销目标	建立知名度，鼓励试用	最大限度地占有市场	保护市场，争取最大利润	压缩开支，榨取最后价值
营销策略	快速撇脂策略 缓慢撇脂策略 快速渗透策略 缓慢渗透策略	产品策略 价格策略 分销渠道策略 促销策略	产品改进策略 市场改进策略 营销组合改进策略	维持策略 集中策略 放弃策略

※ 活动小结 ※

产品生命周期是产品从进入市场到退出市场的周期性变化过程，可分为投入期、成长期、成熟期和衰退期 4 个阶段。在产品生命周期的不同阶段，产品具有不同的特征，企业应根据不同特征采用不同的营销组合策略。

活动 3　认识产品品牌

活动背景

> 为替代"春日"乳饮料，公司已研发出一款新型产品，但是接下来他们遇到了一个新的问题和挑战。由于这款新型产品与原有产品相差甚多，是继续沿用原来品牌名称还是采用新品牌名称，项目组内的成员意见各不相同，刘欣等 4 人想帮忙尽快解决这个问题，他们上网查找了多个案例，最终通过"吉利汽车重启多品牌战略"案例得到了启发。

活动实施

★议一议★　阅读案例后，请思考品牌策略对企业的影响。

吉利汽车重启多品牌策略

坐落于如皋市经济技术开发区的新能源汽车品牌 MAPLE 枫叶汽车公司，于 2020 年 7 月推出了旗下首款纯电动 SUV 产品——枫叶 30X。枫叶汽车是个什么品牌？难道又是一个造车新势力？

枫叶 30X 是枫叶汽车品牌下的首款量产车型，而枫叶汽车背后真正的大股东其实是吉利集团。枫叶 30X 的上市，被市场视为是吉利集团在新能源领域重启多品牌策略的一大决策。

其实早在 2008 年到 2010 年期间，吉利集团就启动过多品牌策略以抢占国产汽车市场，如图 5.1.16 所示。以母公司为中心的 GLEAGLE 全球鹰、EMGRAND 帝豪、SHANGHAI ENGLON 上海英伦三大子品牌，在这三年时间里相继发布。可是在接下来的 4 年时间里，吉利汽车无论是整体销售量，还是在集团盈利方面，都出现了下滑，多品牌独立运营带来的生产成本与运营成本增加，证明了吉利快速扩展的决定还为时尚早。最终，多品牌策略于 2014 年告一段落，三大子品牌都归并到了吉利品牌之中进行销售。

在吉利汽车的新能源市场布局当中，吉利品牌下的纯电动汽车产品服务于家用汽车市场，几何汽车主攻中高端市场，沃尔沃品牌下的极星则锁定顶级豪华市场。而此时新加入集团布局中的枫叶汽车则将会替代曾经的知豆汽车，为吉利在低端市场披荆斩棘。

如今的吉利汽车在多品牌策略方面，已经做出充分的准备。首先，吉利品牌已经连续多年在国内市场上表现亮眼，备受投资者与消费者青睐；其次，收购而来的沃尔沃，其核心技术也逐渐在吉利品牌、领克品牌中落地生根；再次，加上领克品牌、几何品牌、极星品牌的建立，这使得吉利汽车麾下的品牌都在各自市场中占有了一席之地。

背靠传统燃油车在市场中的号召力，以及吉利集团在国产汽车市场逐级建立的品牌认可度，这些都会让包括枫叶在内的新能源汽车品牌，更快地站稳脚跟，实现吉利车走遍全世界的荣光，助推中国汽车从"汽车大国"迈入"汽车强国"的行列。

图 5.1.16

步骤 1：结合图 5.1.16 的信息，通过查阅相关资讯，了解吉利汽车目前下设哪几个子品牌。

步骤 2：根据案例，小组合作讨论吉利汽车在 2014 年调整了品牌策略，原因是什么。

步骤 3：结合案例，分析吉利汽车进军新能源市场，目前采取的品牌策略的优势和劣势。

步骤 4：讨论结束后，各小组派一名代表上台对讨论的结果进行分享和汇报。

回 知识窗

1. 品牌的概述

（1）品牌的概念

品牌是指用以识别制造或经销商的产品或服务，并使之与竞争对手的产品或服务区别开来的商业名称及标志。通常由文字、标记、符号、图案和颜色等要素或这些要素的组合构成。品牌是一个集合概念，它包括品牌名称和品牌标识两部分。品牌名称是指品牌中可以用语言来称呼和表达的部分，如京东、元气森林等。品牌标志是指品牌中可被识别但不能用语言表达的特定标志，包括符号、图案、色彩等。

（2）品牌与商标

品牌是市场概念，是产品和服务在市场上通行的牌子，品牌实质上是品牌使用者在产品特征、服务和利益等方面对顾客的承诺。商标是一个专门的法律术语，品牌或品牌的一部分在政府有关部门依法注册登记后获得专用权，受到法律保护的标记称为商标。品牌与商标都是企业的无形资产，都是用来识别不同生产经营者的不同种类、不同品质产品的商业名称及其标志，其目的都是为了使自己的产品区别于竞争者。

如今华为在全球 170 多个国家和地区有市场覆盖，可以说世界上有人的地方就有华为人，没有人的地方也有华为提供的设备和服务。华为的品牌力量如此强大，离不开创新的力量，自 1987 年创立以来，华为一直坚守在研究与开发的最前线。在其官网我们可以看到，2020 年在华为从事研究与开发的人数约 10.5 万，约占其公司总人数的 53.4%，研发费用支出为人民币 1 418.93 亿元，占全年收入的 15.9%。仅十年华为累计投入研发费用超过人民币 7 200 亿元。世界变得越来越动荡、越来越不确定，如何应对？华为的准则是：以规则的确定性应对全球政治经济的不确定性，秉承开放创新的理念，持续加强基础研究，积极推动产学研协同创新，用创新成果点亮未来。华为用实际行动向世人展示着其品牌的内涵——华为，中华有为！

2. **品牌名称的设计**

（1）品牌名称设计的原则

突出个性，避免雷同；简洁醒目，易读易记；富于创意，启发联想；立足长远，面向未来。

（2）品牌名称设计的主要方法

品牌的命名是一门学问和艺术。如果名字取得好，形成品牌效应，源远流长；如果名字取得不好，不被消费者接受，则会很快被遗忘和淘汰。所以品牌的命名受到企业的高度重视，一般品牌命名有以下几种方法，见表 5.1.5。

表 5.1.5

方法名称	定义	实例
效用命名法	以商品的主要性能和效用命名，使消费者迅速理解商品功效，便于联想和记忆。	感冒灵、鼻炎康
成分命名法	以商品的主要成分或材料命名，为顾客认识商品的价值功效提供了基本的依据。	两面针、三九胃泰
产地命名法	以商品的产地命名，反映商品的传统特色和优越性能，让消费者产生工艺精湛、历史悠久、独具地方特色之感。	北京烤鸭、武夷山岩茶、重庆火锅
人物命名法	以历史人物、创始者的名字给商品命名，利用顾客对名人的崇拜和对创造者的崇敬心理，诱发购买。	李宁、王守义
好兆头命名法	以吉利的词句、良好的祝愿命名，既暗示商品的优良性能，又迎合消费者的美好愿望。	金利来、旺旺、六福

3. **品牌策略**

企业为了达到经营目标，需要根据自己的产品特点选择不同的品牌策略，这样才能使品牌在营销中更好地发挥作用。目前常见的品牌策略有以下几种：

（1）无品牌策略

无品牌策略是指企业对产品不使用品牌。在下列情况下，企业往往不使用品牌：

①品种规格相同，不会因制造商不同而形成差别的同质商品，例如缝衣针、蜡烛等；

②消费者习惯上不考虑品牌的产品，例如自来水和电；

③没有一定的技术标准，难以形成一定特色的商品，例如农具，钉子；

④临时性或一次性生产的商品，例如新冠疫情期间临时生产的口罩；

⑤数量少，尚未定型的试产、试销产品。

（2）有品牌策略

大多数企业都会采取有品牌策略，因为对于企业而言，品牌宣传有助于提升产品知名度和美誉度，也是区别同类产品的一个重要标志。对于消费者而言，选择有品牌的产品，产品质量有一定的保障，同时还可以彰显个人社会地位与文化修养。

①统一品牌策略

统一品牌策略是指一个企业无论产品种类多少，全部产品都使用同一个品牌。家电行业的许多企业都是靠一个品牌起家，并坚持而采用统一品牌策略的，如美的、TCL、海信、小熊等。"恒源祥"商标本是生产经营绒线的上海老字号，后来该公司推出的服饰、家纺、内衣和服饰配件等产品，皆冠以"恒源祥"商标，以继续传播其恒古长青（恒）、源远流长（源）和吉祥如意（祥）的品牌含义。

②个别品牌策略

个别品牌策略是指企业对各种产品分别采用不同的品牌。除"王老吉"外广药集团旗下还有另外 11 家中华老字号，其中 10 家超过百年历史。如拥有 420 多年历史的陈李济生产的乌鸡白凤丸、何济公牌解热止痛散、潘高寿牌蛇胆川贝枇杷膏，还有敬修堂牌跌打万花油，都是家喻户晓的国药精品。

③多品牌策略

多品牌策略是指企业在同一产品线上设立两个或多个相互竞争的品牌，其目的在于深度细分市场、充分满足多种品类需求。例如我国消费者熟悉的洗发护发品牌"潘婷""飘柔""海飞丝"，都是宝洁的产品，这三个品牌分别吸引三类不同需求的消费者。本次学习活动引入的吉利汽车案例中，图 5.1.16 展示的也是一个多品牌策略。

④分类品牌策略

分类品牌策略是指企业在产品分类的基础上，对各类产品分别使用不同的品牌。如果企业所经营的各类产品之间的差别非常大，那么企业就必须根据产品的不同分类归属来采取分类品牌策略。如海尔集团在销售其家用电器如冰箱、彩电、洗衣机等产品时使用的是"海尔"品牌，而其产品线延伸至保健品行业时，用的却是"采力"品牌，目的也是保持海尔集团在消费者心目中的一贯的主体形象。品牌策略总结见表 5.1.6。

表 5.1.6

策略名称	优点	缺点	适用条件
统一品牌策略	节省品牌费用，更快占领市场。	产品影响相互牵连。	各产品质量水平相当，品牌有信誉。
个别品牌策略	产品影响不相互牵连。	品牌费用高，没有统一形象。	产品类型较多，产品线关联度小。
多品牌策略	产品影响不相互牵连。	品牌费用高，没有统一形象。	产品类型较多，产品区别较大。
分类品牌策略	节省品牌费用，更快占领市场，产品影响不相互牵连。	品牌费用高。	产品品种多，实力雄厚企业。

※ 活动小结 ※

　　品牌是指用以识别制造商或经销商的产品或服务，并使之与竞争对手的产品或服务区别开来的商业名称及标志。企业是否采用品牌策略，采用什么品牌策略非常重要，目前常见的品牌策略有统一品牌策略、个别品牌策略、多品牌策略和分类品牌策略。

合作实训

　　实训任务：调查、分析某一大型食品公司的产品。

　　实训目的：了解食品公司的产品线、产品组合等；理解公司的品牌策略；掌握各产品在不同生命周期的营销策略。

　　实训步骤：

　　1.将班上同学分成若干小组，每组 5~6 人，设立小组长一名，并明确每个人的任务，本次实训具体任务如下：

　　（1）了解某一食品公司的产品线、产品组合，并绘制成图。

　　（2）找出该公司分别处于投入期、成长期、成熟期和衰退期的产品，并分析比较该公司在每个时期的营销策略。

　　2.每组协商后选择一家食品公司的产品，并绘制出该公司的产品组合图，可参考表 5.1.7 的格式（表格列数行数可自行添加）。

表 5.1.7

产品线					
产品项目					

　　根据以上填写好的表格内容回答下列问题。

　　①该公司产品组合的宽度是＿＿＿＿＿＿＿＿＿＿＿＿＿＿＿＿＿＿＿＿＿＿＿＿。

　　②该公司产品组合的平均长度是＿＿＿＿＿＿＿＿＿＿＿＿＿＿＿＿＿＿＿＿＿＿。

　　③该公司产品组合的深度是＿＿＿＿＿＿＿＿＿＿＿＿＿＿＿＿＿＿＿＿＿＿＿＿。

　　3.结合以上步骤的结果，汇总并整理成 PPT，并在全班进行分享展示。

　　4.教师对各组汇报成果进行点评。

　　实训评价：请个人根据表 5.1.8 的评价指标进行实训评价。

表 5.1.8

项目	标准	配分 / 分	得分
了解产品线和产品组合	能区分产品线与产品项目	10	
	能算出产品线宽度	10	
	能算出产品线长度	10	
	能算出产品线深度	10	
理解品牌策略	能区分并使用品牌有无策略	10	
	能区分并使用品牌统分策略	10	
掌握生命周期营销策略	熟识投入期特点及营销策略	10	
	熟识成长期特点及营销策略	10	
	熟识成熟期特点及营销策略	10	
	熟识衰退期特点及营销策略	10	
总分		100 分	

任务2 »»»»»»»
制定价格策略——定价盈利

情境设计

吴经理的新产品项目做得如何，很大程度上取决于价格制订是否合理。产品的价格一方面取决于产品价值，另一方面受到市场供求关系和市场环境的影响。产品价格直接关系到市场需求量的多少和企业利润率的高低，决定着企业的生存与发展。同时，价格是整个营销组合中唯一能产生收入的因素，所以刘欣、杨锐、王涛和李梅4位同学需要站在企业的角度，综合考虑定价目标、市场需求、成本等因素，并运用策略，择优选取定价方式，最终确定价格。

任务分解

为了最终确定合适的价格，吴经理让同学们按计划完成任务。刘欣、杨锐、王涛和李梅4人开始分头行动，他们需要了解影响产品定价的因素，了解有哪些常用的定价方法和技巧，进而与公司前辈们一起商讨具体的定价策略，为新产品制定合理的价格。

活动 1　理解产品定价

活动背景

陈老师提示刘欣、杨锐、王涛和李梅可以通过研究典型企业的案例，来理解影响定价的因素。为了完成定价这个艰巨的任务，他们借助国产美妆品牌"完美日记"的案例，了解市场需求、成本分析、企业策略和企业目标对价格的影响，进而理解产品定价的基本内容。

活动实施

★议一议★　阅读案例，思考"完美日记"是如何做到"极致性价比"的。

网红品牌的崛起掀起了一场革命，然而这场革命改变的却不仅仅是品牌营销模式，还冲击了整个化妆品行业的定价规则。

大部分传统品牌的主力渠道集中在线下，从品牌方到代理商再到零售商的三级零售环节。产品在这些环节中的转移，将会产生仓储、物流、人力、租金、促销和损耗等各类成本，因此当产品到达消费者面前，其价格必定已经包含了以上成本，以及这三级零售环节的各自的利润。但是成长于电商渠道的网红品牌则直接压缩了零售的中间环节，大大节省了这部分成本支出。"完美日记"见图 5.2.1 依托天猫旗舰店，由品牌方直接面对消费者，零售的环节更少，效率更高，产品价格的下探空间更大。

图 5.2.1

"完美日记"营销副总裁曾公开表示完美日记的定价策略是"极致性价比"。完美日记的产品平均售价还不及国际知名品牌的三分之一，而在质量方面，"完美日记"选择与全球顶级彩妆 OEM 工厂合作，包括莹特丽、科丝美诗等，如图 5.2.1 所示，这其中有很多是国际知名品牌部分产品的生产工厂。

想做到极致性价比，除了要保证产品质量，还需要有更高的新品推出频次，能够跟进每一季度的流行风向与潮流。"完美日记"的推新频率在行业中名列前茅，不仅在品类上积极跟进，而且对色彩和热点的迅速反应，都体现着"完美日记"拥有持续打造爆款产品的能力。

2020 年第四季度"完美日记"营业收入为 19.6 亿元，较 2019 年同期增长 71.7%。"完美日记"表示，这主要归因于公司的美容产品销量增长，客户数量增加。第四季度毛利率为 66.3%，较 2019 年同期的 62.7% 增长了 3.6%。

（本文选载于《化妆品报》九月刊专题：倍率战争）

步骤1：借助互联网工具，搜集"完美日记"某一系列产品的价格，绘制其价格幅度图。

步骤2：根据案例材料，小组合作探究，总结"完美日记"的定价策略。

步骤3：小组讨论并归纳，"完美日记"是通过哪几种方式来实施这个定价策略的。

步骤4：讨论结束后，各小组派一名代表上台对讨论的结果进行分享和汇报。

回 知识窗

1. 定价目标

企业制定产品价格，首先要从企业经营的战略目标出发，接受定价目标的指导和约束。定价目标是指企业的某一产品价格实行之后应达到的预期目的，它是企业制定产品价格的基本前提。

（1）以维持生存为目标

当某种产品供过于求、市场竞争激烈和消费需求变动不定时，企业常将继续营业、维持生存作为定价目标。为了保证生产线持续运作，减少库存积压，通常为该产品制定较低的价格，保持销售额。但是，由于这种定价目标不能使成本得到有效的补偿，无法维持企业的长期生存，因而它只能作为一种特定时期的过渡性目标。

（2）以扩大销售为目标

许多企业常以尽量扩大产品销售量为定价目标。扩大产品销售量一般可直接增加总收入、总利润；同时能促使产品产量上升，实现规模经济，进而降低单位产品成本，增加单位利润和总利润。为了扩大销售量，在定价上可以采取薄利多销的策略。

（3）以提高市场占有率为目标

市场占有率是企业的经营状况及其产品竞争能力的综合反映。企业拥有较高的市场占有率，有利于形成对市场和价格的控制能力，有利于产品销路的畅通，使企业获得稳定的长期利润。

（4）以盈利为目标

追求尽可能大的利润，是一般企业定价的根本目标。有些企业注重当前的经营绩效，也把利润最大化作为定价的阶段性目标。利润最大化不仅取决于价格，更取决于产品的成本及受价格所影响的销售规模。

2. 影响定价的因素

影响和制约产品定价的因素主要有以下几个方面。

（1）成本

产品价格的主要构成部分是成本、税金和利润，所以，在制定价格时，成本是企业需要考虑的主要因素之一。成本费用分为成本费用（固定成本费用、变动成本费用）和平均成本费用（平均固定成本费用、平均变动成本费用）等。

①固定成本费用

固定成本费用是指在既定生产、经营规模范围内，不随产品种类及数量的变化而变动的成本费用。主要包括房租水电费、生产过程中的折旧和损耗、产品的设计与研发投入、市场调研费用和相关管理人员的工资等。

②变动成本费用

变动成本费用是指在既定生产、经营规模范围内,随产品种类及数量的变化而相应变动的成本费用。主要包括用于原材料、燃料、运输、仓储等方面的支出,以及生产工人工资、部分营销费用如广告、新渠道开拓费用等。

③总成本费用

总成本费用等于全部固定成本费用与变动成本费用之和。其中,若产量为零时,总成本费用等于停工期间发生的固定成本费用。

(2)需求

①需求价格弹性

需求价格弹性是指需求变动对价格变动的敏感性程度,通常,价格的高低都会影响市场需求,而且价格与需求量呈负相关关系(见图 5.2.2),即价格提高,市场需求量减少,价格降低,市场需求量增加。因此,需求曲线(以需求为横轴、以价格为纵轴)是一条从左上方向右下方倾斜的曲线。

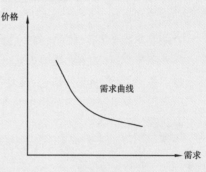

图 5.2.2

②需求价格弹性对定价策略的影响

缺乏弹性的商品,适宜于稳定价格或适当提价。需具备条件:市场上没有竞争者;购买者对较高价格不在意;购买者改变习惯比较慢;购买者认为价格高是有原因的,如通货膨胀等,粮食、食盐、煤气等生活必需品都属于此类。富有弹性的商品,适宜于适当降价,以扩大销量。如大部分耐用消费品、服装、家电等都属于此类。

案例:

猪肉价格在 2021 年春节后开始下滑了。根据养猪数据中心网站的信息,全国猪肉批发价已从 2 月中旬的 45 元/kg 左右,下降到 10 月初的 18 元/kg 左右,降幅约达 60%。原因是市场供应远大于需求。

2018 年的非洲猪瘟导致猪肉产量在 2019 年大幅锐减,猪肉价格水涨船高,于 2020 年达到了历史最高位。生猪价格高涨使得养猪行业整体收益率大幅度提升,吸引诸多互联网、房地产企业进入养猪行业。对于生猪养殖这种进入门槛不高的产业,产能可以迅速扩张并释放,而市场需求一时无法大量提升,整个行业很快便供于于求了。

为了在短期内提振市场,防范风险,做好猪肉市场保供稳价工作,保障生猪市场长期稳定发展,2021 年 7 月 7 日,商务部、国家发改委、财政部等有关部门启动了 2021 年第一批中央猪肉储备,总量 2 万吨。国家的收储行动从根本上改变了供需,提振了市场,也增强了养殖场和屠宰场的信心。

(3)竞争

①完全竞争

在理想化的极端情况下,买方和卖方都大量存在,产品都是同质的,不存在质量与功能上的差异,企业自主地选择产品生产,买卖双方能充分地获得市场情况,二者都不能对产品价格施加影响,只能在市场既定价格下从事生产和交易。

②完全垄断

完全垄断是指市场上没有竞争者,整个行业的市场供给完全由独家企业所控制的状态。交易的数量与价格由垄断者单方面决定。

③垄断竞争

垄断竞争是现实生活中最常见的市场形式,是指由于产品差别(商标、质量、特色等)的存在,每一个生产者都对自己的产品有垄断权,但同时可替代的同类产品的生产者又为数众多,彼此间展开激烈的竞争,价格就是在这种竞争中形成的。每一个生产者都有一定的定价自由。

(4)产品特性

产品的各种市场特性都会影响产品定价,具体表现在:

①产品质量。比如质量好的产品,顾客能接受其较高的价格。

②产品形象。比如形象佳、声誉好的产品,顾客能接受其较高的价格。

③产品生命周期。产品处于生命周期的不同阶段,对产品定价也有影响,如处于成长期的价格可比投入期的高些,衰退期的价格则应比成熟期的低些。

④产品流行性。高度流行的时尚产品,符合消费者赶时髦的心理需求,价格较高也能被接受。

⑤产品购买频率。购买频率高的一般日用品,销售量会较大,宜定价低,薄利多销;购买频率低的特殊产品,定价可较高。

⑥产品竞争地位。在竞争中处于优势的产品,有条件把价格定得较高。

※ 活动小结 ※

通过学习定价目标与定价的影响因素,结合案例,学生把学到的知识运用到实际案例的分析中,培养团队合作能力,提升知识迁移能力,提高学习的积极性和效率。

活动 2 选择合适的定价方法

活动背景

刘欣、杨锐、王涛和李梅 4 位同学通过对定价影响因素的深入分析,为了制定合理的价格,陈老师指导他们还需要进一步掌握以目标为导向、以成本为导向、以需求为导向和以竞争为导向的四种主要定价方法,从而选择最适合本次项目的定价方法。

活动实施

★议一议★ 阅读以下材料,理解五菱宏光的低价策略。

这两年柳州最为人津津乐道的不只有令人回味的螺蛳粉,还有"五菱神车"。上汽通用五菱(以下简称"五菱汽车")位于广西柳州市柳南区河西路,据权威市场研究机构 EV Sales 最新数据显示,五菱宏光 MINIEV,如图 5.2.3 所示,以 29 251 辆的销量成绩,夺得 2021 年 4 月全球新能源乘用车销量冠军。

图 5.2.3

五菱宏光 MINIEV 低廉的价格是其在国内大卖的主要驱动因素。价格优势一直是五菱汽车的护城河，其成因在于它良好的供应链管理，以及庞大的五菱面包车用户基数。五菱汽车的许多上下游供应商也在柳州设立了制造基地，这也有助于其进一步控制成本。这种通过车企自身发展带动产业要素加速集聚的产业发展模式，正在被国内其他省份和城市学习借鉴。

步骤 1：借助互联网，小组合作，搜索相关信息，了解五菱宏光 MINIEV 这款车有什么特点。

步骤 2：综合案例内容，小组合作探究，分析五菱宏光 MINIEV 为什么能够在国内大卖。

步骤 3：案例中提及五菱汽车的"护城河"是什么，它是怎么构建出这条"护城河"的呢?

知识窗

1. 成本导向定价法

成本导向定价法也称成本基准定价法，是以产品成本为中心，加上某一金额或百分比作为产品价格的方法。这类方法不一定要去考虑供给和需求，也不一定能实现某种目标。这类定价方法主要有成本加成定价法、目标利润定价法和盈亏平衡定价法。

(1) 成本加成定价法

在单位产品成本的基础上，加上一定比例的"加成"，以此确定产品的价格。各个企业的成本核算和"加成"内容都不尽相同，成本主要包含固定成本和变动成本，"加成"内容主要包括非制造成本(如推销成本及管理成本)及目标利润。此方法计算方便，简单易行，比较公平，能保证企业实现预期的利润率，也较易为消费者理解和接受，当同行都采用加成定价法，且产品的成本与加成都相似时，还能避免价格竞争。

其计算公式是：

$$单位产品价格 = 单位产品成本 \times (1+ 成本加成率)$$

$P=C(1+R)$

P——单位产品价格

C——单位产品总成本

R——成本加成率

例题：如意公司的糕点固定成本为 500 000 元，生产糕点的变动成本为 200 000 元，企业期望达到相对于成本的加成率为 20%，预计该糕点销售量为 20 000 件，则该糕点单价为多少?

总成本 = 固定成本 + 变动成本

总成本 = (500 000+200 000)元 =700 000 元

单位产品总成本 = (700 000÷20 000)元 =35 元

$P=35$ 元 $\times (1+20\%)=42$ 元

(2) 目标利润定价法

目标利润定价法又称盈亏平衡定价法。这种方法是先估计产品成本和可能达到的销售量，然后根据企业制定的利润目标,计算保证实现目标利润所应达到的价格水平。

其计算公式为:

单位产品价格=(固定成本+目标利润)/预计销售量+单位变动成本

例题:**如意公司的糖果固定成本为 200 万元,单位变动成本为每包 10 元,企业计划实现的目标利润额为 300 万元,预计销售量为 10 万包,则该糖果的单价为一包多少元?**

$$P=(200 万元 +300 万元)\div 10 万 +10 元 =60 元$$

(3)盈亏平衡定价法(保本定价法)

利用这种方法定价时一般应先进行保本分析,计算产销量至少应达到多少才能保本。使产品不盈不亏时的产销量称为盈亏平衡点。

其计算公式为:

$$P= 固定成本 \div 销量 + 单位变动成本$$

例题:如意公司的饼干固定成本为 100 000 元,单位产品的变动成本为每盒 20 元,如果企业接到 10 000 盒饼干的订单,则保本价格为一盒多少元?

$$P=100 000 元 \div 10 000 盒 +20 元 / 盒 =30 元 / 盒$$

2.需求导向定价法

需求导向定价法是以消费者对产品的需求强度及对价格的承受能力作为定价依据的定价方法。具体定价方法如下:

(1)理解价值定价法

理解价值定价法又称认知价值定价法,这种定价方法把消费者对产品的感觉、理解和可接受程度视为评价产品价值的尺度,并把这种理解价值作为决定产品价格的关键因素和基本依据。葛兰素史克公司推出治疗胃溃疡药物善胃得,事先就估计到了一个情况,相对于史克必成公司的泰胃美,消费者认为善胃得的药品剂量更小、副作用更小,与其他药物可以同时服用,不会产生泰胃美那样的排斥反应,在顾客心目中的感知价值明显高于泰胃美。因此,善胃得的价格高于泰胃美 50%,仅用四年时间就成为市场的领导者。

(2)需求差异定价法

这种方法根据不同消费者对同一产品需求与偏好的强弱差异程度,定出不同的价格。需求差异定价法有利于平衡供求和刺激低需求转化为高需求可以减少资源的闲置和加速资本回收,是一种灵活有效的定价方法。具体种类有:

①因顾客而异;消费者对价格的敏感程度。如今的市场,许多商家都实施 VIP 客户营销策略,而针对 VIP 顾客的产品价格,与普通顾客完全不一样,有的不仅价格更低,而且还享受折上折的优惠。

②因产品而异;消费者对颜色、款式的偏好程度,需求量不同,制定不同的价格,吸引消费者。例如同款手机里,白色的手机往往卖得比黑色的贵一些。但是两者在成本上的差异并不大,这种定价的核心原因买就是消费者觉得白色更时尚好看愿意花更多钱去买这样一款好看的产品。这种,其实就是需求导向定价的一种

③因地点而异;针对不同的经济地理位置制定相应的价格。日常生活中,在剧院里或者看明星演唱会,不同的位置价格不一样,好的观影位置价格往往更高。

④因时间而异；因销售时间不同制定不同的时间价格。社区生鲜行业的领军品牌钱大妈，分时间段打折，每天从 19：00 开始，每半小时降价一折，一直到 22：30，全场免费派送。

3. 竞争导向定价法

这是在研究竞争对手的产品质量、价格、服务等情况之后，根据企业的具体情况确定产品价格的定价方法，如有的企业从占领市场出发，不论竞争者的产品价格是多少，本企业的产品始终都比他们低。下面介绍两种定价方法。

（1）随行就市定价法

这种方法是企业按照本行业平均现行价格水平来定价，是应用得相当普遍的方法。其理论依据是：在市场竞争条件下，产品价格是由无数个买主与卖主共同作用的结果，企业实际上没有多少定价自由权。

随行就市定价法的优点在于：人们常常把平均价格水平当成"合理价格"，比较容易接受；采用这种方法，不致引起同行业之间的价格竞争，可以避免两败俱伤，使企业获得适度的利润。

（2）追随定价法

企业产品定价以其竞争对手的同类产品的价格为基础，并且当竞争者的价格发生变动时，该企业立即对此做出反应，可以说是一种"盯价策略"。这种方法被那些采用竞争导向作为定价目标的企业所广泛使用。

※ 活动小结 ※

通过案例的引导和操作，能掌握各种定价策略和定价方法之间的差别；能运用相关理论对产品进行分析，并能为企业产品进行合理的定价。

活动 3 制定具体价格策略

活动背景

刘欣、杨锐、王涛和李梅 4 位同学发现，市场竞争是激烈而残酷的，除了正确选择定价方法，还需要采用灵活多变的策略制定具体价格，才能让公司的新产品在市场上拥有竞争力，立于不败之地。

活动实施

【案例】 "三只松鼠"在不同的阶段分别运用了什么定价策略？

2012 年 2 月 16 日，由 5 名初创人员组成的团队在安徽芜湖创建了"三只松鼠"品牌。

转眼 10 年过去了，"三只松鼠"2020 年年报显示其营业收入超过 97 亿元。"三只松鼠"已成为国产零食品牌的领头羊。

"三只松鼠"乘互联网之风飞速成长，受益于电子商务和休闲零食行业的双重红利，通过围绕消费者打造体验式服务模式的精准战略，实现年均业绩翻倍的商业神话。

我们将"三只松鼠"的定价策略分为三个阶段：一是起步初期。对于刚刚成立的三只松鼠来说，品牌知名度与市场资源等远不如市场上其他同类型品牌，所以它的价格定在竞争者产品之下；二是发展阶段。随着"三只松鼠"打进市场，慢慢走进消费者视野，它的价格是市场平均价格定位；三是成熟阶段。当"三只松鼠"逐渐将品牌打造起来，拥有良好的品牌优势、质量优势与售后服务优势，把不低于竞争者产品质量水平的产品价格定在竞争者产品价格之上。

（资料来源于《三只松鼠新股研究：进击的休闲食品领军企业》）

步骤1：通过互联网工具，各小组搜索出"三只松鼠"的产品价格幅度，分析它的价格优势在哪里。

步骤2：通过互联网工具，每组针对"三只松鼠"的一款产品，搜索其在一年不同时间段的价格变化，并分析为什么会出现这样的价格变化。

步骤3：小组合作探究后，各小组派代表上台展示搜索和讨论的结果。

回 知识窗

1. 新产品定价策略

包括撇脂定价策略、渗透定价策略和满意定价策略，其特征和优缺点对比见表5.2.1。

（1）撇脂定价策略

企业在新品上市时把价格定得较高。前提条件是新产品投放市场初期，需求弹性小、有领先的技术和新颖的产品形态，且竞争者尚未进入市场。企业可以利用人们的求新心理，以较高的价格刺激消费者，一方面有助于企业占领市场，另一方面也可使企业在较短时间里赚取较多利润，快速回笼资金，以用于投入下一轮生产或发展壮大企业，同时也为企业调整价格留有余地。这一策略犹如从牛奶桶中撇取表面油脂最丰富的那层奶油一样，抢先一步获取利益，因而被称为撇脂定价策略。

（2）渗透定价策略

企业把新产品的价格定得较低，目的在于通过低价吸引消费者购买，迅速提高市场占有率，培养消费者的消费习惯，筑起市场准入壁垒。当其他企业因代价太大而无利可图，而不愿进入行业参与竞争时，企业将长期地占领市场。

（3）满意定价策略

企业在经过市场调研后，把新产品的价格定得比较适中，以便获得更多消费者的认可。运用中间价策略销售产品，容易让消费者感到满意，进而在长期稳定的销量增长中持续发展。

表 5.2.1

策略名称	特征	优点	缺点
渗透定价策略	提高市场占有率	产品需求弹性大；有效排斥竞争对手；低价薄利多销	投资回收期长；无降价空间；上调价格难度大；易形成低价低质现象
撇脂定价策略	快速获取最大利润	产品需求弹性小；为降价提供空间；形成高质高价现象	易丧失一些顾客；销售期限长
满意定价策略	以获取社会平均利润为目标	产品获得市场接受时间短；较长生命周期；树立企业信誉	不适应市场的需求多样性和激烈竞争

2. 心理定价策略

心理定价策略把消费者的心理需求作为定价的重要依据,利用能激发和强化消费者购买欲望的价格来促进产品销售。

图 5.2.4

(1)尾数定价:在确定产品价格时,保留价格尾数上的零头。尾数定价可使消费者觉得企业定价认真,计算精确,真实可信,还能使消费者产生"便宜"的错觉,迎合消费者的求廉心理。这种定价策略主要适用于低价产品,例如图 5.2.4 所示,标价 \$39.99 的商品和 \$40 的商品相比,虽然仅 0.01 之差,但前者给购买者低价、便宜的感觉。

(2)整数定价:在确定商品价格时,不保留价格尾数的零头,而是向上进位取整数。整数定价大多用于档次较高的商品,定价时就高不就低。因为这类商品的购买者一般收入水平较高,他们更重视商品的质量和档次。整数定价有利于提高商品形象,迎合购买者仰慕高档商品的心理,强化了他们的购买欲望。

(3)声望定价:就是将一些名牌产品或名牌商店销售的商品定较高的价格,以迎合消费者仰慕名牌名店的心态。声望定价适合药品、食品、化妆品、医疗等质量不易鉴别的产品或服务。

(4)习惯定价:有些消费者熟悉的产品,价格要相对稳定,高于习惯价格会被认为是不合理涨价,低于习惯价格又会让人怀疑是否货真价实,企业在定价时要尽量顺应消费者的习惯价格,否则会引起他们的不满。

(5)招徕定价:这是利用消费者的求廉心理,暂时牺牲商品的部分利润,特意大幅度降低其价格以招徕顾客,吸引顾客到店同时购买其他正常标价的商品,以促进正常标价商品的销售。

临期食品定价法引领节约风潮反浪费,2020 年,凭借着仅有原价 2~5 折的临期食品和日化产品,如图 5.2.5 所示,以"好特卖"为代表的折扣零售品牌店遍地开花。流入这些折扣零售店的,不仅有无法上架商超的临期食品,还有一批品牌方和渠道商的滞销库存。2020 年以来,疫情导致的大量囤积库存,是下游的折扣零售行业的大规模爆发的重要背景。这门"变废为宝"的生意一方面解决了厂商和经销商商品,临期及库存难题,另一方面充分挖掘了消费者对于低价好货的需求,其利润空间高达 50%。

图 5.2.5

根据《食品安全国家标准预包装食品标签通则》(GB 7718—2011),食品的保质期是指预包装食品在标签指明的储存条件下,保持品质的期限。在此期限内,产品适于销售,并保持标签中不必说明或已经说明的特有品质。因此,可以理解为,处于保质期内的临期食品,且在包装完好、储存得当的情况下,其风味、口感、安全性各方面都有保障,可放心食用。

随着食品安全知识的科普,人们对食品保质期有了正确的认识,临期食品不再是"过期""变质"的负面标签。人们回归理性消费后正确选购和食用临期食品可以得到性价比很高的消费体验。并且随着《反食品浪费法》的正式实施,反对浪费、厉行节约也成为全社会的共识和倡导。

3. 折扣策略

折扣和折让都是降价的形式,但二者也有区别:折扣是指比原定价格少收一定比例的价款,折让则是比原定价格少收一定数量的价款。

(1)数量折扣:是指企业对大量购买某种产品的顾客予以减价。购买量越大,折扣越大,以鼓励顾客大量购买。数量折扣又分为两类。一类是累计数量折扣,规定在一定时期内(如半年),同一顾客购买产品累计达到一定数额时,按总量给予一定折扣,另一类是当次数量折扣。

(2)现金折扣:这是对直接付现金,或在约定期内提前付款的顾客给予的价格折扣。比如,对付款期限为30天的货款,立即付款给予5%的折扣,10天内付款给予3%的折扣等。实行现金折扣,可以加速企业资金周转。

(3)季节折扣:企业为了鼓励中间商和客户过季购买或提早购买商品与服务而给予折扣。这种策略可以减轻企业的仓储压力,加速资金周转;还可以降低企业的产销受季节变化的影响,保持相对稳定,如广东如意食品有限公司某些食品进行年底促销。

4. 产品组合定价策略

对于企业生产的相互关联的多种产品,定价时不能只考虑如何确定个别产品的价格,而应综合考虑产品组合中各种产品的需求、成本及相互关系,制定能使整个产品组合盈利最大的价格策略。

(1)产品线定价。作为同一产品大类,一条产品线上的各个产品要满足顾客类似的需要。在确定价格时,应考虑它们在特色功能、顾客评价、生产成本和竞争者价格等方面的差异,确定各个产品之间的差价。当企业希望顾客多购买档次较高的产品时,企业应该把几种产品的差价定得小一些,整体价格水平高一些;当企业希望顾客多购买性能较低的产品时,企业应该把几种产品的差价定得大一些,让性能较佳的那些产品的价格明显地高一些。

例如格力集团的空调系列产品非常多,根据产品定位、消费人群、产品功能等差异性,定价各不相同,如表5.2.2所示。

表 5.2.2

格力空调 Q 力系列			
序号	空调型号	空调匹数	市场报价
1	KFR-26GW/(26570)Aa-3	1 匹	￥248 000
2	KFR-35GW/(35570)Aa-3	2 匹	￥340 000

续表

格力空调大挂机系列			
序号	空调型号	空调匹数	市场报价
1	KFR-50GW/（50556）Ba-3	1匹	￥500 000
2	KFR-50GW/（50557）FNDC-A3	2匹	￥670 000
格力空调U尊变频系列			
序号	空调型号	空调匹数	市场报价
1	KFR-26GW/（26581）FNDa-a2	1匹	￥790 000
2	KFR-32GW/（32576）FNDa-a2	2匹	￥900 000

（2）连带产品定价。企业在提供主要产品时，还会连带提供一些附属产品、补充产品。连带产品定价，可以采用高价，也可以采用低价。一些饭店为了吸引喜爱饮酒的消费者，将酒价定得较低，而将菜价定得较高。如汽车与零配件供应及售后定点保养维修服务，汽车与厂家规定的专用发动机及变速箱润滑油等。另外，有些连带产品采用了组合价格，对有相互配套关系的一组商品实行配套出售，价格优惠，使成套价格低于单件售价的总和。这样做，单件出售、配套出售都可以获利。

知识拓展

心理定价策略在生活中非常普遍，大家扫码学习吧！

※ 活动小结 ※

通过案例的引导和知识窗理论的学习，大家了解了产品的定价策略，掌握各种定价策略和定价方法之间的差别。本次学习活动目标是运用相关理论对产品进行分析，为企业产品制定合理的定价。

合作实训

实训任务：手机市场的价格策划状况调查。

实训目的：通过对手机市场的价格评析，让同学们在营销活动的实践中亲身体验营销，加深对各种定价方法及策略的理解；进一步了解价格的制定、修订和变动的原因及其策略，把理论知识与实践相结合，初步培养学生的价格策划能力，使同学们对所学知识有更进一步的了解与提高。

实训步骤：

1. 选择熟悉的手机品牌为调查对象，每组自选品牌。

2. 按小组进行调查活动。运用实地调查、上网调查、观察调查、深入访谈等方法，到各种线下和线上的商店，具体调查某一品牌具体型号手机在不同的购物平台上的价格变化、销售情况。

3.每个小组分析价格变化的背后都依据了什么定价方法和定价策略。

4.小组进行讨论汇总、整理和归纳。

5.完成实训报告,并制作成 PPT 进行小组成果汇报。

实训评价: 教师和小组组长根据表 5.2.3 的评价指标和标准进行实训评价。

表 5.2.3

评价指标	标准	分值 / 分	小组评价	教师评价	综合评价
团队合作	积极发言,听取他人意见,主动配合	30			
服从管理	纪律良好,服从安排	20			
完成任务	按时完成任务,质量符合要求	40			
其他		10			
总分		100			

任务3 〉〉〉〉〉〉〉〉
制定分销渠道策略——构建通路

情境设计

　　吴经理的新产品开发项目正按部就班地有序推进中,接下来项目组准备筹划分销渠道。公司力求通过合理的渠道策略来打通新产品的销路。虽然对"分销渠道",刘欣、杨锐、王涛和李梅 4 人也只是略有耳闻,但他们想起了陈老师曾经讲过的"3W"法——是什么(What)、怎么样(How)、为什么(Why),他们打算通过这个方法来认识"渠道策略",并协助吴经理和前辈们完成任务。事不宜迟,于是他们列出了以下的行动方案。

任务分解

　　一方面,刘欣等 4 人通过陈老师的指导和搜集资料,自主学习渠道策略的知识;另一方面,在吴经理的领导下,他们与前辈们一起制定分销渠道方案。同时还跟随团队成员联络中间商,汲取分销渠道的管理与维护的经验。

活动1　识别营销渠道和分销渠道

活动背景

> 刘欣等 4 人在学习渠道策略知识的过程中，产生了一个大大的疑问，在资料中不时出现"营销渠道（Marketing Channel）"和"分销渠道（Distribution Channel）"这两个非常相似的概念，让他们犹如雾里看花，怎么讨论都无法达成共识。王涛提议打电话请教陈老师，而陈老师的点拨，使原本困惑不解的 4 人，顿时豁然开朗。

活动实施

★议一议★　通过以下案例，思考老干妈辣酱的整个生产和销售过程是怎样的。

1984 年，陶华碧女士凭借自己独特的炒制工艺，推出了别具风味的佐餐调料，令广大顾客大饱口福，津津乐道。1996 年批量生产后在全国迅速成为销售热点。贵阳南明老干妈风味食品有限责任公司（以下简称"老干妈"）是国内生产及销售量最大的辣椒制品生产企业，主要生产风味豆豉、风味鸡油辣椒、香辣菜、风味腐乳等 20 余个系列产品，销往全球 70 多个国家和地区。在大多数国外购物网站上"老干妈"都直接译成"Lao GanMa"，也有译成"The godmother"。

无广告，不活动，不贷款，不上市，现款现货……种种"逆营销"之举，"老干妈"却塑造了一个商业传奇，其配方和制作工艺一直是最高等级的商业秘密，外人难以知晓。直到 2017 年中央电视台的《还看今朝》节目组对"老干妈"进行了采访，世人才得以一睹这"神秘车间"。

据节目组报道，每天都有十几辆载重 30 吨的油罐车，把油运送到厂区的大油罐子中，据传说是菜籽油。"老干妈"每年用油量高达 15 万吨，占贵州省食用油用量的四分之一，"输出全球"果然不是浪得虚名。在核心车间——炒制车间内，摄像头拍到了辣椒和花生，至于炒制过程如时间、火候仍然不得而知。在灌装车间内，主持人还看到另一种材料——豆腐丁，为了保证每罐辣椒酱能有 70% 以上的固体物，灌装环节只能保持人工作业。节目中还介绍了"老干妈"自有的玻璃瓶厂，一年生产 6 亿个玻璃瓶全部用于供应"老干妈"。而"老干妈"一年需要用到 7.7 亿个，换言之，不够的玻璃瓶还得找别的供应商采购。

最后，一瓶瓶生产好的"老干妈"辣椒酱通过粮油杂货店、便利店、超市甚至菜市场，到达我们的餐桌。

数十年如一日坚持只做辣椒制品，"老干妈"的"执拗"成就了极致美味。"老干妈"辣椒酱，不但成为全国人民的拌饭神器，而且走出国门，让世界品尝到我们的国货精品。

步骤 1：阅读以上案例，试在文中找出产品的原材料分别有哪些。

步骤 2：阅读以上案例，试在文中找出产品通过几类中间商才到达消费者的手里。

步骤 3：完成以下的填空练习，见图 5.3.1，理清产品"供应—生产—分销"的整个过程。

步骤 4：参考完成后的练习，用自己的话总结"营销渠道"与"分销渠道"的区别。

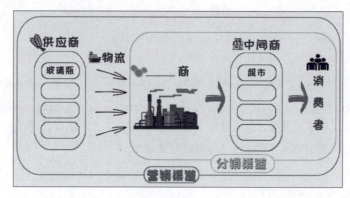

图 5.3.1

🔲 知识窗

1.营销渠道与分销渠道的概念

科特勒认为，市场营销渠道和分销渠道是两个不同的概念。他认为，营销渠道是所有配合起来生产、分销和消费某一商品或劳务的企业和个人。这就是说，一条市场营销渠道包括某种产品的"供产销"过程中所有的企业和个人，如资源供应商、生产者、商人中间商、代理中间商、辅助商，如运输企业、公共货栈、广告代理商、市场研究机构等；以及消费者或用户等。

分销渠道是指某种产品和服务在从生产者向消费者转移的过程中，取得这种产品和服务的所有权或帮助所有权转移的所有企业和个人。换言之，分销渠道以生产者为起点，消费者或用户为终点，而中间商处于以上两者之间。

2.分销渠道的成员

分销渠道包括生产者、中间商和消费者。其中中间商的成员包罗万象，总体而言，可按两个标准来分类，见表 5.3.1。其一，按商品流通的顺序为标准分类，可分为批发商和零售商；其二，按是否拥有商品所有权为标准分类，可分为代理商和经销商。

表 5.3.1

划分标准	中间商类型	具体类型
按流通顺序	批发商	专业批发商、大类商品批发商、批发交易市场
	零售商	专卖店、超级市场、购物中心、连锁店、网络商店
按是否拥有商品所有权	代理商	不拥有产品所有权
	经销商	拥有产品所有权

物流运输深刻影响着当地企业的渠道策略选择，其发展程度高度依赖于国家的基础建设。备受关注的 G7 京新高速，被誉为"神奇的中国 7 号天路"，京新高速全长 2 540 km，其中临河—白疙瘩段全程 930 km，跨越阿拉善沙漠中的乌兰布和沙漠、巴丹吉林沙漠、腾格里沙漠这三大沙漠地带，是世界上最长的沙漠高速公路。从繁华都市到茫茫草原，从漫漫黄沙到荒芜戈壁，不仅是在技术上，更是在精神上，向世界证明了中国力量。

在沙漠戈壁中修建高速公路，难度大得令人无法想象。沙漠会根据风向和降水改变地貌，不断移动的风沙随时有可能吞噬公路。尤其是巴丹吉林沙漠，年均移动 18 m，堪称"行走的猛兽"。漫天的风沙除了阻碍施工，还考验着人们的意志。沙漠的昼夜温差甚至可以夺人性命。夏天地表最高温度能达到 70 ℃，简直能把鞋底融化，根本无法进行作业。而冬天的夜里，最低气温能达到零下 36 ℃，工人不注意保暖的话，随时有可能命丧黄泉。

更难克服的是缺水难题。项目组在负责的 352 km 范围内打了 40 多口井。200 米挖下去，30 口井出来的都是沙子；剩下的 10 口井虽然挖出了水，可出水量特别小。一个人在井口等半个小时，才能接满一小盆混着沙子、盐碱严重超标的浑水。即便配备大型净水过滤器，也会因为水质恶劣而经常发生故障。喝了一段时间的过滤水后，工人们在体检时发现肾脏有结晶，医生提醒，再喝下去就会得肾结石了。

即便困难重重，国家都决心要把这条路修好。一方面，沿线地区可以发展经济，人民提高生活水平。另一方面，路修好了，我们的治沙事业能够更好地开展，不仅能改善环境气候，还能把土地从沙漠手中抢回来，发展特色经济林产业，而后带动种植、养殖、加工和旅游等各种产业，榆林就是一个很好的例子。在"治沙英雄"石光银和当地村民的努力下，毛乌素沙漠即将被消灭，成为中国治沙事业的一座里程碑。

当然，京新高速的价值远不止扶贫与通车，它的肩上担负着一个更大的历史使命。乌鲁木齐连接着"新亚欧大陆桥"——一条连通中国、中亚、西亚、东欧和西欧 30 多个国家和地区的国际铁路线。换言之，它不只缩短了北京和乌鲁木齐的距离，也缩短了北京和阿姆斯特丹的距离，也就是说，缩短亚欧大陆的陆地距离。亚欧大陆居住着世界 60% 以上的人口，GDP 约占全球 55%，贸易总额占全球的 70%，这是一个巨大的市场。路畅通了，"一带一路"的合作倡议就能更好地实现，亚欧大陆的经贸关系，将更加紧密。

3. 分销渠道长度概念与宽度概念

（1）分销渠道长度是指商品在流通过程中经过不同类型的中间商数量的多少，见图 5.3.2。

从图中可见，商品直接从生产者流向最终消费者的渠道最短，其名曰直接渠道或零阶渠道。

而随着中间环节（如经销商、代理商、批发商或零售商）的增加，分销渠道逐渐变长，依次为一阶渠道、二阶渠道、三阶渠道等。中间环节越多，渠道越长。

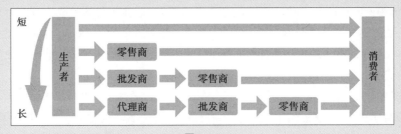

图 5.3.2

（2）分销渠道的宽度是指渠道中的每个层级中同种类型中间商的数目多寡。例如，同样是运用一阶渠道，A 企业的零售商数目比 B 企业的要多，我们就可以说，A 企业的渠道比 B 企业的渠道要宽。

4.分销渠道的宽窄选择策略

企业在其分销渠道宽窄的选择上,有3个与之密切相关的策略,分别是密集分销、选择分销与独家分销。三个策略各有特点,见表5.3.2。

表 5.3.2

策略	因素				
	中间商数量	渠道的长度、宽度	销售成本	宣传任务承担者	商品类别
密集分销策略	尽可能多的中间商	长而宽	高	生产者	便利品、消费品
选择分销策略	有限中间商	较短而窄	较低	生产者、中间商	选购品、特殊品
独家分销策略	一个区域一个中间商	短而窄	较低	生产者、中间商	高价品、特色商品

5."互联网+"时代的变革

互联网技术的出现,让分销渠道中的每一个环节都发生了翻天覆地的变化,信息技术为分销渠道赋能的同时也对其业态进行了一次洗礼。

对于零售商而言,2009年"双十一"期间,淘宝网总销售额达9.36亿元,标志着真正意义的电商渠道开始攻城略地。随着时间推移,马云的淘宝网和刘强东的京东商城对实体零售商造成巨大冲击。时至今日,一批零售商被淘汰了,一批"新零售"模式的企业则高歌猛进。新零售,简单地说就是在保留传统零售在体验、时效、服务等优势的基础上,运用大数据、人工智能等先进手段,进行的互联网化改造。盒马鲜生就是其中的佼佼者。

对于消费者而言,2013年,移动互联网崛起,线上支付成为潮流,并出现了O2O电商模式,使线下的商务机会与互联网结合,让互联网成为线下交易的前台。基于互联网技术LBS(Location Base Service)的商业模式也是层出不穷,最典型的品牌就是滴滴打车和美团外卖。只要能够通过手机App来解决的问题,消费者绝对不会动一下自己的双腿。随着消费的不断发展,消费者获取产品的形式已经从"人动,货不动"转变到"人不动,货动"。互联网大大缩短了人和商品,人和服务之间的距离。

对于代理商与批发商而言,2014年出现了B2B平台。B2B平台将传统商业模式各环节进行电子化、网络化、信息化。快消品的B2B平台以京东新通路和阿里零售通为领头羊,两者实现全国主流城市全覆盖,新通路和零售通为超市、便利店、夫妻店、杂货铺等实体店提供批发、进货等一站式综合服务平台。简单地说,零售通就是另外一个"天猫超市",天猫超市是对接客户C端,而零售通则是对接门店B端。

生产商依靠传统的渠道发展已然是不合时宜的了,必须不断寻找消费者出现的地方,因为能触达消费者的地方就有消费。

※ 活动小结 ※

　　通过理论学习和案例学习，小组成员了解到营销渠道与分销渠道的区别、渠道成员的组成和渠道长度与宽度的概念，最后还有宽窄策略的选择和"互联网＋"时代的渠道变革。在自主填写好相关任务表格的同时，培养其小组合作的意识，强化沟通分享的能力，提高学习的积极性。

活动 2　建立分销渠道

活动背景

> 经过一番学习，刘欣、杨锐、王涛和李梅对分销渠道策略有了大致的了解。这天，项目组又召开例会，讨论线下渠道的搭建，刘欣等 4 人非常认真地聆听并做笔记。会议期间，吴经理提到了"全渠道"这一概念，王涛很是感兴趣，于是会后请教吴经理。吴经理要求王涛与其他 3 位同伴一同研究"盒马"这一案例，自行体会其中奥妙。

活动实施

✎ 做一做　阅读以下案例，思考盒马的"全渠道"运作流程。

　　当很多商品的实体零售商，都被新兴的"网店"瓜分了不少的市场份额时，"生鲜商品"可以说是传统零售的"最后阵地"了。生鲜电商被喻为电子商务中"最难啃"的一块骨头。

　　盒马的出现，打破了这个局面，甚至"坪效"还做到了传统生鲜超市的 3~5 倍。由于门店租金是传统零售最主要的成本之一，因此，通常用"坪效"来衡量运营效率。坪效就是门店每平方米每年创造的收入。2018 年 9 月，盒马首次公布运营数据，运营 1.5 年以上的门店单店坪效超过 5 万元，是传统超市的 5 倍，线上销售占比超过 60%。

　　盒马 CEO 侯毅在创业之前，就已经和当时的阿里巴巴 CEO 张勇商定好盒马的四大运营战略原则：

　　1. 线上收入大于线下收入

　　这其实就定义了盒马的主体是一个线上线下一体化的电商，而不只是线下零售，它的目标是线上收入占大部分。

　　2. 门店的购物体验获得用户信任和偏好

　　在传统生鲜超市，用户可以任意挑选。但用户对在网上买生鲜，缺乏一份信任感。盒马鲜生设置的堂食区域与低廉优质的现场加工服务，让顾客亲自品尝，感受"盒马品质"，打消顾虑，建立信任。这是提高客户体验、让流量向线上转化的第一步。

　　3. 用 App 买单，突破坪效极限的神转折

　　盒马坚决要求到门店消费的用户用盒马 App 买单。只接受 App 付款，不接受银行卡，连支付宝都不行。盒马门店提供免费 Wi-Fi，工作人员也会热情帮助，千方百计使用户的手机安装上盒马 App。一是为用户以后在网上下单做准备，完成线下流量"引流"至线上的关键一步；二是采集用户信息，通过消费记录，刻画用户画像。通过大数据系统，盒马能很好地把控进货量及销售量，甚至改造供货商，由供货商生产最受欢迎的产品，盒马来定价买下，然后以高性价比精准地销售

给消费者。可谓一招打破了所有牵绊，实现有效供给。

4. 3 km 半径内，实现 30 分钟送货

3 km 半径，大概能覆盖 28 km² 的面积，30 万户家庭。这个半径范围内，无需冷链运输，又能及时响应，"突然想要，而且还要立刻拿到。"快到这个程度，用户才不会觉得在 App 上买东西不方便。盒马做到 10 分钟出货，20 分钟送货，一共 30 分钟，确实快。

盒马能够同时满足消费者线上与线下的消费场景，将流量池做大，引导消费者在线上完成交易，从而突破传统生鲜超市的"坪效瓶颈"。

通过这几点原则，我们可以清楚地了解到，盒马本质上就是一个线上线下一体化运营，贯通**全渠道**的生鲜电商。其采取实体渠道、电子商务渠道和移动电子商务渠道整合的方式，让消费者在任何时候、任何地点都接受到无差别的购物体验。

步骤 1：阅读以上案例，试在文中找出盒马线下门店承担着哪几项任务。

步骤 2：阅读以上案例，试在文中找出线下门店和盒马 App 分别有哪些分工。

步骤 3：完成以下的填空练习，见图 5.3.3，理清盒马渠道运作的整个过程。

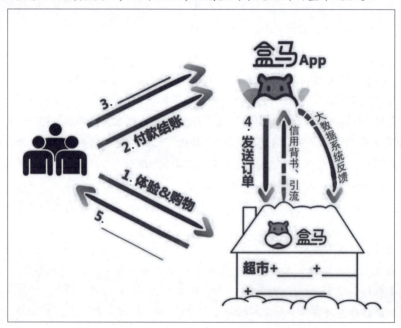

图 5.3.3

🔲 **知识窗**

1. 分销渠道选择的影响因素

每个品牌商搭建出来的分销渠道千姿百态，这主要受三方面因素的影响：市场因素、产品因素、企业自身因素，详见表 5.3.3。

表 5.3.3

	具体因素	对照组	渠道选择	例子
市场因素	消费者数量	多 少	长且宽 短且窄	我国一线城市 我国县城
	消费者购买频率	高 低	长且宽、密集 短且窄	快消品 耐用品
	一次购买批量	大 小	短而窄 长且宽	政府、企业采购 个人消费
	消费的季节性	强 弱	短且宽 长	时令水果 卫生卷纸
产品因素	产品单价	高 低	短而窄 长且宽	精密仪器 作业本
	产品体积与重量	大 小	短而窄、直接渠道 长而宽	重型机械 快消品
	易损易腐性	高 低	短 合适就好	水晶灯 衣服
	技术性	高 低	短而窄 合适就好	助听器 塑料袋
	产品生命周期	导入期 成长期 成熟期	短而窄、局部 变长变宽 合适就好	
企业因素	资金能力	雄厚 薄弱	自由选择 中间商	世界 500 强 初创公司
	销售能力	强 弱	自由选择 中间商	oppo、vivo 初创公司

2. 线上与线下融合

线下的分销渠道真的会被线上渠道所取代吗? 事实上, 线下渠道拥有着一个线上渠道难以复制的优势——体验性与即得性。

比如衣服, 无论产品照片拍得再具体、再精美, 文字描述再详细, 消费者还是无法感受具体的材质和剪裁, 只能凭眼光和想象, 一不小心, 就会上演买家秀与卖家秀的"悲剧"。又比如鞋子, 款式不同会导致尺码不准, 消费者需要试过, 才知道是否合脚与是否舒适。再比如床垫, 写得再天花乱坠的文案都不如消费者实际地"躺一躺", 体验一番。再者, 无论现代物流有多快, 都比不上"一手交钱一手交货"的速度, 所以实体店的即得性也是线上渠道无法比拟的。

但问题是, 线下实体店的经营成本太高了, 它提供了信息流服务, 消费者得以体验一番, 但资金流却被线上抢走, 长此以往, 线下经销商的生存空间越来越小, 最终关门大吉。只通过线上渠道, 显然不现实, 消费者总是要试鞋子, 试床垫的。面对这个线上与线下渠道的矛盾, 品牌商一时陷入两难境地，品牌商体验店的出现打破了这个僵局。

线下体验，线上购买，线下服务，采取实体渠道、电子商务渠道和移动电子商务渠道整合的方式，让消费者在任何时候、任何地点都接受到无差别的购物体验。这就是新零售和全渠道的商业逻辑。下面，我们通过"小米"和"良品铺子"感受全渠道营销的魅力。

案例1："小米"全渠道的建设

小米品牌的商品，一直是高颜值、高品质、高性价比的代表。2016年开始，小米开始大举推进"新零售"，并承诺线上线下同质同价。我们不妨通过以下这条公式，尝试解读小米的战略布局。

销售额＝流量×转化率×客单价×复购率。

小米使出浑身解数，来提高进店客数（即流量）、成交率（即转化率）、单个客人每次消费金额（即客单价）和回头率（即复购率），把每一项都做到极致，最终拉动整个线上线下的总销量。

如店面选址对标快时尚。小米发现目标用户和优衣库、星巴克、无印良品高度重合，所以只要它们开在哪个购物中心，小米之家就必定在附近，以此保障基础客流。另外，积极投资生态链企业，售卖的产品涵盖充电宝、手环、耳机、平衡车、电饭煲、自行车、电视机和净水器等。顾客进店总能买几样东西走，提高有效流量。

线下门店的面积是有限的。根据大数据来安排在不同地域小米之家门店的选品，什么东西好卖，就卖什么，并且统一调度。比如平衡车，很多消费者是线下体验后在网上下单的，大大提高了用户的转化率。在小米之家，用户可以细细体验外观、手感、性能的差异，买高配的人就变多了，这就进一步提高了客单价。

小米之家还有一个重任，就是让更多过去不知道、不了解小米的消费者，认识小米，在消费者心中植入小米的品牌。从线下往线上引流，通过打通线上线下，构建全渠道，爆品在店内立刻就能拿到，享受了体验性和即得性；如果是店内没有的商品，可以扫码，在网上购买。这样，一个到店一次的用户，就会成为小米的会员，有机会成为小米真正的粉丝，产生惊人的复购率。这就是"小米的新零售"：用互联网赋能线下渠道，给线下的体验性和即得性优势，插上效率的翅膀。

案例2："良品铺子"全渠道模式

良品铺子依靠线上、线下销售额均衡和线下2 400多家门店的先发优势，打通各渠道之间的商品、数据和会员，构建了智慧门店、平台电商、O2O外卖、自营App等全方位的互动和销售渠道，满足了当下消费者碎片化、社交化、及时化、娱乐化的购物需求，完成了"不断接近终端、随时提供服务"的销售渠道布局。

1. 智慧门店

智慧门店的建设是2017年良品铺子最重要的新零售战略步骤，与阿里合作打通了2 100家门店，完成了会员数据、支付、财务核算和数据营销系统的对接。

2. 平台电商

良品铺子利用平台电商开设自营品牌旗舰店和B2B业务。

①自营品牌旗舰店：在天猫、京东、微信商域等第三方电商平台开设自营品牌旗舰店，订单由良品铺子处理。

②B2B：分为线上代销和线上经销，产品进入第三方电商平台仓库，订单由平台处理。代销

包括天猫超市、一号店等平台，双方以实际销售额和约定方式结算。经销包括京东自营等渠道，良品铺子把货卖给京东，京东依靠自身渠道赚取差价。

3. OTO 外卖

与美团、饿了么等合作，顾客在平台选择就近门店下单后，门店通过外卖平台在一定时间内送达消费者，速度比淘宝、京东等平台电商快。接入外卖后，良品铺子借助 O2O 的流量，将原有门店的辐射半径从原来的 500 m 延展至 3 km。此外，其门店开始承担一部分仓储的功能，节省了一部分物流成本。

4. 自用 App

公司推出手机 App 自营 O2O 平台。同时打通了美团、饿了么、京东、淘宝等第三方平台的渠道。

据年报显示，2019 年良品铺子的全渠道销售网络继续发力，各类终端销售收入总额高达97.37 亿元。

※ 活动小结 ※

通过理论学习和案例学习，小组成员了解到企业在选择分销渠道时，有哪些影响因素；当互联网出现后，对分销渠道的影响，包括线上与线下渠道的矛盾与融合；并且通过小米和良品铺子的案例，了解"全渠道"的发展趋势。在自主填写好相关任务表格的同时，培养其小组合作的意识，强化沟通分享的能力，提高学习的积极性。

活动 3　管理分销渠道

活动背景

> 在项目组的努力下，新产品的分销渠道已呈现雏形，且日益完善，并有条不紊地运行中。在这过程中，虽然主要由吴经理和前辈们做出决策，刘欣、杨锐、王涛和李梅只负责执行所分配到的任务，当他们看到分销渠道做出成效的时候，仍然备受鼓舞。其间，刘欣等 4 人还跟随前辈们走访中间商，从"成员关系"这个角度，再一次认识分销渠道系统，并且目睹了项目组如何选择、激励、评估和调整分销渠道，获益匪浅。

活动实施

★议一议★　请阅读以下案例，思考立白集团如何管理分销渠道。

屹立于广州珠江边黄金地段的立白中心，昭示着创立于 1994 年的立白集团，这一中国日化行业的领头羊，正值壮年，活力满满。经过多年的发展，立白集团通过收购、自营孵化等方式，构建起了包括立白、好爸爸等在内的近 20 个品牌的多品牌多品类格局，并连续十年全国销量领先，国内每 10 户城市家庭，有 7 家选择了立白产品。如此辉煌的成就，和立白集团重视渠道的管理是分不开的。

第一，立白集团以县为单位来寻找经销商并控制经销商的规模。立白集团摒弃了其他品牌在省会设立分公司的模式，让销售人员直接下沉到了县市一级，通过强有力的广告和人员支持，全面辅助经销商的业务拓展。关键是，立白并不是用规模、资金实力来衡量一个经销商；相反，立白会选择那些中小型的经销商。一方面,这些经销商希望傍上大的厂家品牌,可以提升自己的影响力;另一方面,中小型经销商一旦能够当上品牌的一级代理,其忠诚度和配合度都会比较高,这反过来间接提升了经销商的积极性。

第二,坚持现款现货。在20世纪90年代的日化行业,"先货后款"几乎是通用规则,这种赊销的方式极易形成三角债务,对企业而言无疑是一颗定时炸弹。"立白"第一个提出了"现款现货"原则,并规定经销商只能做立白的产品,尽管反抗的浪潮难以想象的激烈,但"立白"凭借坚定的信念,熬过了寒冬。

第三,严防窜货。窜货是日化行业,乃至整个快速消费品行业的"老大难"问题,有很多外资品牌都对此束手无策,虽然无法真正做到100%的零窜货,但立白在渠道管理上确实称得上是行业中的标杆企业。其采取的措施,一是建立"商会",二是运用信息技术。

立白创始人陈凯旋在日本调研时学到了"商会"这个概念,便加以创新运用到了立白的经销商建设上。所谓"商会",是指一个以经销商为主体的平台,通过平时的经验交流、活动联谊,甚至是互相帮忙销货,从而促使经销商形成一个互帮互助的团体,避免相互通过低价窜货来抢夺终端客户,同时,这个方法也提升了经销商的忠诚度。

除了建立"商会"之外,立白还有防止窜货的硬件投资,通过建立销售管理信息数据库,利用先进的数码防伪网络和内部防窜货条码,立白将厂家、经销商和消费者联系起来,做到可以实时监控产品的流向。

第四,始终坚守在商超卖场。虽然压账期、涨费用,因企业恶性竞争,而蓄意提高陈列费,商超卖场对于日化企业来说,就像一台利润压榨机,但却是立白树立品牌形象和提升知名度的重要平台。所以立白通过一次次的品牌形象升级,紧跟时代潮流的包装让消费者眼前一亮,在货架上快速抓住消费者眼球。立白宁肯吃亏,也要保证终端的品牌形象,强化品牌在消费者心中的形象。

最后,紧跟时代,及时调整渠道策略。随着电商等新型渠道的兴起,立白集团目前采用"全渠道"的发展策略,拓展更多零售通路,解锁线上电商、社区连锁店、便利店……

随着品牌知名度和渠道成熟度的相互提升,立白稳打稳扎,迈步向前。在品牌强国的时代背景下,立白作为本土企业扛起了民族日化大旗,期待未来它能向世界市场传递更多中国声音。

步骤1:阅读以上案例,试在文中找出立白集团的分销渠道主要包括哪些中间商。

步骤2:阅读以上案例,想一想立白集团实施了哪些措施来巩固分销渠道。

🔲 知识窗

1.管理分销渠道

(1)选择渠道成员

总的来说,知名度高、实力雄厚的企业很容易找到适合的中间商;而知名度低、新成立的中小企业较难找到适合的中间商。无论难易,企业选择渠道成员应注意以下条件:能否接近企业的目标市场;地理位置是否有利;市场覆盖有多大;中间商对产品的销售对象和使用对象是否熟悉;中间商经营的商品大类中,是否有相互促进的产品或竞争产品;资金多少、信誉高低、营业历史的长短及经验是否丰富;拥有的业务设施,如交通运输、仓储条件、样品陈列设备等情况如何；从业人员的数量多少，素质的高低；销售能力和售后服务能力的强弱；管理能力和信息反馈能力的强弱。

（2）激励

企业不仅要选择中间商，而且要经常激励中间商使之尽职。主要措施见图5.3.4。

物质奖励	直接金钱奖励		营业额达到目标、直接金钱奖励
	返利	过程返利	铺货率、售点气氛评估、守约付款
		销量返利	销售竞赛	在规定区域与时间段内销量第一的经销商予以奖励
			等级进货奖励	进货达到不同等级数量的经销商给与奖励
			定额返利	对进货量达到一定程度的经销商予以奖励
精神奖励	能力奖励		提供培训，令中间商能力得到提升
	荣誉奖励		颁发服务奖、贡献奖、团队奖，使中间商感受到集体荣誉，提升凝聚力
	组织奖励		达到一定等级的中间商，获得资格，允许参与企业经营目标的制定
关键点	可持续		激励方案必须完整且层层递进，才能目标明确
	公平公开		奖励公开透明，具有说服力
	多元激励		有机结合物质和精神激励，切忌手段单一

图5.3.4

（3）评估

品牌商除了选择和激励渠道成员外，还必须定期地、客观地评估他们的绩效。如果某一渠道成员的绩效过分低于既定标准，则需找出主要原因，同时还应考虑可能的补救方法。当放弃或更换中间商将导致更坏的结果时，品牌商只能容忍这种令人不满的局面；当不出现更坏的结果时，品牌商应要求工作成绩欠佳的中间商在一定时期内有所改进，否则取消它的资格。

（4）调整

根据实际情况、渠道成员的实绩，对渠道结构加以调整：增减渠道成员，增减销售渠道，变动分销系统。

案例：德尔家居的股票期权激励

在消费领域，尤其是以经销商为主要分销渠道的企业，其业绩往往与经销商的销售额紧密相连。为了将双方的利益捆绑在一起，消费类上市公司选择推出经销商持股计划，运用股票期权激励方案，能大大刺激经销商的积极性，形成厂商战略合作关系，使大家齐心协力，为企业做大做强。

木业家具品牌德尔未来（002631.SZ）就曾在2015年6月发布过针对经销商的股票期权

激励计划。通过协议,经销商可以锁定 2.63 元 / 股的认购价在规定时间内买入一定数量的德尔未来的股票。期权的最大好处,是看到结果之后再投资,经销商既不占用资金,而且稳赚不赔。等股价上涨到高于 2.63 元 / 股的时候再去认购,买到就是赚到了。

线下门店是德尔未来提供家具,也是家居体验经济时代重要的实现场所。因此,绑定经销商资源且让他们的积极性得到充分激活,能让德尔未来的业绩更上一层楼。

2. 分销渠道管理最高原则

《道德经》第八章:"上善若水,水善利万物而不争,处众人之所恶,故几于道。"与人合作,懂得让利,把对方的利益顺序放在自己的前面,路才能走得更远。(图 5.3.5)

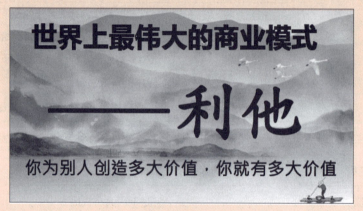

图 5.3.5

案例:我们不妨通过以下的例子来理解这种"利他"的价值观。

一家花生油生产商,通过大数据分析与渠道整合,使每罐花生油的仓储物流成本降低了 15 元。节省下来的 15 元就是企业的"价值空间",如果你是该企业的 CEO,你会如何分配这15 元呢?

你可以拿 5 元分给消费者。买同样的花生油,消费者比以前节省了 5 元,他们会非常高兴地从竞争对手那里,投奔你的怀抱。

然后,你可以拿 5 元分给中间商。由于你减价了,用同样的资金,现在可以进到更多的花生油了,中间商也非常高兴,这样更多人愿意帮你卖花生油了。

剩下的 5 元,就是你应得的部分,是你真正的利润。

给大家都创造了价值空间,才会让越来越多的人愿意与你合作,盼望你成功。

努力为消费者和合作伙伴创造价值空间,使他们都能获益,事业成功则是水到渠成的事。

※ 活动小结 ※

通过理论学习和案例学习,小组成员学习了渠道成员管理中的选择、激励、评估与调整,最后了解了渠道管理的最高原则。他们自主完成案例相关任务,培养了小组合作的意识,强化沟通分享的能力,提高学习的积极性。

合作实训

实训任务：调查、分析产品的分销渠道。

实训目的：加深对分销渠道策略的理解。

实训步骤：

1. 将班上同学分成若干小组，每组设小组长一名，任务分工表见表 5.3.4。

表 5.3.4

角色	任务
组长	协调小组成员，明确任务分工，组织调查活动
组员	听从组长安排，按照分工开展工作
报告人	从组员中选拔，整理汇报材料，在课堂上汇报

2. 选择一款产品，小组合作利用互联网，调查其分销渠道的结构，在表 5.3.5 中，为其选择的分销渠道打"√"。

表 5.3.5

		分销渠道		选择"√"
线上	B2B 电商	快消 B2B	京东新通路 / 阿里零售通 / 易久批	
		快消 B2B	美菜 / 快驴 / 有菜	
	O2O 电商	平台型	美团 / 饿了么 多点 / 淘鲜达 / 京东到家	
		自营型	店仓一体——盒马鲜生 / 永辉到家 前置仓——每日优鲜 / 叮咚买菜 / 扑扑超市 社区团购——兴盛优选 / 十荟团 / 同程生活 / 本地社区团购	
	B2C 电商	传统电商	京东 / 天猫 / 拼多多	
		直播 / 短视频电商	李佳琦 / 薇娅	
		社交电商	云集 / 贝店 / 环球捕手	
线下	流通渠道	传统流通小店		
		乡镇批发门店		
		社区生鲜超市		
	现代渠道	KA– 连锁卖场		
		CVS– 便利店		
	餐饮渠道	中小型餐饮店		
		区域连锁锅饮		
	封闭渠道	行政企事业单位	企业福利、内购	
		自动贩卖机	工厂 写字楼 居民社区	
其他：				

3. 小组讨论并思考，为什么该产品会选择以上分销渠道，写出 1~2 个关键因素，并判断这些因素适合组建哪种渠道，在对应的空格中打"√"，并完成表 5.3.6。

表 5.3.6

影响关键因素	请在空格中打"√"				
	多级渠道	零级渠道	密集分销渠道（宽渠道）	选择分销渠道（中宽渠道）	独家分销渠道（窄渠道）
市场因素					
产品因素					
企业因素					
企业最终选择渠道，请在括号内打"√"：直接（　）、间接（　）、密集分销（　）、选择分销（　）、独家分销（　）					

4. 成果展示，报告人将小组调查的所选产品的分销渠道类型向全班展示，并且将小组分析的，该产品的品牌商选择这种分销渠道结构的原因，作进一步说明。

5. 教师点评每个小组的报告。

实训评价：请结合学习情况，根据评价指标，在表 5.3.7 中打分（5 表示很好；4 表示好；3 表示普通；2 表示还可以；1 表示待改进）。

表 5.3.7

评价指标	自我评价（打√）					组员评价（打√）					教师评价记录	教师打分	总分
	5	4	3	2	1	5	4	3	2	1			
团队合作行为													
纪律态度表现													
完成任务情况													
技能运用能力													

任务 4 〉〉〉〉〉〉〉
制定促销策略——整合沟通

情境设计

新产品上市已经有一段时间了，市场表现平平。吴经理和项目组决定采取措施，刺激销售。前辈们提醒刘欣、杨锐、王涛和李梅，之前研究的"小米"案例所提及的公式：

销售额 = 流量 × 转化率 × 客单价 × 复购率

他们马上明白了，提高这四个因素，就可以提高销售额。于是刘欣他们致电陈老师，请教有哪些方式和手段可以达到以上目的。陈老师提议大家先学习促销与促销组合，其中包含人员推销、营业推广、公共关系和广告宣传。

任务分解

刘欣、杨锐、王涛和李梅在陈老师的指导下，利用互联网进行自主学习，搜索促销和促销组合的相关知识。此外，还跟随项目组的前辈们，参与到会议与实际操作中去，初涉人员推销、营业推广、公共关系和广告宣传四个方面的工作。

活动 1　理解促销和促销组合

活动背景

> 刘欣、杨锐、王涛和李梅在搜索资料的时候，了解到很多企业为了销售量，不惜投入巨额的广告费，或赞助各种大型活动，或举办各种形式的打折降价赠送等活动来提高企业和产品的知名度，增加消费者的购买量。但他们对促销背后的逻辑原理还是不明确，于是他们求助于陈老师。陈老师的一番循循善诱，使刘欣等 4 人对促销和促销组合有了更深刻的理解。

活动实施

★议一议★　OPPO 与 VIVO 手机是采取什么方式来提高销售额的呢？

2021 年 1 月 29 日，全球知名市场调研机构 Canalys 发布了最新的 2020 年度中国智能手机市场销量调研报告，OPPO 与 VIVO，网友称为"蓝绿两厂"，紧跟华为其后，在中国市场上的销量排名第二、第三，市场份额分别是 18% 与 17%，成绩优异。究竟是什么因素，让蓝绿两厂在这十几年里，从一个不起眼的手机品牌，一步一步前行到行业前列的呢？

蓝绿两厂之所以能够占得"半壁江山"，很重要的一点是避开竞争对手，选择他们都忽略了的二、三、四线城市进行深度营销。通过密集的线下门店，联合战斗力极强的经销商，和深谙销售话术的导购员队伍，蓝绿两厂在县镇市场上迅速得手，如狼似虎般抢占当地市场份额。

另外，蓝绿两厂完全抓住其目标市场的"痛点"与"爽点"，打造令其"尖叫"的爆款。OPPO 与 VIVO 把目标市场锁定在三、四线城市爱拍照爱听歌刷剧的 15~25 岁的年轻女性群体。通过调查，了解到三、四级市场和乡镇地区，通信信号不好，手机待机电量消耗大；另外，手机拍照镜头后置与前置使用量占比为 1:1.8，前置镜头的使用率大大高于后置镜头，这意味着自拍需求更大。另外，调查显示，"小白"消费者对手机的需求就是听听音乐，拍拍照，刷刷微博，还有她们追求漂亮的外观，时尚的设计。于是 OPPO、VIVO 的手机就把大部分的成本都放到"拍照""音响""快充""屏幕显示"和"应用启动"上，在这些功能上做到了令消费者"尖叫"的程度，成为能冲击对手，大规模走量的大单品。

OPPO 最著名的广告词就是"充电五分钟，通话两小时"，VIVO 则是剑走偏锋主打手机拍照功能——"柔光自拍照亮你的美"，蓝绿两厂直击消费者的"痛点"，见图 5.4.1。这些卖点都是针对目标人群的需求来设计的。

图 5.4.1

另外一掷千金，请当红明星当代言人。流量是变现的基础，尤其在粉丝经济火爆的当下，打流量牌依然是各实力品牌的重要招数，各家手机的代言人比拼，让人眼花缭乱。再者，OPPO与 VIVO 运用铺天盖地的广告宣传，不仅请的都是当红明星，而且广告播放的时间都是黄金时间，或者在知名网站的首页。最重要的是 OPPO 与 VIVO 冠名了很多知名综艺节目，并要求主持人用所宣传的手机与嘉宾自拍，成为各大娱乐综艺节目里的必备环节，从而提高了产品的曝光度。

正是因为这些内容简明的广告宣传和随处可见的冠名赞助，循环洗脑式地占领消费者的心智，帮助 OPPO 和 VIVO 一步步占领市场。

步骤 1：阅读以上案例，找出 OPPO 与 VIVO 所采取的措施，填在图 5.4.2 的相应空白处，可自行增减数量。

步骤 2：思考你所填的内容，分别能提高"流量""转化率""客单价"或"复购率"里的哪一个或几个因素呢？请用线连接起来，并试用自己的话来说明，为什么你觉得它们有联系？

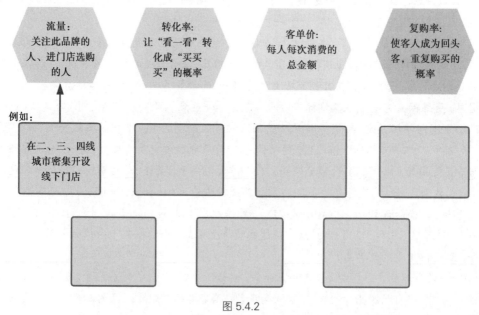

图 5.4.2

回 知识窗

1. 促销的概念与本质

所谓促销，是指企业以各种有效的方式向目标市场传递信息，以说服或吸引，或者创造目标市场对本企业产品或劳务的需求，并引起购买欲望和产生购买行为的一系列综合性活动。其本质是一种信息沟通活动，企业有意识地编辑信息且选择媒介传播，以便对目标市场的态度与行为产生有效的影响。

2. 促销组合

如今信息爆炸的时代，单一的沟通方式显然是不够的，企业必须使出"组合拳"，才能达成促进销售的目的。在这个理念下，就诞生了"促销组合"（Promotion Mix），其主张企业运用广告、人员推销、公关宣传和营业推广四种基本促销方式组合成一个策略系统，使企业的全部促销活动互相配合、协调一致，最大限度地发挥整体效果，从而顺利实现企业目标。四种基本促销方式则构成了促销组合这一整体策略的四个子系统。每个子系统都包括了一些可变因素，即具体的促销手段或工具，详见图 5.4.3。

图 5.4.3

促销组合也体现了项目 1 任务 2 中现代市场营销观念的整合营销（Integrated Marketing Communication, IMC）。强调"一致性"的同时协调使用各种不同的传播手段，发挥不同传播工具的优势，从而使企业实现促销宣传的低成本化，以高强冲击力形成促销高潮。

3. 促销的工作流程

促销的工作流程如图 5.4.4 所示。

①确认促销对象，是现实购买者还是潜在购买者？是消费者个人、家庭还是社会团体？通过企业目标市场的研究与市场调研，明确了产品的销售对象，也就确定了促销的目标对象。

②确定促销目标,是长期的,还是短期的?短期促销目标,宜采用广告促销和营业推广相结合的方式。长期促销目标,公共关系具有决定性意义。需注意企业促销目标的选择必须服从企业营销的总体目标。

③促销信息的设计,理性诉求、感性诉求还是道德诉求?企业要确定对目标对象所要表达的诉求是什么,并以此刺激其反应,需重点研究信息内容的设计。

④选择沟通渠道,是人员沟通渠道,还是非人员沟通渠道?人员沟通渠道向目标购买者当面推荐,能得到反馈,可利用良好的"口碑"来扩大企业及产品的知名度与美誉度。非人员沟通渠道主要指大众媒体沟通。大众传播沟通与人员沟通的有机结合才能发挥更好的效果。

⑤确定促销的具体组合,如何将人员推销、广告、营业推广和公共关系四种促销方式进行适当搭配,使其发挥整体的促销效果?应考虑的因素有产品的属性、价格、寿命周期、目标市场特点、"推"或"拉"策略。

⑥确定促销预算。企业应从自己的经济实力和宣传期内受干扰程度大小的状况决定促销组合方式。如果企业促销费用宽裕,则可几种促销方式同时使用;反之,则要考虑选择耗资较少的促销方式。

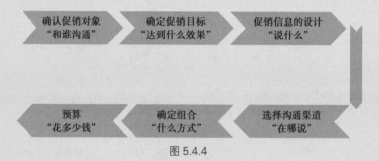

图 5.4.4

4. 促销的认识误区

尽管促销活动确实能在短期起到一定的提升销售和吸引顾客的作用,但长期来看,不合理的促销给企业带来的副作用不容忽视。在对促销的理解上,企业往往存在如下认识误区,具体内容见表 5.4.1。

表 5.4.1

		误区	现实
	对于消费者	促销能有效吸引客流	频繁的促销带来的并非优质的客流,消费者的行为将逐渐改变,造成多方比价,或仅在特价期间的现象。
	对于零售商	促销的销售提升效果明显	同质化竞争加剧(特别是跟随线上进行促销时),常年促销,使得促销的弹性下降,促销商品的销售提升效果逐渐降低。
	对于品牌商	促销有助于品牌推广和提升受欢迎程度	促销损害品牌的长期形象,线上的"被动"促销使消费者对品牌在线下的价格产生困扰,开始认为正常售价的性价比不高。

案例拓展

拼多多以火箭般的速度占领市场。
拼多多究竟是怎么做到的呢？
一起扫码学习吧！

※ 活动小结 ※

在这个活动中，小组成员能够在案例中寻找理论知识，培养其主动性和自主学习。在认识到促销的本质是一种沟通活动的同时，小组成员了解到整合营销的宗旨就是保持"一致性"。另外，他们也掌握了促销工作的流程，这有助于他们理清步骤的先后顺序，最后学会辩证地看待促销，理解"凡事有多面性"的道理。

活动 2　人员推销

活动背景

经过学习后，刘欣、杨锐、王涛和李梅对促销和促销组合有了大致的认识。一天，前辈带着他们 4 人到其中一个卖场去考察新产品的促销摊位，并且要求他们向摊位的促销人员学习工作技巧，因为项目组计划在另一个卖场，也设置促销摊位，届时将交由刘欣等 4 人负责。于是刘欣、杨锐、王涛和李梅带着十足的好奇心，向摊位的同事学习人员推销的相关知识。

★议一议★　为什么安妮能被老板录用呢？

在纽约第五大道有一家复印件制造公司，他们需要招聘一名优秀的销售员。老板从数十位应征者中初选出三位进行考核，其中包括来自费城的年轻姑娘安妮。老板给他们一天的时间，让他们在这一天尽情地展现自己的能力，任务就是销售复印机。

走出公司后，这几位应征者就商量了起来。一位说："把产品卖给不需要的人！这最能体现我们的能力了，我决定去找一位农夫，向他推销复印机！""这个主意太棒了！那我就去找一位渔民，把复印机卖给他！"另一位应征者兴奋地说。安妮考虑了一下，隐隐觉得有点不妥，于是乎便往另一个方向走去了。

第二天一早，老板在办公室里会见这三位应征者，说："你们昨天都做了些什么来体现你们的能力呢？"

"我花了一天的时间，终于把复印机卖给了一位农夫！"第一位应征者得意地说，"要知道，农夫根本不需要复印机，但我却让他买了一台！"老板点点头，没说什么。

"我用了两个小时跑到郊外的哈德逊河边，又花了一个小时找到一位渔民，接着我又足足花了四个小时，费尽口舌，终于在太阳即将下山时说服他买了一台复印机！"另一位应征者同样洋洋得意地说，"事实上，他根本就用不着复印机，但是他买下了！"

老板仍是点点头，接着他扭头问安妮："那么你呢？小姑娘，你把产品卖给了什么人，是一位系着围裙的家庭主妇？还是一位正在遛狗的夫人呢？"

"不，我把产品卖给了三个电器店老板！"安妮从包里掏出几份文件来递给老板说，"我觉得电器店老板会有兴趣销售复印机的,所以在半天时间里拜访了三家电器零售商,并且和他们分析了复印机的市场前景。最后他们都签了订货单,总共是 600 台复印机!"

老板喜出望外地拿起订货单看了看,然后他宣布录用安妮,并且严肃地对其他两位应征者说:"把产品卖给并不需要的人,只会事倍功半!我甚至怀疑你们为了卖产品,胡乱吹嘘了许多复印机的功能。我必须提醒你们,这种欺骗消费者的行为,是销售的最大禁忌!"

安妮牢牢地记住了老板的这番话。在日后的工作中,安妮一直秉承一条原则:把产品销售给有需求或潜在需求的人,同时为顾客提供问题的解决方案,能大大提高交易的成功率。

多年后,安妮创下了年销售 200 万台复印机的世界纪录,至今无人能破。2001 年,安妮被美国《财富》杂志评为"20 世纪全球最伟大的百位推销员"之一,而且是其中唯一的一位女性。她就是已退休的全球最大复印机制造商——美国施乐公司首席执行官安妮·穆尔卡希。

步骤 1:阅读案例,完成表 5.4.2,对比分析 3 位应征者的成果。

步骤 2:阅读案例,总结 3 位应征者所抱持的销售原则,并填入表 5.4.2 中所对应的空白处。

步骤 3:思考一下,安妮的高明之处体现在哪里?

表 5.4.2

人物	销售对象	销售业绩	总耗时	销售原则
应征者 1				
应征者 2				
安妮				
安妮的高明之处:				

▣ 知识窗

1. 人员推销的概念

人员推销是指通过推销人员深入中间商或消费者进行直接的宣传介绍活动,使中间商或消费者采取购买行为的促销方式,它是人类最古老的促销方式。

在长期的"重农抑商"的文化熏陶下,很多民众甚至是相关从业人员都认为"无奸不成商",人员推销就是通过忽悠、欺骗来达到销售目的。曾经在营销课堂上流行的"如何把梳子卖给和尚""如何把冰箱卖给爱斯基摩人"等案例,使人们误认为销售人员只要足够巧舌如簧,就可无所不能,能够卖掉任何产品,包括人们根本不需要的产品。

在如今这个商业社会,如果还保持着这样的态度去开展销售工作,显然是不合时宜的。

2. 人员推销的使命

如今,有所作为的销售人员,大多有良好的教育背景,过硬的专业知识,懂得为客户创造价值并且能够与客户建立长期的合作关系。

面对顾客的需求,优秀的销售人员往往比顾客本人更了解,甚至能够提出一些具有战略性意义的建议。他们懂得耐心聆听,探寻背后的需求,并合理配置企业的资源以解决顾客的难题。销售人员连接着企业与消费者,肩负着"桥梁"的重要作用,如图 5.4.5 所示。人员推销的任务不单是产品销售,还有信息传递、市场调研、提供服务和市场开拓。

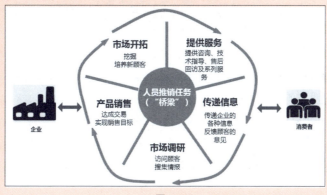

图 5.4.5

3. 人员推销的流程

通常情况下,人员推销包括以下七个步骤,具体内容见图 5.4.6。

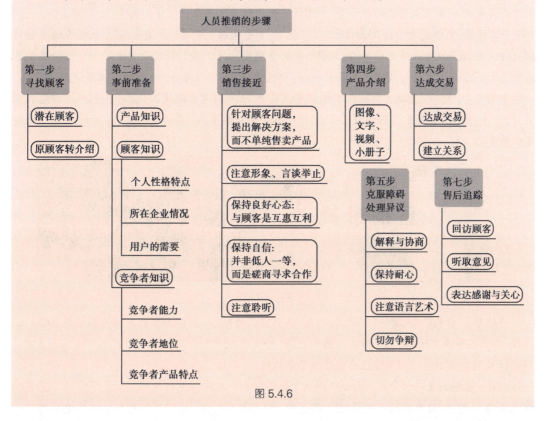

图 5.4.6

※ 活动小结 ※

通过人员推销的概念、角色、使命和流程等基础知识的学习,通过具体的案例对基础知识的形象化和具体化，这些都培养了小组成员的灵活性与适应性。小组成员通过自主完成案例分析的任务，强化了自主学习、主动探究的能力，提高了学习的积极性和效率。

活动3 开展营业推广

活动背景

为了刺激新产品的销量，这天项目组开会商量对策。经过前期的一些调查，一位前辈提议生产小包装，以赠品的形式，捆绑在其他热销产品上，免费送给消费者品尝，吴经理表示赞许。另一位前辈则有不同的意见，提议在中间商当中举行销售竞赛，分别给优胜者以不同的奖励，刺激中间商们积极销售，吴经理也觉得不无道理。于是，吴经理吩咐刘欣、李梅、杨锐和王涛先学习营业推广的相关知识，之后反馈他们对这两种方案的见解。

★议一议★　直播带货有什么优势和劣势？

可以说，2020年是直播带货元年。在疫情防控的宅经济"催熟"之下，直播带货迅速在各行各业攻城略地，无论年龄、背景、性别和区域，这期间几乎每一个人都在不同场景下被普及了直播，甚至已经成为一股席卷全民的新力量。中国第一代网红罗永浩在抖音第一次直播，带货1.1亿元；100多位县长、市长走进直播间为当地产品"代言"；董明珠成新晋"带货女王"，五场直播总销售额达178亿元，如此业绩无出其右；刘涛、陈赫等明星扎堆入局，掀起带货新玩法；一些媒体也纷纷"开店"，新闻主播卖货也毫不示弱……"全民带货"成了引爆点，使直播再次焕发新生命。

如图5.4.7所示，直播只要一台手机就可以展开，大大节省前期投入成本，任何产品都能加入直播，于是一些拥有海量活跃用户的平台——如抖音和快手，也开始发力带货，直播生态开始有了新的变化。

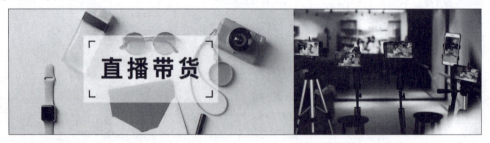

图 5.4.7

直播带货重构了"人货场"的排序，"人"成为交易的核心。那些知名的主播吸引着众多粉丝的关注，给商品带来了巨额流量。而且主播的推荐，给商品赋予了信任背书，更何况当中还有李彦宏、董明珠这种级别的企业家，往往更能让消费者信服。

另外，直播的互动性更强，主播有时为了让品牌和产品能够更好地曝光，在带货时甚至直接深入到企业内部，让生产设备与物流仓储也成了被推广的对象，使产品的信息传达得更加真实。再者，主播不时强调"全网最低价"，加上其极具娱乐性和煽动性的表述，看客们只要动动手指，就能轻轻松松等待货物送上门。很多人恐怕都禁不住这种"买买买"的诱惑，所以直播极大地刺激了消费者即时购买，从而提高了转化率。在"宠粉经济"的理念主导下，主播与粉丝之间的亲密度也保证了复购率。

但是,直播带货也浮现出不少问题。产品的质量是经常为人诟病的问题,这极大地影响了复购率。另外,其行业规范还不到位,没有具体的规范与准则,任何人都能做主播,这就造成了行业良莠不齐,鱼龙混杂。

另外,品牌商需警惕这种营业推广手段所带来的副作用,虽然同等产品中的"全网最低价"确实很吸引人,一旦没有了折扣的时候,一些品牌商会发现产品卖不动了,继续直播带货,利润降低,品牌影响力逐步下降,形成恶性循环。

面对直播带货这种营业推广模式,商家在抓住风口的同时要根据自身定位在直播方式上做一定的调整,带给消费者除了低价以外的附加价值,而不是一味地跟风促销。

步骤 1:请回忆任务 4 情境设计当中关于销售额的公式,填在表 5.4.3 相应的空白处。

步骤 2:请阅读案例,归纳文中提及了直播带货有什么优势。

步骤 3:这些优势分别能增强销售额当中的哪些因素呢?请用箭头将两者连接起来。

步骤 4:请阅读案例,归纳文中提及了直播带货有什么弊端。

表 5.4.3

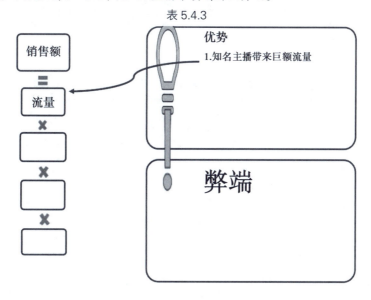

1. 营业推广的概念

营业推广也称销售促进,是指企业为了刺激短期需求、吸引消费者购买和提高交易效益的特种促销活动。

有别于广告、人员推销和公共关系这些常规性的促销活动,营业推广着眼于完成短期的具体目标,具有非规则性、非周期性和灵活多样性的特点,短期效果明显。

如果说其他促销活动的功能是诱导消费者"买!",那么营业推广的功能就是让消费者"现在买!立刻买!"

2. 营业推广的作用

具体内容见图 5.4.8。

| 吸引购买 | ·首要目标
·尤其在推出新产品或吸引新顾客方面
·刺激性较强，较易吸引顾客的注意 |

| 培养忠诚度 | ·赠券、销售奖励等通常附带价格上的优惠，直接受惠者大多是经常使用的顾客
·从而鼓励他们持续消费，以巩固企业的市场占有率和品牌忠诚度 |

| 实现经营目标 | ·让利于顾客，可使广告宣传效果得到增强破坏消费者对其他企业和产品的忠诚度（如拼多多案例）
·达到其他营销目标（如"双十一"优惠案例） |

| 刺激中间商 | ·采用多种营业推广的方式来促使中间商，特别是零售商作出有利于企业本身的经营决策 |

图 5.4.8

3. 营业推广的形式

面向消费者、中间商和企业内部均有不同的具体方式，具体内容见图 5.4.9。

面向消费者
·赠送样品
·折价券与抽奖
·包装促销
·抽奖现场演示
·会议促销

面向中间商
·批发回扣
·推广津贴
·销售竞赛
·扶持零售商

面向企业内部
·人员培训
·技术指导
·销售竞赛

图 5.4.9

4. 营业推广的实施过程

企业在运用营业推广时，必须确定营业推广目标，制订方案、实施和控制营业推广方案及评价营业推广结果。营销推广的实施过程，见表 5.4.4。

表 5.4.4

阶段	考虑的因素	需解决的问题
确定目标	√针对消费者：刺激其购买，培养忠诚度； √针对中间商：激励其销售，培养忠诚度； √针对推销人员：鼓励其推销和挖掘潜在顾客。	●活动是针对哪一类对象？ ●计划达到怎样的目标？

续表

阶段	考虑的因素	需解决的问题
制订方案	√推广的总预算； √参加者的条件； √促销的分配途径； √推广时机； √推广期限。	● 总共花多少钱？ ● 推广是面向所有人还是挑选一部分人？ ● 通过什么途径发放，既能省钱，又能达到最佳效果？ ● 什么时间点开始，多久后结束？
方案试验	√访问个别消费者，调查其意见； √或在有限地区进行局部测试。	● 推广方案可行吗？需要调整吗？
实施和控制方案	√预测并把握实施前所需的准备时间，以免错失良机； √把握结束的时间点。	● 实践证明，从正式推广开始，到大约 95% 的促销商品已出售为止，是最佳期限。
评价结果	√评价整个营业推广活动的效果。	● 推广前、中、后三个阶段的销售额有何变化？

案例拓展

你想知道"双十一"折扣背后的目的吗？
一起扫码学习吧！

※ 活动小结 ※

本活动通过对营业推广的概念、作用、形式和实施过程的基础知识学习，通过具体案例对基础知识的形象化和具体化，培养了小组成员的灵活性与适应性。小组成员通过自主完成案例分析的任务，强化了自主学习、主动探究的能力，提高了学习的积极性和效率。

活动 4 开展公共关系

活动背景

一天，整个项目组的成员一同驱车前往一所大学，原来吴经理早已安排一位前辈，与该校校方洽谈活动赞助事宜，这天是活动的开幕仪式。刘欣、杨锐、王涛和李梅也前往协助。行车路上，刘欣请教吴经理这次活动的目的和意义所在，还有相关活动细节，吴经理都一一耐心解答。听完吴经理的解释后，刘欣感到受益匪浅，对营销组合的认知"更上一层楼"了。

★议一议★ 整个事件的过程是怎么样的呢？

网络的出现，为公关开辟出了一个新的"战场"。在这一战场上，品牌间的较量只会更加激烈与残酷。而事件营销是近年来国内外十分流行的一种公关传播与市场推广手段，集新闻效应、广告效应、公共关系、形象传播、客户关系于一体。

珠海格力电器董事长兼总裁董明珠就是运用事件营销手段的高手。

在 2019 年中国质量协会 40 周年纪念大会上，董明珠再次语出惊人，"用格力电饭煲，血糖不升高"的金句冲上了热搜。

会议上，她说："三高人群不敢吃饭，吃饭血糖就要升高。既然有这个需求，我们就要创造，所以我们做出了三高人群的饭煲。在座各位如果有血糖高的人，你就打开微信到我的微店买三高人群的饭煲，保证你敞开吃，血糖不升高。"

一石激起千层浪，这一言论引发网友热议，批评和质疑的声音居多。"不管再怎么烹饪，米饭中的淀粉还是淀粉，它依旧是糖类，会升血糖。""感觉智商受到了侮辱。""开始向老年人动手了，明显的传销组织套路。"

舆论发酵一段时间以后，各路医学大 V 也开始出来质疑这个说法。如图 5.4.10 所示，春雨医生调侃道："除非这个锅可以根据患者的类型自动生成二甲双胍或胰岛素加入到饭中，并且通过一系列复杂的反应把米饭中的碳水化合物变成膳食纤维，配合降糖药，就可以实现敞开吃。"

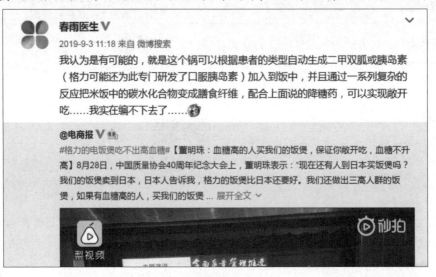

图 5.4.10

正当董明珠被各路吃瓜网友、医学大 V 和营养专家围攻批评时，格力电器则瞅准时机开始卖力宣传格力电饭煲。随后格力电器通过官方微博发布了一篇名为《三高人群为什么选择糙米发芽饭》的长文，见图 5.4.11，文中主要介绍了为何格力这款电饭煲适合三高人群使用。

原来，很多人每天吃的白米，大部分都是精制白米，它升血糖速度快。而糙米含有丰富的维生素、矿物质和膳食纤维，糙米发芽后更是含有丰富的 γ-氨基丁酸（GABA），升血糖速度慢，很适宜三高人群食用。

但糙米发芽全过程长达 17~41 小时，非常复杂繁琐，不适合普通家庭日常操作。而格力这款电饭煲的最大功能，不是降低米饭中的糖分，而是缩短煮糙米发芽饭的时间，一键煮好糙米发芽饭，仅需 4 个小时。"敞开吃，血糖不升高"的关键在于糙米食材，而不仅仅是电饭煲。

在大众批评，格力电器出面公关解释，营养学家、医生参与讨论的过程中，这款电饭煲从籍籍无名一下就变得众人皆知。连电饭煲复杂的功能卖点，都随着事件的不断发酵，在讨论和解释中被科普开来，传播度极广。董明珠的一句话，就让品牌和产品火遍全网，省下千万广告公关费。

图 5.4.11

在这个事件中,董明珠说的"金句"逻辑不通,漏洞百出,而她自身是一位非常成功的商业大亨。她深谙这样呈现出来的矛盾极其具有戏剧冲突性,极易引发大众关注和批评,这样格力就能顺势宣传产品,达到目的。

这种境界,就如唐伯虎的诗词所述——别人笑我太疯癫,我笑他人看不穿。

步骤 1:阅读案例,感受格力高明的公关手腕。

步骤 2:梳理事件并完成表格,见表 5.4.5,理清整个事件的发展脉络,了解事件传播的规律。

步骤 3:总结这次公关事件的成效。

步骤 4:利用互联网,搜集一些格力的公关事件,与老师和同学分享。

表 5.4.5

传播阶段	概况描述
事件生成	
事件发酵	
事件反转与消解	
事件的成效:	

□ 知识窗

1. 公共关系的概念

公共关系是一个社会组织用传播手段使自己与相关公众之间形成双向交流,使双方达到相互了解和相互适应的管理活动。

公共关系往往不是旨在推销某个产品，主要是利用活动和事件，把企业的经营目标、经营理念、政策措施等传递给社会公众，使其对企业更充分地了解。通过公共关系扩大企业的知名度、信誉度、美誉度，为企业营造一个和谐友好的营销环境，从而间接地促进产品销售。

2. 公共关系的功能

具体内容见图 5.4.12。

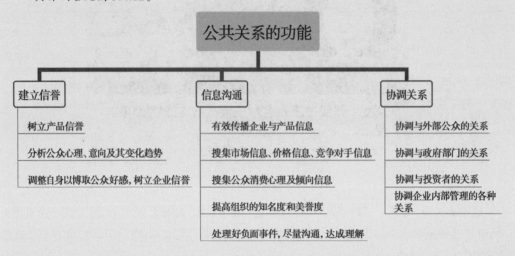

图 5.4.12

2021 年 7 月 19 日至 20 日，河南省会城市郑州普降暴雨，很快便打破了中国单小时降雨量最大值的记录，引发了严重的城市内涝，情况危急。出人出力出技术，捐钱捐物，多方联动，不少的企业纷纷参与到赈灾救援当中。

22 日，蜜雪冰城在官方微博发出公告，宣布捐赠 2 200 万元人民币现金。随后在网上出现了一些质疑的声音，宣称蜜雪冰城在这次的赈灾行动中，比其他企业慢了一拍，其公关部门的工作不到位。很多人不知道的是，蜜雪冰城的总部，就在重灾区郑州，它也是受灾的群体之一。蜜雪冰城在河南门店众多，并且 99% 的门店都在临街的地方，而原材料仓库大多也都在河南省内。我们难以想象洪水肆虐对蜜雪冰城所造成的损失会有多大。如何保障好企业的员工生命健康安全和挽救财物的损失，对于他们而言是当时最紧急的任务。蜜雪冰城在安排好自救行动后，转身就投入到赈灾救援当中，以高度的社会责任感和强烈的家国情怀，践行着自己的初心使命。

一方有难，八方支援，邻里相帮，患难相恤，是中华民族的传统美德，更是社会主义制度优越性的生动写照。我们期待看到更多的企业在关键时刻承担起社会责任，与祖国人民风雨同行，同舟共济。

3. 公共关系的构成要素

公共关系的结构是由组织、公众、传播三要素构成的。公共关系的主体是社会组织，客体是社会公众，联结主体与客体的中间环节是信息传播。这三个要素构成了公共关系的基本范畴，其理论研究、实际操作都是围绕这三者的关系展开，见图 5.4.13。

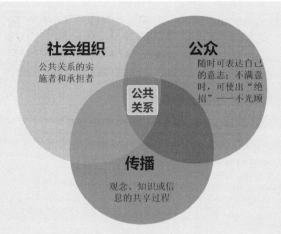

图 5.4.13

2020 年 11 月 12—13 日,由中国社科院社会责任百人论坛主办的北京责任展在北京召开。会上,蒙牛获颁"责任金牛奖—责任战疫奖"、中国食品行业企业社会责任指数第二名。新冠肺炎疫情暴发以来,蒙牛一方面率先施策扶持产业链、精准复工保障乳品供应与员工安全、维护市场乳品供应稳定,提振了乳业产业链的"战疫"信心;另一方面蒙牛发挥乳业担当,以 7.4 亿元捐赠支持一线"战疫"人员,并推动多方协同高效运作,为疫情防控取得胜利提供了有力支撑。近年来,蒙牛整合全球乳业资源,把海外优质乳品引入中国市场,更把中国乳业品牌带上世界舞台,送上了海外消费者的餐桌。2020 年 10 月,蒙牛发布了该企业《"一带一路"海外履责报告》,系统展示了蒙牛乳业践行"一带一路"国际化征程的责任与担当。这份报告的诞生,意味着中国乳业在紧密融入全球乳业产业链的同时,不断完善自身的价值担当,并在互利共赢、开放合作的交流中绽放出中国企业的人文、经济、科技光彩。成立 21 年来,蒙牛坚持将社会责任融入集团发展战略,始终秉记回馈社会的初心,在产业扶贫、营养扶贫、定点扶贫、社会公益救助以及今年的疫情防控与物资捐赠等领域,蒙牛踏实笃行企业社会责任,为社会发展贡献企业力量。

4. 危机公关

由于企业的管理不善、同行竞争甚至遭遇恶意抹黑或者是外界特殊事件的影响,而给企业或品牌带来危机,企业针对危机所采取的一系列自救行动,包括消除影响、恢复形象,就是危机公关。

信息化时代,传媒对传播速度的追求,网络的普及化应用,一切都使得负面信息的扩散越来越快,任何不利于企业的事件都有可能演变为品牌危机。是自救成功,转危为机;还是作茧自缚,自取灭亡,等待企业的是两种截然不同的命运。自救与自缚,一字之差,在品牌危机的管理上也是一念之差。

案例拓展

反面案例:蜚声国际的企业,也曾在危机公关的记录中留有"污点",事情的始末究竟如何?一起扫码学习吧!

正面案例: 海底捞的危机公关 7 步法
一起扫码学习吧!

※ 活动小结 ※

公共关系的概念、功能和构成要素等基础知识的学习, 以及案例分析对基础知识的形象化和具体化运用, 如董明珠的"饭煲金句"事件体现公共关系的概念、失败的危机公关案例, 这些都培养了小组成员的灵活性与适应性。小组成员通过自主完成案例分析的任务, 强化了自主学习、主动探究的能力, 提高了学习的积极性和效率。

活动 5　开展广告宣传

活动背景

在公关活动进行的同时, 项目组也在马不停蹄地准备广告宣传活动。刘欣和李梅继续执行大学赞助活动, 而杨锐和王涛则跟随吴经理, 到广告代理商处洽谈广告事宜。项目组根据目标市场获取资讯的习惯和广告预算, 计划利用网络和平面广告进行宣传。在筹划广告之余, 杨锐、王涛也不忘和刘欣、李梅交流其所见所闻, 他们 4 人也在讨论学习的过程中, 不断丰富自己的知识体系, 认识到广告的类型和策划流程。

★议一议★　美的"Sad Mona Lisa"广告想传达什么信息?

成立于广东佛山顺德的美的集团以生产白色家电起家, 在 2020 年的《财富》杂志公布的世界五百强企业排行榜, 位列第 307 位。如今, 美的已经成为一家业务遍布全球的科技企业。在 2020 年疫情期间, 美的空调在欧洲市场投放的一则新广告, 为人津津乐道, 还被海外大名鼎鼎的影视广告案例杂志《Shots》和著名营销媒体 Campaign 放在首页推荐。

人人都知道, 蒙娜丽莎有世界上最神秘的微笑, 可是谁知道, 她的微笑从何而来吗? 聪明的达·芬奇到底用什么办法, 捕捉到这传世笑颜? 广告"揭晓"了世界名画《蒙娜丽莎》背后的秘密, 图 5.4.14 展示了这则广告的几张海报。

图 5.4.14

史料记载,《蒙娜丽莎》原型是意大利佛罗伦萨布商弗朗西斯科·德·乔孔多的妻子丽莎·格拉迪尼。

创意团队续写《蒙娜丽莎》前传，广告讲述富商丈夫找来画师给妻子画像，但前三位画师的作品都令人大失所望，直到达·芬奇出现，解决了核心问题，才让女主人呈现出最真实的美，从而成就了人类艺术史上的又一瑰宝。

整个广告试图用"优雅"的方式表达"幽默"。因为美的 Breezeless 无风感空调售价较高，目标人群是中产阶级，这部分欧洲人眼中的喜剧，保持着优雅和克制，这与他们的文化骄傲与艺术修养有关。所以创意团队刻意保持文艺复兴时期的情调，删掉几乎所有台词——高雅是需要跟日常生活保持距离的。全片的笑点全靠角色的神态、表情、动作支撑，并运用背景音乐来引导情绪。

作为中国本土的产品和创意机构，上海的 F5 创意机构要打动万里之外的欧洲消费者，语言和文化是两大障碍。只有深入调查和研究当地文化，并敞开胸怀与各国人才合作，才能打破藩篱，真诚沟通。美的"Sad Mona Lisa"空调广告的圆满成功，证明中国创意也可以飘香海外。当我们的国力越来越强，越来越多企业将沿着"一带一路"奔向全球，中国的创意机构也将服务更多国际企业。

步骤 1：利用互联网，搜索"Sad Mona Lisa"视频广告并观看。

步骤 2：请思考这则广告想达到以下何种目的呢？请在表格 5.4.6 中，在你认可的目的后面打"√"。

步骤 3：观看广告后，你觉得这款产品的最大卖点是什么呢？请归纳出广告的 USP（Unique Selling Proposition），并填在表 5.4.6 相应空白处。

步骤 4：观看广告后，你觉得它是通过"讲道理"的形式打动你，还是通过诉说感情的形式呢？请将你的想法填在表 5.4.6 相应空白处。

表 5.4.6

Q1：这则广告想达到何种目的呢？	请打"√"
1. 通知消费者一款全新产品的诞生，树立品牌	
2. 强调产品的优势以及和竞争对手的明显差异，从而说服消费者购买	
3. 维护与消费者的关系，提醒他们不要忘记已有的使用习惯，刺激重复购买	
Q2：广告的 USP 是什么？	
Q3：广告是"讲道理"还是诉说感情呢？	

知识窗

1. 广告的定义

广告的定义正如字面意思"广而告之"，就是组织为了某种特定的需要，通过一定形式的媒体，并消耗一定的费用，公开而广泛地向公众传递信息的一种宣传手段。

广告的本质是传播，其灵魂是创意。广告必须要配合其他营销组合，才能发挥其最大效用。

2. 广告的决策过程（见图 5.4.15）

（1）广告的决策过程主要有以下 4 个部分：

①明确制作这则广告的目的，是告知，说服还是提醒。

②按实际情况, 制定预算案。

③重视创意, 制作能打动目标群体的广告, 然后选择合适的传播媒介去投放广告。

④评估广告的效果。

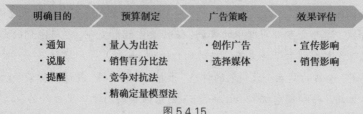

图 5.4.15

（2）根据广告的目的, 广告类型可分为通知型、说服型和提醒型。它们预期达成的目标如下, 见图 5.4.16。

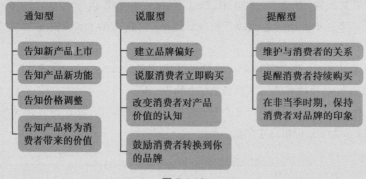

图 5.4.16

通知型广告主要用于新产品系列的入市阶段, 说服型广告主要为了培养消费者对某个品牌的需求, 从而在同类商品中选择它。有些说服型广告会通过对比的方式——与竞争对手作对比——以说明自己更合适消费者, 从而说服消费者选择自己。提醒型广告的目的是保持消费者的记忆, 刺激连续购买。

除上述分类之外, 广告还有许多其他分类方法。如按广告诉求的方法, 可将广告分为理性诉求广告和感性诉求广告。

（3）制定预算

①量入为出法

即把自己所有剩余资金都投到广告上的方法。一般资金有限又准备推出新产品或服务的小公司会用此法。

②销售百分比法

指根据前一年或前几年的平均值计算销售总额与广告支出总额的百分比, 然后根据该百分比及下一年销售额确定所需用广告预算的方法。

③竞争对抗法

竞争对抗法是广告主根据竞争状况并以竞争对手的广告费为基准来确定自己广告预算的方法。

④精确定量模型法

精确定量模型法指的是利用在庞大数据库基础上建立的模型来确定广告预算的方法。由于建构模型的成本较高，因此，采用此种方法的广告主多为大型企业。

（4）创作广告

无论制作广告的预算有多高，衡量广告成功与否的标准就是"是否引起消费者注意"和"是否达成既定目标"。据统计，消费者每天会接触到 3 000~5 000 个广告信息，而且广告是单向的沟通方式，消费者可以自主选择忽视，甚至关闭广告。曾有调查显示，63% 的被访者认为如今有太多广告了，47% 的被访者认为广告破坏了原本在进行某事的心情。

由此可见，广告要在早已信息过载的消费者心中留下美好印象，显然不是一件容易的事，需要创作者十足的创意和诚意。这涉及另一个领域的学科——广告学，在此不再赘述。

（5）选择媒体

传统的广告媒体主要有：电视、电台、报纸、杂志、户外和 POP。

新媒体是指建立在数字技术平台上，具有多种传播形式与内容形态，并且可以不断更新的全新媒体介质，大大区别于传统媒体。

随着技术的进步，消费者越来越有能力避开电视和电台广告，传统媒体正遭遇断崖式下跌的惨境，而网络平台上的富媒体（Rick Media）则让人们在愉悦的互动中接触广告。处处可见的"低头族"，体现出手机在消费者生活中的重要性。作为受众随身携带的广告载体，移动互联如今已占主导地位，凭借较高的媒体到达率，已经成为众多广告主的首选媒体。

无论广告的传播形式如何瞬息万变，其选择原则还是有迹可循的，具体内容见图 5.4.17。

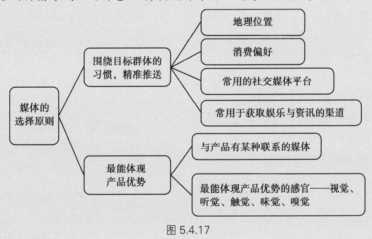

图 5.4.17

（6）衡量广告效果

最后的阶段就是衡量广告的效果。销售额的变化是一个直观的广告效果指标。另可委托专门的调查机构进行测量，了解到达率、注意率、记忆程度、AEI 广告效果指数等，来衡量广告的效果。

户外广告的妙用

如今虽然是互联网广告时代,但线下的广告标牌仍然是广告主青睐的对象,特别的广告牌更是能引起大量的关注。例如某知名品牌的强化玻璃广告牌,即便距今已经很多年,也依然能让人拍案叫绝。2012 年,该公司为了推销他们的强化玻璃,在广告牌里放了 300 万美元,只要有人能在不借助任何工具的情况下打破它,这些现金就归他了,见图 5.4.18 和图 5.4.19。

果不其然,这个广告牌吸引了很多路人对它拳打脚踢! 最后的结果是,没有人能够拿走 300 万美元,而该公司的强化玻璃坚固耐用的特点,则早已天下闻名了。

图 5.4.18　　　　　　　图 5.4.19

※ 活动小结 ※

本活动通过对广告的定义、作用和决策过程等基础知识的学习,结合具体的案例对基础知识的形象化和具体化,培养了小组成员的理解力。小组成员通过自主完成案例分析的任务,强化了自主学习、主动探究的能力,提高了学习的积极性和效率。

合作实训

实训任务: 促销组合方案的制订。

实训目的: 加深对促销组合策略的理解。

实训步骤:

1. 将班上同学分成若干小组,设小组长一名,具体分工任务见表 5.4.7。

表 5.4.7

角色	任务
组长	协调小组成员,明确任务分工,组织调查活动
组员	听从组长安排,按照分工开展工作
报告人	从组员中选拔,整理汇报材料,在课堂上汇报

2.选择一款产品,小组合作利用互联网,了解其特点,并了解两款同类型的竞争对手的产品,填在相应的空格中,完成表 5.4.8。

表 5.4.8

产品特征	选定产品	主要竞争对手产品 1	主要竞争对手产品 2
主要原料			
功能 / 功效			
包装			
价格			
销售渠道			
知名度			

3. 小组讨论并分析, 所选产品的目标市场顾客特征, 填入相应的空格中, 完成表 5.4.9。

表 5.4.9

项目	分析其特征	概括产品市场定位
性别比例		
年龄特征		
购买能力		
购买习惯		

4. 制订一个针对所选产品的促销组合方案, 完成表 5.4.10。

表 5.4.10

促销方式	概略描述	目的

5. 成果展示, 报告人将公布小组的任务分配, 报告内容可参考表 5.4.11 制作。
同时将以上调查与分析的成果和决定采取的促销组合方案向全班展示。

表 5.4.11

任务	人员名单	计划完成情况	实际完成情况
课件制作			
辅助材料搜集、制作			
演讲报告			

6.教师点评每个小组的报告。

实训评价：

请结合学习情况,根据评价指标,在表 5.4.12 中打分(5 表示很好;4 表示好;3 表示普通;2 表示还可以;1 表示待改进)。

表 5.4.12

评价指标	自我评价（打√）					组员评价（打√）					教师评价记录	教师打分	总分
	5	4	3	2	1	5	4	3	2	1			
团队合作行为													
纪律态度表现													
完成任务情况													
技能运用能力													

项目总结

营销组合是企业市场营销战略的一个重要组成部分,它是制定企业营销战略的基础,做好市场营销组合工作可以保证企业从整体上满足消费者的需求。此外,它也是企业对付竞争者强有力的手段,是合理分配企业营销预算费用的依据。通过本项目的学习,学生以小组为形式进行互助合作学习及主动进行实践技能操作,能够在了解产品策略、定价策略、分销渠道策略和促销策略的基础上,尝试针对一款产品制定出营销组合策略,为今后学习相关的财经商贸类专业课打下理论基础,做好技能准备。

项目检测

1.**单项选择题**(每题只有一个正确答案,请将正确的答案填在括号中)

(1)人们购买化妆品,并不是为了获得它的某些化学成分,而是要获得"美",从这个角度来说,化妆品所提供的"美化"功能属于(　　)产品层。

A.潜在　　　　　B.附加　　　　　C.形式　　　　　D.核心

(2)企业拥有的不同产品线的数目是(　　)。

A.宽度　　　　　B.长度　　　　　C.深度　　　　　D.关联性

(3)按照单位成本加上一定百分比的加成来制定销售价格的定价方法称为(　　)定价法。

A.成本加成　　　B.目标利润　　　C.盈亏平衡　　　D.边际贡献

（4）企业利用消费者仰慕名牌商品或名店声望所产生的某种心理，对质量不易鉴别的商品的定价最适宜用（　　）法。

  A. 尾数定价   B. 招徕定价   C. 声望定价   D. 反向定价

（5）体育馆对于不同座位制定不同的票价，采用的是（　　）策略。

  A. 形式差别定价 B. 位置差别定价 C. 顾客差别定价 D. 销售时间差别定价

（6）分销渠道的起点是（　　）。

  A. 生产者   B. 批发商   C. 代理商   D. 中介机构

（7）大型生产设备的分销应采用（　　）。

  A. 零级渠道   B. 一级渠道   C. 二级渠道   D. 三级渠道

（8）促销工作的核心是（　　）。

  A. 出售商品   B. 沟通信息   C. 建立良好关系 D. 寻找顾客

（9）公共关系是一项（　　）的促销方式。

  A. 一次性   B. 偶然   C. 短期   D. 长期

（10）营业推广又称（　　），它是促销组合的重要方式。

  A. 销售渠道   B. 产品推行   C. 销售组合   D. 销售促进

2. 多项选择题（每题有两个或两个以上的正确答案，请将正确的答案填在括号中）

（1）下列对市场营销组合特点的描述正确的是（　　）。

  A. 市场营销组合要素对企业来说都是可控要素

  B. 市场营销组合是一个复合结构

  C. 市场营销组合是一个动态组合

  D. 市场营销组合要受企业市场定位战略的制约

（2）影响市场营销渠道设计的因素主要有（　　）。

  A. 市场因素   B. 产品因素   C. 企业因素   D. 政策因素

（3）下列关于产品组合的说法中，正确的是（　　）。

  A. 产品组合的宽度越大，说明企业的产品线越多

  B. 产品组合的深度越大，企业产品的规格、品种就越多

  C. 产品组合的深度越浅，宽度越窄，则产品组合的关联性越大

  D. 增加产品线和扩大经营范围，可以使企业获得新的发展机会

（4）企业定价目标主要有（　　）。

  A. 维持生存   B. 当期利润最大化

  C. 保持和提高市场占有率   D. 质量最大化

  E. 成本最小化

（5）促销的基本方式包括（　　）。

  A. 人员推销   B. 广告   C. 销售促进   D. 公共关系

（6）促销的主要目标包括（　　）。

  A. 传递产品信息 D. 激发购买欲望 C. 建立产品形象 D. 扩大市场份额

(7) 沟通过程决策的步骤主要有（　　　）。

    A. 确定沟通对象和传播目标　　　　B. 设计沟通信息

    C. 选择沟通渠道　　　　　　　　　D. 建立反馈系统

(8) 短渠道的好处有（　　　）。

    A. 有利于产需双方沟通信息　　　　B. 可以降低产品在流通过程中的损耗

    C. 使购销双方在营销方式上相对稳定 D. 企业可以直接进行促销

(9) 企业在经营（　　　）的产品情况下最好选择短的分销渠道。

    A. 鲜活易腐　　　　　　　　　　　B. 技术性复杂

    C. 体积大、重量大　　　　　　　　D. 时尚性强

(10) 选择分销渠道宽度的策略有以下几种（　　　）。

    A. 独家分销　　　B. 密集分销　　　C. 选择分销　　　　D. 特殊分销

3. 判断题（正确的画"√"，错误的画"×"）

(1) 某种洗衣粉，顾客一次购买 10 袋以下每袋价格为 4 元，若一次购买 10 袋以上，则每袋价格为 3.6 元，这就是现金折扣，目的是鼓励顾客大量购买。　　　　　　（　　　）

(2) 美国杜邦公司在推出新产品时往往先把价格尽可能定高些，以后，随着销量和产量的扩大，再逐步降价，这家公司采用的是撇脂定价策略。　　　　　　　　（　　　）

(3) 某饭店不单独出租客房，而是将客房、膳食和娱乐一并收费，这就叫组合定价。

                                         （　　　）

(4) 某摄影用品公司经营照相机、摄影器材、冲洗药品等，其中照相机就是一个产品线，在相机这类产品中，海鸥 DF 相机就是一个产品项目。　　　　　　　　（　　　）

(5) 一个产品，即使其内在质量符合标准，但若没有完善的服务，实际上就是不合格的产品。　　　　　　　　　　　　　　　　　　　　　　　　　　　　　（　　　）

(6) 企业促销组合由三种方式组成，即广告、人员推销和公共关系。　　（　　　）

(7) 价格较低、技术性弱、买主多而分散的消费品，适宜采用广告方式促销；而价格昂贵、技术性强、买家少而集中的工业用品，适宜采用人员推销方式促销。　　（　　　）

(8) 分销渠道的长度是指产品在流通过程中所经过的中间环节的多少。　（　　　）

(9) 日用消费品一般可以采用较长的分销渠道，而高档消费品、工业品用的专业设备或成套机组则应采用较短的渠道结构。　　　　　　　　　　　　　　　　　（　　　）

(10) 生产企业在特定的市场里，选择几家批发商或零售商销售特定的产品，这就是选择性销售。　　　　　　　　　　　　　　　　　　　　　　　　　　　　　（　　　）

4. 简述题

(1) 简述广告媒体选择的原则有哪些。

(2) 简述撇脂定价策略的内容及其适用条件。

(3) 设计分销渠道应考虑哪些因素？

(4) 请思考产品线向下延伸时可能遇到什么风险。

项目 6
让营销梦想照进现实

【项目综述】

  营销计划的制订离不开对营销环境、机会、状况和问题的分析，离不开营销目标的确定以及营销策略的制订，而营销组织、协调、执行就是将营销计划和营销目标变为现实。当然，营销计划在执行中需要得到有效控制，才能很好地纠正偏差，保持正确的目标方向，使营销活动尽在掌握，进而评估营销绩效，让营销活动更加有效。

  在进入公司的一年时间里，刘欣、杨锐、王涛和李梅4位同学成长迅速，业绩突出，得到主管领导的认可和赞赏，因此，吴经理准备让他们结合公司的实际情况和过去一年的销量，制订下一年度的营销计划。有了前面的实战经验和历练，刘欣、杨锐、王涛和李梅4位同学面临新的挑战从容不迫，团结协作，通过制订市场营销计划，对营销计划的实施加以合理控制，圆满完成企业的任务。

【项目目标】

  通过本项目的学习，应达到的具体目标如下：

知识目标

  ◇理解市场营销计划的含义

  ◇了解市场营销控制的步骤

能力目标

  ◇能根据营销目标制订合理可行的市场营销计划

  ◇学会运用合理的方法进行市场营销控制

素养目标

  ◇培养敏锐的洞察能力

  ◇提升逻辑表达能力

  ◇强化信息整理和分析能力

【项目知识点导图】

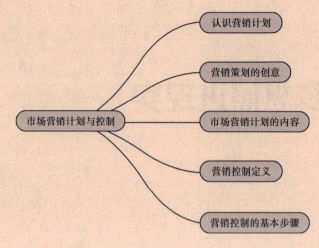

任务 »»»»»»»
市场营销计划与控制

情境设计

　　广东如意食品有限公司为了在激烈的行业竞争中站稳脚跟，不断研发新产品，但一直被新产品投放市场速度太慢的问题所困扰。在食品行业中，优先投入市场的产品往往会有极大的优势，但公司的产品从开始构思到正式进入市场，往往比主要竞争对手落后一年，这令吴经理和团队成员们烦恼不已。在进一步调查中，发现公司开发部门实力雄厚，但由于计划太多，导致力量分散。那么，广东如意食品有限公司应该如何制订市场营销计划才是合理的呢？

任务分解

　　公司在市场营销计划上的困扰，主要源于公司首脑对公司业务范围和市场情况缺乏明确的认识，在营销策略上缺乏明确的方向，以至于对计划朝令夕改，在执行上理不清头绪。因此，刘欣、杨锐、王涛和李梅4位同学求助陈老师，在老师的指导下，他们认识了市场营销计划的重要性，理解市场营销计划的特点和类型，同时，在吴经理的带领下，学会了制订市场营销计划。

活动1　认识市场营销计划

活动背景

为了让学生体会市场营销计划的重要性，感受市场营销策划的创意，陈老师借用《三国演义》中"隆中对"的战略思想，介绍了市场营销计划的概念、类型和特点，为他们下一步制订营销计划做准备。

活动实施

★议一议★　通过以下故事，思考市场营销计划的重要性。

《三国演义》第三十八回中，对"孔明未出茅庐，已知三分天下"的隆中决策是这样描写的："自董卓造逆以来，天下豪杰并起。曹操势不及袁绍，而竟能克绍者，非惟天时，抑亦人谋也。今操已拥有百万之众，挟天子以令诸侯，此诚不可与争锋。孙权据有江东，已历三世，国险而民附，此可为援而不可图也。荆州北据汉、沔，利尽南海，东连吴会，西通巴蜀，此用武之地，非其主不能守，是殆天所以资将军，将军岂有意乎？益州险塞，沃野千里，天府之国，高祖因之以成帝业。今刘璋暗弱，民殷国富，而不知存恤，智能之士，思得明君，将军既帝室之胄，信义著于四海，总揽英雄，思贤如渴。若跨有荆、益，保其岩阻，西和诸戎，南抚彝、越，外结孙权，内修政理，待天下有变，则命一上将将荆州之兵以向宛、洛，将军身率益州之众以出秦川，百姓有不箪食壶浆以迎将军者乎？诚如是，则大业可成，此亮所以为将军谋者也。惟将军图之。"说到这里，孔明命童子取出画一轴，挂于中堂，指着画对刘备说："此西川五十四州之图也。将军欲成霸业，北让曹操占天时，南让孙权占地利，将军可占人和。先取荆州为家，后即取西川建基业，以成鼎足之势，然后可图中原也。"

若将诸葛亮的"隆中对"决策过程详细分析起来，我们可以描绘出如下轨迹：第一步刘备提出的问题和要完成的任务是"中兴汉室""成就霸业"。第二步，诸葛亮对环境的分析是"自董卓造逆以来，天下豪杰并起……将军既帝室之胄，信义著于四海，总揽英雄，思贤若渴。"指明了天下政治、军事势力强弱的分布与特点，评估了刘备的优势和劣势，并为细分天下和进取的方向奠定了基础。第三步，诸葛亮在分析刘备、孙权和曹操三方力量之时，已将刘备成就霸业的机会显露了出来，进而以曹操占天时、孙权占地利、刘备占人和细分了市场，并以近期取荆州、中期取西川建基业、远期图中原统一天下，确定了三级目标市场。第四步，诸葛亮提出了适应形势的行动方案和策略：一、"跨有荆、益，保其岩阻"；二、"内修政理"；三、"外结孙权"；四、西和诸戎，南抚彝、越；五、等待时机，"待天下有变，则命一上将将荆州之兵以向宛、洛，将军身率益州之众以出秦川"（两面夹攻），这样"大业可成"，"汉室可兴"（实现决策目标）。第五步便是按"隆中决策"执行了。

诸葛亮的"隆中对"集中反映了确定任务、分析机会、进行市场细分、确定目标市场以及战略行动计划、执行等管理内容。任何一个企业要在激烈的市场竞争中取得营销的优势，必须有一套切实可行的营销战略与方案。

步骤1：小组合作探究，分析在诸葛亮的"隆中对"中，如何体现了营销计划的核心思想。

步骤2：结合案例，归纳总结制订市场营销计划有何意义。

步骤3：通过网络搜索相关资源，了解市场营销计划的类型有哪些。

◻ 知识窗

1.市场营销计划的概念

市场营销计划，也叫营销策划，指的是企业根据市场发展形势和自身资源状况，识别其所面临的机会与威胁、优势与劣势，以及存在的主要问题，产生创意，据此形成对未来一段时间内的营销目标和营销活动进行系统规划和统筹安排，以实现企业营销资源的优化配置。所以，营销计划具有双重含义，它既是营销管理的一项职能，又是一份具体的书面文件。

2.市场营销计划的特点

（1）超前性：敏锐地发现商机，比竞争对手更迅速、更有效地占领市场。例如：基于常温酸奶的巨大潜力，伊利集团推出主打希腊酸奶概念的产品——安慕希，极大地满足了消费者对营养和美味的需求，形成产品差异化，获得巨大的市场份额。

（2）创造性：采用新创意和新方法实现营销目标，利用创新的生活方式和消费观念，激发消费者的购买欲望。例如：雀巢公司推出首款可以剥着吃的"笨 nana"雪糕后，在产品研发方面做了进一步创新，推出可以掰着吃的"笨 nana"彩蝶冰和"笨 nana"双皮蕉产品，如图 6.1.1 所示，雀巢共推出 4 大系列 8 种口味全新冰品，极大满足了年轻消费者追求新鲜、好玩、时尚和乐于分享的消费心理，得到大量消费者的追捧。

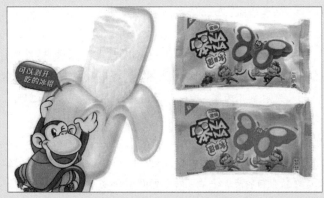

图 6.1.1

（3）效益性：依据系统论的整合原则，寻求市场营销活动"1+1>2"的投入产出比，以实现最大经济效益。例如：澳大利亚有一个风光宜人的海岛上招募一批工作人员，只需要在海岛上清理水池和喂鱼，就可以得到丰厚的酬劳。广告一出，不仅吸引了大量的人才，还给当地旅游业带来了可观的收入，如图 6.1.2 所示。

图 6.1.2

（4）可行性：基于企业自身资源和外部环境的考虑，提出切实可行的市场营销行动方案，解决企业的实际问题。例如：肯德基更换标志，由一个和蔼可亲的老爷爷改为年轻潮大叔，虽然肯德基迫切希望实现品牌年轻化，但新的形象让消费者难以接受，一段时间内引起巨大的争议。

（5）应变性：具有灵活性和应变性，提高适应环境的能力，增强企业应对风险的能力，降低企业的经营风险。例如：针对中央的八项规定，许多国产汽车厂商不断推出稳重、大气、高端配置、环保的汽车，以迎合市场的新需求。

3. 市场营销策划的创意

整个策划活动从构思到实施、从酝酿计划到统筹安排，策划者将各个思维要素整合成一个相对独立的、完整的思维体系，显示出自己的某种创造性、独特性和新颖性。提高市场营销策划的创意具体方法包括列举创意法、奥斯本设问创新法、逆向思维创新法、头脑风暴法和组合创意法等，如图6.1.3所示。

列举创意法	奥斯本设问创意法	逆向思维创意法	头脑风暴法	组合创意法
1.确定对象 2.列举属性 3.提出问题 4.属性置换 5.形成创意	能否他用？能否借用？能否改变？能否扩大？能否缩小？能否替代？能否调整？能否颠倒？能否组合？	逆向思维能改变人们固有的思维模式，拓宽创意渠道，找出新的切入点	准备、热身、明确问题、畅谈、加工设想	将多种因素通过建立某种关系，组合在一起从而形成组合优势的方法

图 6.1.3

例如，消费者在观看"零度"可乐广告时，打开手机参与互动会呈现出可乐倒入手机的场景，当手机中的可乐杯被倒满后，消费者就能获得一张"零度"可乐的优惠券，如图6.1.4所示。还有，亚马逊第一次尝试在包装盒上向第三方出售广告，顿时引发了一阵晒金风潮，不仅使商品订单狂增，还为《小黄人》影片进行了预热宣传，如图6.1.5所示。

图 6.1.4

图 6.1.5

※ 活动小结 ※

"凡事预则立，不预则废"，营销计划主要涉及两个最基本的问题：一是企业的营销目标是什么，二是企业如何实现营销目标。没有营销计划的营销活动，往往盲目而脱离实际，使企业承担极大的营销风险。通过学习市场营销计划的含义和创意，能够为企业明确将来应该实现的目标；

为企业明确未来的发展方向和业务框架；帮助企业更合理地利用资源，促进协同合作。

活动 2　编制市场营销计划

活动背景

在了解市场营销计划概念的基础上，陈老师结合真实案例，进一步向刘欣等人分析了完整的市场营销计划需要具备的要素，指导他们完成一份科学、可行的市场营销计划的编制。

活动实施

★议一议★　通过哎呀呀的营销计划，分析完整的市场营销计划需要具备哪些要素。

"年轻，我就 AI"——"哎呀呀"营销活动计划方案

一、营销目标

每个年轻女孩都有着爱美的本心，更有斑斓的梦想，"哎呀呀"就是这样一个圆梦者。本次策划活动提出了"年轻，我就 AI"的主题，通过"你被 AI 了吗"事件营销活动和"AI 自恋"营销创意活动来增强"哎呀呀"的品牌知名度和关注度，提升市场占有率，树立良好的企业形象。

二、营销环境分析

（一）宏观环境分析

进入 21 世纪，经济的迅速发展和社会的快速进步，带来了人们经济收入的增长和生活水平的提高。人们越来越重视自我形象的塑造和自身素质的提高，对自身形象关注度高的女性消费群体也促进了我国的饰品行业的发展。女性时尚饰品市场正日益发展成为一个具有广阔前景、发展潜力的市场，而富有品牌特色，质优价廉的中、低档时尚饰品市场，则成为广阔市场中最充满商机的领域。从整体行业来看，饰品行业的竞争仍处于初级阶段，行业没有绝对领先品牌，没有任何一家饰品品牌的市场占有率超过 5%，拥有全国性网络营销能力，全面品牌推广概念的厂家甚少。扩大品牌知名度，建立品牌效应成为企业占领市场的现实问题。

（二）微观环境分析

1. 竞争者分析

● 七色花 7magic：中国特许连锁 120 强的优秀韩式潮品品牌。以超凡的品质，以及个性化、差异化的产品赢得市场。八大系列，10 000 多个品类，专为 18~38 岁都市时尚女性提供韩范饰品。

● 美爆 MIX-BOX：中国知名的少女时尚用品连锁品牌。长年斥重资聘请蔡依林、BY2 等高人气代言人。引进国际时尚品牌 Snoopy、Hello Kitty 全线进驻。

2. 目标消费群体分析

哎呀呀的目标受众为年龄 13~26 岁的学生和年轻白领，尤以 18~22 岁的高中生、大学生为核心消费群体，该消费群体喜欢追求新鲜事物，崇尚潮流且具有较强的审美意识和能力，同时也是互联网使用频率极高的一类人群。但这部分消费群体尚无固定的经济收入，其主要经济来源是父母给予，这决定了其具有购买意愿强、购买能力低的特点。"哎呀呀"饰品以其低廉的价格和时尚的外观成为该消费群体的首选。

（三）SWOT 分析

1. 优势分析

（1）价格低廉、外观时尚能够满足不同消费群体的消费需求。

（2）"哎呀呀"加盟店和供应商之间保持着良好的关系，使加盟商能够根据市场环境及时作出相应调整。

（3）采用加盟店商业模式，市场占有率和品牌知名度较高。

2. 劣势分析

（1）市场新进入者增多，市场竞争激烈，趋于饱和。

（2）消费结构日益多元化、高档化使奢侈品饰品成为有良好经济收入者的首选，在一定程度上减少了中低档饰品市场的市场份额。

（3）个性主张不够鲜明，品牌形象和竞争者部分重合。

3. 机会分析

（1）近年来，经济迅速发展，生活质量不断提高，女性消费群体生活品位提高，对于饰品的需求与日俱增。

（2）高中生、大学生消费群体消费观念不成熟，从众者居多，盲目追求时尚、潮流等相关商品，冲动消费现象普遍。

4. 威胁分析

（1）女性饰品行业尚属发展的初级阶段，其他竞争者如美爆、七色花可进入性强。

（2）"哎呀呀"品牌的核心消费者均是消费能力较弱的高中生、大学生，增加了品牌升级和向上延伸的难度。

（3）市场上涌现的各种小饰品店，在一定程度上分流"哎呀呀"的消费者。

5. 总结

国内经济的不断发展和国民收入的高速增长，使女性对饰品的需求与日俱增，与此同时，鲜明的饰品文化显示出强大的发展势头和广阔的市场发展空间，处于发展初级阶段的女性饰品市场仍存在诸多市场空白。在保证产品品质和合理定价的前提下，如何在市场可进入门槛低的状态下抓住发展先机，树立起差异化、个性化以及符合消费者心理偏好的品牌形象，是企业成功的关键。

二、营销组合策略（4P 策略）

（一）产品策略

产品开发上，建立了时尚买手制和"哎呀呀"产品研发中心。在日本、韩国、欧美等国家与地区，都有"哎呀呀"的时尚买手，时刻掌握着全球各地的时尚潮流动向。"哎呀呀"产品研发中心每天也都在研发最 IN、最时尚的潮流产品，每年累计开发的新饰品超过上万种。

（二）价格策略

"哎呀呀"饰品，是一款主打"平价、时尚、热情、欢乐"的女孩饰品品牌，针对中国大众消费水平，是专为追求时尚、潮流的女性群体量身打造的大众品牌，产品价格定位于中低档，能满足大多数追求时尚个性的年轻消费群体消费需求。

（三）渠道策略

媒介选择上，采用了线上线下联动，新媒体传播信息、吸引关注，传统媒介强化提醒的综合投放策略，力图在宣传活动、树立品牌价值的同时也带来更好的经济收益。

（四）促销策略

1. 活动主题：年轻，我就 AI

2. 活动目标

在"哎呀呀"前期活动的基础上，微博已经积累一定量粉丝和关注度，这时再开展可以广泛参与的营销活动，通过互动的形式增强消费者对"哎呀呀"的认可度和好感度。

3. 活动基本程序

（1）直接登录官网或者 @ 哎呀呀官方微博。

（2）本次活动参与者将通过短信或微博留言形式收到活动编号及抽奖认证号码。

（3）活动结束后，参与者可凭活动时获取的认证码到"哎呀呀"实体店兑换礼品或代金券，并在官网进行抽奖和评选活动，获得相应奖品。

4. 传播与沟通方案

（1）通过微博以及各大社交网站，对该活动进行宣传，并提供链接方式。

（2）在"哎呀呀"各专营店进行该活动的海报宣传，同时附带二维码，便于扫描并 @ "哎呀呀"上传照片。

（3）官网活动页面设立"年轻，我就 AI '自恋'"照片墙专区，并免费提供照片墙模板。

5. 媒介投放提案

（1）线上部分

①新浪微博。配合事件营销活动，运作热门话题讨论。

②腾讯 QQ 空间。在右侧边栏推荐的认证空间中，发布关于"哎呀呀"饰品的信息，以及经营运作"哎呀呀"自身腾讯认证空间。

③优酷、土豆公关活动视频以及品牌形象宣传视频。以土豆网为例，使活动记录病毒视频出现在热点拍客视频列。

④百度关键字搜索优化。对于和"哎呀呀"经营产品线相关的关键字进行百度推广优化。

（2）线下部分

①加盟店门店海报，在活动期间，联合全国数千家门店，及时更换活动宣传海报，实时更新活动进度，通过醒目的招贴来进行形象宣传。

②地铁站、公交站台。

③车载移动电视，即在重点城市的市内交通线路中选取途经商业区的若干公交车，投放上述 30 秒视频广告。

④高校校园电视台，高校具有目标消费群体集中、可渗透途径多样的特点。在各大高校校园电视台中投放视频广告具有极高的性价比。

三、费用预算

1. 营销活动部分：工作人员具体预算：（略）

2. 媒介投放部分：微博、QQ 空间、线上视频、网站推荐、百度推广、地铁、线下、车载电视、

某高校电视台。具体预算：（略）

步骤 1：认真阅读上述材料，小组合作探究，归纳"哎呀呀"的营销策划方案包括哪些内容。

步骤 2：根据前面章节所学的知识，小组讨论总结不同要素对应的内容，完成表格 6.1.1。

步骤 3：分析该案例中活动计划存在哪些缺陷，如何避免营销活动计划不周带来的问题。

步骤 4：小组合作完成，并派一名代表对成果进行展示和分享。

表 6.1.1

序号	要素	内容
1		
2		
3		
4		
5		
6		
7		
8		

□ 知识窗

市场营销计划的内容

一份完整的营销计划包括计划提要、背景或现状分析、机会和问题分析、营销目标、营销战略、实施方案、损益预测、营销控制等 8 个部分，见表 6.1.2。

表 6.1.2

组成部分	内容
计划提要	简述市场营销计划的目标及建设
背景或现状分析	提供与市场、产品、竞争、分销以及现实环境有关的背景资料
机会和问题分析	概述主要的机会和威胁、优势和劣势，以及产品面临的问题
营销目标	确定财务目标和营销目标
营销战略	描述为实现计划目标而采用的主要营销方法
实施方案	说明每个营销环节做什么，谁来做，什么时候做，需要多少成本，即将营销战略具体化
损益预测	描述计划所预期的财务收益情况
营销控制	说明如何对计划进行监控

（1）计划提要。计划提要是营销计划书的开端，用以简述营销计划的形成背景、任务对象、

总体目标以及建议事项等，是整个计划的精髓所在，起到统领全篇的作用。

例如：广东如意食品有限公司与许多老字号一样，目前遭遇了连锁西点、电商平台、移动电商、新零售等冲击，销售业绩和营业利润增长缓慢，新品投放市场的速度较慢等问题出现。为此，制订下一年度的市场营销计划，根据公司的经营现状、品牌优势、面临的机遇与挑战，如意食品有限公司结合南粤文化和创新发展为主线，以拓宽消费群体为目标设计新产品，采用线上线下相结合的营销策略，将官方抖音号、官方直播平台等作为提高品牌曝光度的新选择。

（2）背景或现状分析。主要针对营销环境进行分析，包括宏观环境和微观环境。过去几年到目前企业的销售、利润、成本和费用、市场占有率等重要指标的变动情况，通过这一部分反映企业营销的基本现状。还需要通过提供相关的背景资料和重要信息，系统和全面地描述企业所处的营销环境，营销环境中的各项要素的变化情况。

（3）机会和问题分析。在现状分析后，企业往往需要利用 SWOT 分析模型，总结营销活动的机会、威胁、优势、劣势，识别企业营销当前存在的问题，为营销目标和应对策略的提出奠定基础。

（4）营销目标。体现了企业在产品销售量、销售利润率、市场占有率、市场增长率，以及品牌知名度、美誉度、忠诚度等方面的期望，反映了营销活动所要达到的最终结果。营销目标的确定需要量化性、统一性和可行性。通常大的方面应包括企业的投资收益，销售总额（量）、利润额（率）、市场占有率和销售增长等。各部门计划和各专项计划均应以此目标体系为基础制定次级目标和阶段目标。

例如：2021 年，广东如意食品有限公司的营销目标是实现销售收入 5 000 万人民币，较 2020 年提高 12%，同类产品的市场占有率达到 9%，品牌知名度由从 15% 上升到 40%，这就是一个比较恰当的目标表述。

（5）营销战略。营销战略通常是指营销计划实现的总体路径，主要包括市场细分、目标市场选择、市场定位以及竞争战略选择等主要内容。企业既可以薄利多销，又可以厚利限销，企业需要形成鲜明和独特的市场定位，在低成本、差异化、聚焦化等基本竞争战略之间做出选择。

例如，广东如意食品有限公司欲将在 2021 年要达到市场占有率 9% 的营销目标，决定采取市场渗透和产品开发双重策略，即一方面在现有市场上通过采取改善推广活动来扩大销售，另一方面，通过开发新产品进入新的细分市场来提高市场份额。

（6）实施方案。相比于营销战略，营销行动方案具体回答了未来营销活动由谁去做、要做什么、何时去做以及如何去做等具体问题，要求企业根据目标市场和自身定位特征，合理配置营销资源，制订产品、服务、品牌、价格、渠道、促销等策略的细致化行动方案，通常是我们说的市场营销组合策略。

（7）损益预测。也就是具体的财务计划，即确定和分配营销预算。预算应规定企业收入和支出总额，并应具体分配到各部门和各个行动阶段，以期望能收到好的经济效益。在确定了具体的行动方案之后，企业还需要讨论未来营销活动的预期损益，并从收入和支出两个方面编制预算方案。其中，收入栏包括预期的产品销售数量和平均销售价格，支出栏则反映特定产品的研发成本、生产成本、流通成本和销售费用，而收入与支出的差额即预估利润。

（8）营销控制。营销控制是营销计划的最后一个环节，针对预期损益提出令人较为满意的行动方案，企业需要提出营销活动的主要控制方法和应急措施。计划、组织、执行、控制是不可分割的管理体系，营销计划的执行要有相应的控制和检查，指标、步骤和奖惩措施等会起到补缺、修正、督促的作用，使计划得以顺利执行。

※ 活动小结 ※

通过案例分析和理论学习，了解一份完整的营销计划应该具备哪些要素，将前面所学的理论知识加以整合运用，形成一份有可行性的营销计划。

活动3　市场营销控制

活动背景

市场环境和企业内部环境都处于动态发展的过程中，任何完备的计划都可能因环境变化导致实施结果偏离预期甚至完全失败。为了改变公司目前新产品上市激烈竞争的困境，确保前面制订的市场营销计划能如期完成，提升公司整体实力，吴经理带领刘欣他们熟悉营销控制的步骤，理解市场营销控制的基本方法。

活动实施

★议一议★　阅读以下案例，思考A公司在营销活动中是如何有效控制。

A企业在全国开展了一次"品客乐脆大奉送"活动，采用"品客请你看电影"的方式，并配以丰富的奖品抽奖活动。这次活动中，A企业的营销策划安排严谨、监控周密，值得借鉴学习。

品客的目标消费群是青少年，买品客薯片送电影票，并有丰富的奖品抽奖，对青少年有很大的吸引力，使他们在吃品客薯片的同时体会到"品客好吃好玩好享受"的活动宗旨。

一、商场内的宣传

1.在商场食品区的主通道上摆上醒目的堆头，四周贴满品客的POP，制造良好的视觉效果，引起消费者的注意，烘托活动气氛。本次活动所用POP统一制作，为醒目的红色与白色．

2.在商场内创造良好的促销氛围，加强活动的传播力度和宣传效果。首先，在商场的店内快讯上刊登品客的活动信息，使更多的消费者了解活动；其次，在商场的入口处摆放写有此项活动规则及相关产品知识的大立牌，起到告知作用；再次，将小而精美的货架贴直接贴在摆放品客产品的货架上，吸引过往顾客。

3.在堆头旁设一名导购小姐，负责向顾客介绍产品及宣传本次活动；在商场出口处也设一名兑换礼品的促销小姐，进一步强化提醒消费者。

4.派发"品客乐脆电影节"宣传单，在卖场对经过品客薯片堆头的目标消费者进行活动讲解并派发宣传单。

二、电影院现场活动

1. 现场布置

电影院的现场布置突出"是品客让你看电影"的氛围,加深消费者对品客产品的印象。

(1)在电影院入口处设置抽奖处。桌上覆盖印有醒目的公司 Logo 的宣传品和印有产品的 Logo 抽奖箱(抽奖是本次活动的一个重要组成部分,也是一项很能聚集人气、烘托气氛的活动,抽奖箱的位置对活动有重要影响),以 Logo 强烈的视觉冲击给人一种热烈、欢快的感觉。

(2)在入口处张贴 POP,设两名身着印有品客 Logo 服装的礼仪小姐,欢迎顾客并指导顾客参加抽奖。

(3)在银幕上方悬挂醒目的"品客暑期乐脆电影节"横幅,烘托活动现场气氛。

2. 活动流程

(1)电影开始前放映 2 分钟精彩、幽默的品客薯片广告,介绍公司、产品等,加深顾客认识。

(2)广告片之后即进行抽奖,主持人现场邀请顾客作为抽奖嘉宾,分别抽出一、二、三等奖,推动活动达到高潮。

(3)放映青少年喜爱的电影节目,在娱乐中体会品客"品客好吃好玩好享受"的品牌形象。

三、组织架构与职责分工

1. 城市督导的职责是:

(1)负责与商场的沟通。

(2)对下属的工作人员进行培训和工作评估。

(3)在工作中给促销小姐和礼仪小姐正确的指导。

(4)将销售数据和活动中所遇到的问题及时反馈给公司。

(5)监控并收集好电影票发放的数据、证明。

2. 区管的职责是:

(1)负责协助督导进行商场和电影院的买进。

(2)对促销小姐进行岗位的培训和工作评估。

(3)将销售数据和活动中的问题及时反馈给城市督导。

(4)对商场中产品的存货进行查询并及时补货、使活动顺利开展。

(5)收集并统计好每日电影票发放的记录。

(6)对电影院活动的开展进行监控。

3. 巡查员的职责是:

巡查员的职责是负责活动实施的监督,并汇报活动的进展情况。

四、人员的招聘

人员的招聘、培训和管理是活动的关键一步。在此次活动中,促销小姐的招聘和培训是最重要的环节之一。A 公司不仅仅要求促销员形象好,而且对性格也有要求。

促销员的招聘标准:

1. 形象标准:18~23 岁女性,身高 1.6 米以上,形象健康;

2. 个性及能力标准:要求性格开朗外向,沟通能力强,态度自然亲切,回答问题切题,有促销经验等;

3. 人数标准：因为此次活动的持续时间较长，可能出现人员流动，同时在项目的执行过程中一些人员要被淘汰，因而要有一定的人员储备。

因为区管要协助项目督导工作，负责与商场有关人员的沟通及电影院的选择、沟通和对促销人员进行管理和培训，因为选择工作责任心强、具有良好沟通能力与领导能力的人员承担。

五、严格培训

A 公司对促销人员进行了双重培训。首先是督导和区管对促销人员、礼仪小姐的培训（通常是两次）；其次是利用品牌培训 VCD 进行培训。

六、严密监控

A 公司的促销之所以历来井然有序，一个重要原因是它有严格的项目监控系统。

本次活动的监控工作主要有：

1. 区管及督导日常巡店：监督促销小姐有无迟到、早退现象，促销服装是否整洁，服务态度和 POP 张贴是否到位，有无广播支持和产品是否充足等。在巡店过程中对促销小姐进行打分，对一些问题如销售技巧进行当面培训。

2. 对电影院活动的监控：电影院的布置是否到位，奖品是否准备充足，礼仪小姐的服务态度与仪表检查、活动现场的控制等。

3. 巡查员对整个活动进行巡查。巡查员负责对整个地区的促销情况进行不定时的检查，对各区管及促销员的工作进行监督。

4. 报表体系：(1) 促销员每日（促销活动结束后）递交日报表、每周递交周报表，并对销售数量和赠品发放数量进统计；报表抻交给各区管，并就当日发生的问题及时与区管沟通、解决。(2) 电影票领用表：对电影票的使用状况进行监控与统计。(3) 目标销量考核：依据不同商场此前 3 个月的销量情况，结合活动的预计效果，给各个促销小姐设置不同的目标销量，并根据实现销量进行奖惩。采用有区别的目标销量制，避免了不同的店采用同一目标销量或不设置目标销量降低促销人员积极性的弊端。

5. 项目奖励计划。实施项目奖励计划，使销售成绩与促销员的收益挂钩，调动促销员的积极性。在项目的执行过程中，对完成并超过目标销量的城市及促销员按其完成目标销量的比例给予不同的奖励，并设立销量排行榜，大大促进了促销员的积极性。

步骤 1：结合以上案例材料，判断本次营销策划是什么类型的策划。

　　　　A. 渠道策划　　　B. 产品策划　　　C. 促销策划

步骤 2：小组合作探究，此次营销策划的活动目标是什么？

步骤 3：结合案例，分析 A 企业从哪些方面进行营销计划。

步骤 4：小组讨论 A 公司是如何进行周密的营销控制的，具体包括哪些方面。

步骤 5：小组讨论结束后，各小组派一名代表上台展示和分享讨论结果。

回 知识窗

1. 市场营销控制的概念

市场营销控制是指营销管理者对市场营销计划的实际执行度进行检查，确定不一致的原因，并督促采取纠正措施，保证市场营销计划的完成。市场营销控制制度是对营销工作进程进行有效检查、纠正、督促的行为规范和措施。

2. 市场营销控制的基本步骤

（1）确定需评价的市场营销业务

评价的内容包括销售人员工作绩效、市场调查效果、新产品成绩以及广告效果等。一般来说，企业要评价营销业务的各个方面，对人员、计划、职能、策略等全部营销业务进行评价。

（2）建立衡量标准

根据第一步所确定的评价内容来选择具体标准。设定的衡量标准基本上都是企业的主要战略目标，如利润、销量、市场占有率、增长率以及为达到战略目标而规定的战术指标。例如：销售人员的绩效可用新增用户数考核，调查效果可用访问费用表示，新产品绩效可用投资收益衡量，广告效果可用影响消费者的比率衡量。

（3）建立工作绩效标准

要对第二步工作所采用的衡量标准加以定量化。例如：规定销售人员一年新增5个用户，平均每次访问用费500元；调查访问每次不超过1 000元；新产品投资收益率最低为20%；一定时期的销售额。广告绩效不得少于影响面的15%。建立绩效标准应参考外部资料，还要考虑到各人的差异（并不是所有销售人员都能创造同等的利润）。以确定销售人员的绩效标准为例，企业必须考虑以下各项因素：销售的具体产品；管辖区域内的销售潜量；区域内竞争品的竞争力；推销产品的广告宣传强度；出差补贴，包括食、宿、行的费用。

（4）确定检查方法

确定检查方法是一项十分重要的控制步骤，不管企业采用何种方法，检查的结果对于下一步的营销控制都是非常重要的。

①直接观察法。如对营业员进行现场察看，直接获得其工作情况。

②营销信息系统。这个系统可记录营销工作的各个方面，如可提供产品的月度销量资料。

③工作报表。如日报表或月报表等。报表可反映销售人员的访问户数、结果、时间、发生费用以及增加了销量还是公司产品被淘汰，等等。

④工作记录。公司的各种记录有助于营销的检查工作，如销售订单统计、购货单统计以及会计核算记录等。

（5）用设定标准检查实际工作绩效

通过检查得到的实际工作绩效资料必须和所设定的标准进行比较。如考察某项产品是否达到了20%的投资收益。如果检查的结果没有达到预期的标准，就需要进行第六步，即最后一步的营销控制。

（6）分析与改进绩效

对未达到设定标准的工作，应进行绩效分析，提出相应的改进措施，以提高效率。假如推销员一周访问20次的任务没有完成，被认定是由于旅途时间过长所导致，那么部门经理应该帮助其重新研究一份访问路线图，以减少在旅途时间。

案例拓展

了解纳爱斯"雕牌"的营销控制，让我们一起扫码学习吧！

※ 活动小结 ※

通过学习营销控制的方法，熟悉市场营销控制的基本步骤，为确保营销计划的顺利实施提供重要保障。

合作实训

实训任务：请为广东如意食品有限公司新产品投放市场制订一份营销策划方案。

实训目的：训练学生营销策划能力，提升专业技能。

实训步骤：

1. 小组组长组织团队成员讨论并确定如意公司投放市场的新产品：_____

2. 根据表 6.1.4 的评价标准，结合所学知识，对任务进行分工，填入表 6.1.3。

表 6.1.3

任务内容	负责人
格式与结构的设计与调整	
对营销环境进行分析并确定企业的营销目标	
分析主要竞争对手和消费者群体行为	
结合营销目标指定营销组合策略：产品策略	
结合营销目标指定营销组合策略：价格策略	
结合营销目标指定营销组合策略：渠道策略	
结合营销目标指定营销组合策略：促销策略	
对营销活动进行总体预算和控制	
结合营销策划方案进行 PPT 制作并代表团队展示汇报	

3. 每个小组派代表上台进行 PPT 展示和汇报营销策划方案。

实训评价：

教师按照营销策划方案的评价标准和团队展示的情况进行综合评价，见表 6.1.4。

表 6.1.4

类别		评价标准	权重	总分	得分
格式与结构	概要	是否简明扼要地反映公司的产品	10%	3	
	语言格式	格式规范、表达逻辑性强、语言准确生动		3	
	产品	精辟介绍与描述产品和服务的情况		2	
	封面标题	封面信息完整，设计得当，目录表示清楚 正文结构合理，图文并茂		2	

续表

类别		评价标准	权重	总分	得分
内容部分	A 营销概要、任务以及市场分析	1. 企业的目标和任务 明确确定企业市场营销策划方案的重要目标和任务，并分析目标和任务的合理性	25%	5	
		2. 市场现状 提供足够信息和数据，真实反映实际情况，进行市场调查和市场预测		5	
		3. 主要竞争对手及其优劣势 明确界定竞争对手，并利用理论工具进行优劣势分析		5	
		4. 市场需求与预测 确定现阶段的市场需求和预测下一阶段的市场需要情况		5	
		5. 内、外部环境分析 内部展示具体数据，以确定目前和预计的市场份额		5	
	B 营销4P策略	1. 营销目标/预期收益标准 在销售额、利润、客户的满意程度中列出目标	50%	10	
		2. 营销策略并分析原因和成效 向目标市场描述了客户决策过程的每个阶段，并分析原因和对应的成效		10	
		3. 市场定位 针对目标市场，市场定位准确、合理，并能够体现差异性、排他性的原则		10	
		4. 营销组合描述 描述了适当的生命周期阶段，渠道成员明确描述每个阶段，并确定其职能		20	
	C 费用预算与创意	1. 营销策划方案的创意是否有独特性	15%	5	
		2. 方案执行中、后，顾客的满意度和爱好偏向性进行统计，分析预算合理性和投资回报率		10	

项目总结

通过本项目的学习，学生理解了一个营销活动要取得成功，离不开市场营销计划。如果说市场营销是带动其他部门车厢的火车头，那么，市场营销计划就是火车轨道，它有助于市场营销沿着正确的方向努力前进。

项目检测

1. 单项选择题（每题只有一个正确答案，请将正确的答案填在括号中）

（1）以下哪一项不是营销控制的作用（ 　 ）。

    A. 调整差距，保证计划顺利实施　　　　B. 发现问题，避免事故

    C. 解决问题，得到反馈　　　　　　　　D. 监督激励，提高效率

（2）不是市场营销控制的是（　　　）。

　　　A.营销计划控制　　B.营销过程控制　　C.盈利能力控制　　D.营销战略控制

（3）可以作为营销活动目标的衡量指标的是（　　　）。

　　　A.销售量　　　　　B.销售额　　　　　C.开发客户　　　　D.顾客满意度

（4）下列哪项不属于传统营销和传播部门所必须具备的技能?（　　　）

　　　A.搜集情报　　　　B.市场调研　　　　C.媒介规划　　　　D.定期采购

2．**多项选择题**(每题有两个或两个以上的正确答案,请将正确的答案填在括号中)

（1）营销计划的结果是营销计划书,它是在实现企业的营销目标和财务目标的过程中,总结（　　　）的书面文件。

　　　A.营销策略　　　　B.营销战略　　　　C.行动方案　　　　D.市场信息

（2）企业在编制营销计划时要遵循的原则（　　　）。

　　　A.以消费需求为中心,以企业的总体经营目标为基本出发点

　　　B.充分考虑企业的内外部环境,在综合平衡的基础上,做到切实可行、灵活调整

　　　C.计划的行动方案要明确、具体

　　　D.目标应清晰简明

（3）营销计划按时间分解可分为（　　　）。

　　　A.季计划　　　　　B.月计划　　　　　C.日计划　　　　　D.周计划

（4）在营销组织体系设计时,企业应充分考虑（　　　）等因素。

　　　A.业务特点　　　　B.经营规模　　　　C.经营能力　　　　D.市场地位

3．**判断题**(正确的画"√",错误的画"×")

(1)市场营销计划在企业实际工作中,常常被称作市场营销策划。　　　　　　（　　　）

(2)营销计划涉及两个最基本的问题,一是企业的营销目的是什么;二是怎样才能实现这一营销目标。　　　　　　　　　　　　　　　　　　　　　　　　　　　　　（　　　）

(3)短期营销计划是企业对营销活动在相当一个时期的活动安排,更侧重于为对企业的营销战略思考,层次高,涉及面广。　　　　　　　　　　　　　　　　　　　　（　　　）

(4)营销现状分析是对企业所处的社会客观环境、市场环境以及产品状况、竞争状况、分销状况等方面的调查研究。　　　　　　　　　　　　　　　　　　　　　　　（　　　）

(5)通过对企业的宏观环境、具体市场环境以及内部营销资源进行分析,辨别出企业的机会与威胁、优势与劣势,这属于营销计划中当前营销状况的分析。　　　　　　（　　　）

4．**简述题**

（1）简述市场营销计划的内容。
（2）简述市场营销控制的步骤。

参考答案